E. von Starck

Palaestina und Syrien

von Anfang der Geschichte bis zum Siege des Islam: Lexikalisches Hilfsbuch für

Freunde des Heiligen Landes

E. von Starck

Palaestina und Syrien
von Anfang der Geschichte bis zum Siege des Islam: Lexikalisches Hilfsbuch für Freunde des Heiligen Landes

ISBN/EAN: 9783742869715

Hergestellt in Europa, USA, Kanada, Australien, Japan

Cover: Foto ©ninafisch / pixelio.de

Manufactured and distributed by brebook publishing software (www.brebook.com)

E. von Starck

Palaestina und Syrien

PALÆSTINA UND SYRIEN

VON

ANFANG DER GESCHICHTE BIS ZUM SIEGE DES ISLAM.

LEXIKALISCHES HILFSBUCH

FÜR FREUNDE DES HEILIGEN LANDES.

VON

E. v. STARCK,
PASTOR ZU LEUSSOW IN MECKL.-SCHW.

BERLIN,
VERLAG VON REUTHER & REICHARD
1894.

Vorrede.

Das Bedürfnis nach einem unparteiischen, vorurteilslosen Führer besteht nicht nur für die Leser der hl. Schrift A. und N. Test., oder der griechischen und römischen Klassiker und des Josephus, sondern gleicherweise für die Freunde der Forschungen, welche gelehrte und ungelehrte Männer in unserm Jahrhundert über Palaestina und Syrien in grösserer Zahl und mit mehr Gründlichkeit angestellt haben, als je eine frühere Zeit aufzuweisen hat.

Eusebius von Caesarea schuf den ersten Wegweiser dieser Art im vierten Jahrhundert, welchen Hieronymus im fünften Jahrhundert übersetzte und verbesserte. Dann ruhte dieser Zweig der archäologischen und geographischen Wissenschaften, bis Adrian Reland zwölfhundert Jahre später daran gieng, ihren Stand zu seiner Zeit festzuhalten und auszubilden. Die folgenden Blätter aber bieten den Versuch dar, die Errungenschaften unserer Tage in einer übersichtlichen Darstellung zu sammeln. Hierbei durfte nicht allein die hl. Schrift berücksichtigt werden; giebt es doch auch der Bibellexika schon eine reiche Auswahl. Es mussten auch die griechischen und römischen Klassiker, Flavius Josephus, der Talmud, Eusebius und Hieronymus, die Byzantiner und andere gehört werden, um eine möglichst vollständige Sammlung der alten Ortsnamen und vielseitige Vergleiche zu gewinnen.

Doch wäre es nicht möglich, dass Eines Mannes Kraft und Zeit den gesamten Stoff bewältigte, so ausserordentlich reich, wie derselbe ist. Es musste eine Beschränkung nach Zeit und Gebiet eintreten. So ist dieser Teil der Zeit von Anbeginn der Geschichte bis zum Siege des Islam gewidmet. Ein gelehrtes Werk über die arabischen Ortsnamen hat mein früherer Lehrer, der schon heimgegangene Prof. Dr. Gildemeister in Bonn, hinterlassen, und wird dasselbe demnächst veröffentlicht werden.

Eine Übersicht der heutigen Ortsnamen ist bereits in Arbeit genommen.

Für diese drei durch die Zeit bestimmten Abteilungen wird ein Ländergebiet von solcher Ausdehnung gemeint sein, dessen Grenzen etwa die gleichen mit denen des Reiches Salomos sind. Also im W. das Mittelmeer, im SW. der Bach Ägyptens, im S. und O. die arabische und syrische Wüste, im N. der Orontes. So wird auch das dem Salomo befreundete und verbündete Phoenikien behandelt werden.

Bei der Identifikation der alten Orte mit denen unserer Zeit habe ich nicht überall die Namen der ersten Urheber angezeigt, weil sie entweder nicht bekannt geworden sind, oder weil eine möglichst gedrängte Darstellung erreicht werden sollte. Auch die Schriftstellen habe ich nicht vollständig angegeben, wie etwa »Names and Places« solches versuchen; es wird genügen, wenn das erste Vorkommnis angezeigt ist.

In der Transskription der arabischen Ortsnamen bin ich von den bisher üblichen Weisen, auch von der unseres Deutschen Palaestina-Vereins in etwas abgewichen. So konnte ich mich nicht entschliessen, das arab. Hâ durch R, das arab. Gîm durch Dsch od. Dj wiederzugeben, zumal beide in verschiedenen Gegenden verschieden ausgesprochen werden. Ich wählte für das eine g, für das andere gh, aber nicht das italienische, aus sprachlichem Interesse, um die Übereinstimmung der Namen deutlicher zu machen.

Aus der Zahl der von mir benutzten Werke führe ich die wichtigsten hier mit Namen auf:

Die Polyglotten-Bibel von R. Stier und K. G. W. Thiele. Bielefeld. Velhagen & Klasing, 1849.
Flavius Josephus, opera omnia. Leipzig. O. Holtze, 1870.
Polybius, histor. Leipzig. O. Holtze, 1871.
C. Plinius, hist. nat. Leipzig. O. Holtze, 1874.

Itinerarium Antonini Augusti, von Parthey und Pinder.
Berlin 1848.
Itinerarium a Burdigala Hierusalem usque, von T. Tobler
und Molinier. Genf 1877/80.
Onomastikon des Eusebius und Hieronymus, herausgegeben
von Clericus. Amsterdam 1704.
Hieronymus' Werke, Deutsche Ausgabe von P. Leipelt.
Kempten 1872.
Notitia dignitatum utr. imp., von Seeck. Berlin 1876.
Stephanus Byzantius περι πολεων. Amsterdam 1678.
Theodosius Theodoricus in den Itin. Hieros. lat., von Tobler
und Molinier. 1878/80.
Prokopius von W. Dindorff. Bonn 1833—38.
Antoninus Martyr in Itin. Hieros. lat., von Tobler und
Molinier. 1878/80.

Von den Neueren wurden benutzt:
A. Reland, Palaestina ex mon. veter. illustrata. Nürnberg 1716.
J. Schwarz, Das hl. Land. Frankfurt 1832.
U. J. Seetzen, Reisen in Syrien, Pal. u. s. w., von Kruse
und Müller. Berlin 1854.
E. Robinson u. J. Smith, Pal. u. die südl. angrenzenden
Länder. Halle 1841.
Dieselben: Neuere bibl. Forschungen. Berlin 1857.
E. Robinson, Phys. Geogr. des hl. Landes. Leipzig 1865.
Fr. Dietrich, Sidon. Inschriften. Marburg 1855.
T. Tobler, III. Wanderung nach Pal. Gotha 1859.
Derselbe: Zwei Bücher Topographie v. Jerusalem und seinen
Umgebungen. Berlin 1854.
Derselbe: Denkblätter aus Jerusalem. Konstanz 1856.
Const. Tischendorf, Aus dem hl. Lande. Leipzig 1862.
Fürst, Hebr.-Chald. Handwörterbuch. Leipzig 1863.
Valentiner, Das hl. Land. Kiel 1868.
Neubauer, Geographie des Talmud. Paris 1868.
Guérin, Jud. Sam. et Gal. Paris 1868—71.
Socin, Pal. u. Syrien. Leipzig 1875.
Conder, Survey of western Pal. London 1881.

Conder, Survey of eastern Pal. London 1889.
Names and Places etc., von Wilson Conder und Armstrong, 1887/89,
und viele andere, minder wichtige Arbeiten. Eine Hauptquelle für meine Sammlung bildete die Monatschrift unseres Deutschen Palaestina-Vereins (Leipzig, bei Baedeker), welche von Anfang bis zu dem letzten Jahrgang (exkl.) benutzt wurde.

Das Werk von D. A. Schlatter, »Zur Topographie und Geschichte Palaestinas«, Calw 1893, kam mir leider erst zu Handen, als der Druck dieses Buches schon fast vollendet war.

An Karten benutzte ich die von van d. Velde, von Kiepert, von Guthe und vor allen die von Survey.

Mein erster Dank gebührt meinem gnädigsten Landesherrn, der magno semper animo mein Unternehmen gefördert hat; auch den gelehrten und lieben Herren, die mich bei meiner Arbeit mit Rat und Tat unterstützt haben, namentlich den Herren Professoren Dr. Socin und Dr. Guthe zu Leipzig, sowie Herrn Baumeister Schick zu Jerusalem und Herrn Pastor Heucke zu Schwerin sage ich herzlichen Dank.

Es wird niemand, der eine Ahnung von dem zu bewältigenden Material hat, die Erwartung hegen, hier eine fehlerlose Arbeit zu finden. Mir selbst genügt das Bewusstsein, einen kleinen Stein zu dem Bau beigetragen zu haben, den die Forschung über das hl. Land von allen Seiten zugleich in Angriff genommen hat. Mit Freuden werde ich Ratschläge und Winke zur Besserung etwaiger Fehler von seiten kompetenter Gelehrten annehmen und befolgen.

Leussow, im März 1894.

Der Verfasser.

Verzeichnis der wichtigsten Abkürzungen.

B.	bed.	Bischof.
E. u. H.	=	Eusebius und Hieronymus.
F.	=	Fürst.
Fu.	=	Furrer.
Gh.	=	Ghebel, d. i. Berg.
H.	=	heute.
Kh.	=	Khirbet, d. i. Ruine.
KS.	=	Keilschriften.
L.	=	Luther.
M.	=	Meilen.
n.	=	nördlich.
N. a. Pl.	=	Names and Places.
N.	=	Nahr, d. i. Fluss.
Neub.	=	Neubauer.
ö.	=	östlich.
R.	=	Rabbi.
Rel.	=	Reland.
S.	=	Seetzen.
s.	=	südlich.
Schw.	=	Schwarz.
St.	=	Stadt.
sw.	=	südwestlich.
t. M.	=	totes Meer.
W.	=	Wadi, d. i. Tal.
w.	=	westlich.

A.

Aalak s. Hor.

Aaruna in den Siegesberichten Thothm. III. ein Ort bei Jesreel. Vgl. d. h. Arrāneh.

Abana — אבנה ketib in 2 Reg. 5, 12; auch LXX u. Vulg. haben Abana, während das Keri אמנה vorschlägt — ein Fluss im nördl. Syrien, entweder der Amana oder ein Nebenfl. desselben. Man vgl. Nahr Abanias.

Abara u. Abira in d. Siegesb. Thothm. III. ein Ort am Thabor, verm. d. h. el Bireh.

Abarim — עברים in Num. 38, 48 u. a.; b. LXX auch περαν της θαλασσης; b. Jos. Ant. IV, 8, 48 Abaris „ein hohes Gebirg gegenüber Jericho" — heisst d. moabit. Hochland ö. v. toten Meer. Vgl. Nebo u. Pisga.

Abaron s. Abdon.

Abathe s. Rama.

Abdon — עבדן in Jos. 21, 30 oder Ebron — עברן in Jos. 19, 28; b. LXX Abdo, Abdon, Dabbon u. Raboth; b. E. u. H. Abdono od. Achran; Vulg. Abran — war eine Levitenst. in Asser. Man vgl. Kh. Abdeh, Guér. Berweh.

v. Starck, Palaestina u. Syrien.

Abel — אבל in 1 Sam. 6, 18 für אבן vgl. 6, 14—15. N. a. Pl. wollen den grossen Stein in Dēr Aban gefunden haben.

b. D. Talmud kennt A. als einen Ort bei Sepphoris, das sein Wasser von A. bezog. Vgl. d. h. Abilin.

Abel-Arad im Talm. ein unbek. Ort. Vgl. Abel Keramim.

Abel-Beth-Maacha — אבל־בית־מעכה in 2 Sam. 20, 14, in LXX zwei Orte; auch Abel Maim — אבל מים in 2 Chron. 16, 4 „die Mutter der Städte in Israel"; bei Jos. Abellane oder Abel-Machea; im Talm. wie in 2 Sam. — war eine St. im nördl. Pal., wo der Aufrührer Seba belagert u. getötet wurde. Vgl. d. h. 'Abil el Kamh mit Tell 'Abel.

Abel Hasittim — אבל־השטים in Num. 33, 49 od. Sittim in Num. 25, 1; b. d. LXX Abelsattin; Jos. Ant. IV, 8, 1 Abila, eine St. am Jordan, so auch Steph. Byz.; in b. jud. V, 3 neben Julias u. Besimoth gen.; bei E. u. H. Sattim od. Satgin od. Stagin „nahe bei dem Berge Phogor" — war eine u. zwar die letzte Lagerstelle Israels ö. v. Jordan, gegenüber Jericho, deren Palmengärten Jos. erwähnt. Cond.

1

vgl. Kh. el Kefren am Gör es Seseban.

Abel-Keramim — אבל־כרמים in Jud. 11, 33; b. LXX Abel ampelonon; Jos. b. j. V, 3 hat Abila Peraeae: verm. das A-Arab des Talm.; E. u. H. kennen ein Abela 6—7 r. M. v. Philadelphia, ein A. vinifera od. A. Batanaeae 12 r. M. ö. v. Gadara, eine ansehnl. St. d. Dekapolis — war eine St. bei Rabbath-Ammon, welche nach Polyb. hist. V, 71 Antiochus einnahm, nachdem er Atabyrium, Pella, Kamun u. Gephron erobert hatte. Als Sitz eines chr. Bischofs wird ein Abele zw. Amathus u. Hippos in den Akt. d. Conc. Const. genannt, ein and. zw. Augustopolis u. Azotus in d. Akt. d. Conc. Jerus.

Abel Maim s. A-B-Maacha.

Abel Mea s. A-Mehola.

Abel Mehola — אבל־מחולה in Jud. 7, 22 u. a.; LXX Abelmeūla; b. Jos. Abela, b. E. u. H. Beth-Maela 18 r. M. v. Skythopolis, auch Abel Nea u. A. Mea zw. Neapolis u. Skythopolis; b. Epiph. Abelmuth — war ein Ort in Manasse diess. d. Jord. s. v. Bethsean, d. Heimat d. Elisa. Cond. vgl. 'Ain Helweh s. v. Debbet es Sakūt, Guér. Hammam el Maleh sw. v. Kh. Sakūt.

Abel Mizraim — אבל־מצרים in Gen. 50, 11; b. LXX u. L. „Klage der Aegypter"; nach Hier. gleich „Bethagla" — war ein Ort nahe bei Goren Haatad, gegenüb. Jericho, jens. d. Jord., verm. derselbe Ort wie A-Hasittim.

Abel-Muth s. Abel Mehola.

Abeneter s. Eben Ezer.

Abes s. Ebez.

Abesarus b. Jos. Ant. XIII, 8 die Heimat der ersten Gattin Davids, ohne nähere Bestimmung der Lage.

Abhatha — כבצעא דאבחתא im Talmud — ein Grenzort des östl. Palästinas. Man vgl. d. h. Abedijeh am Jord.

Abila od. Abila ad Libanum — . Luk. 3, 1. Jos. Ant. XIX, 4: Suid. u. Steph. Byz. — d. Hauptst. der Landschaft Abilene, wo Lysanias, Herodes I, Herodes Agrippa I u. II herrschten, war die Heimat des Diogenes; später als Anbilla Sitz eines chr. Bischofs. H. heisst ein Weli über d. Nahr Barada „Nebi Abil".

b. s. Abel Hasittim.

c. s. Abel Keramim.

Abira s. Abara.

b. Röm. Militär-Stat. in Phoenikien, in Not. dign. auch Abina geschrieben. Rel. vergleicht sie mit Abila.

Abi Thuran s. Beth-Searim.

Ablonim — אבלים in d. Mischna — eine Quelle, die von der Sintflut her geblieben. Aber wo?

Abnith — אבנית — nennt d. Talm. einen Ort in Galilaea, h. verm. Kh. Benit auf einer Anhöhe ö. v. Bahr Huleh.

Abrona — עברנה — od. Ebrona in Num. 33, 34 war ein Lagerort Israels in der Wüste, nahe bei Ezeon Geber.

b. s. Mamre, b.
Abuma s. Ruma.
Abseel s. Kabzeel.
Accain s. Kain.
Accara s. Karka.
Achabara — 'Αχαβαρων πετρα b. Jos. b. j. II, 20, 6 — od. Charaba; im Talm. עכברה od. מגדל חריב — war eine St. in Ober-Galilaea, welche Jos. befestigte. Hier hatte R. Jose eine Schule. Vgl. d. h. Akbara ½ M. s. v. Safed.
Achabaloth s. Kisloth Thabor u. Kesulloth.
Achlab s. Ahelab u. Hebel.
Achor — עכור in Jos. 7, 24. Hos. 2, 17 u. a. — ein Tal zw. Gilgal und Bethel, wo Achan gesteinigt wurde. Hier. setzt es n. v. Jericho. Man vgl. d. h. W. Kelt.
Achran s. Abdon.
Achsaph — אכשף in Jos. 11, 1; b. LXX Achasaph u. Kaipha; b. Eus. Exadus, b. Hier. Chasalus, 8 r. M. v. Diocaesarea, mit Kisloth Thabor verwechselt — war eine St. in Asser. Man vgl. d. h. Haifa od. Scha'ab od. Kh. Iksaf bei Kal'at es Schukif od. Kafr Jasif.
Achsib — אכזיב in Jos. 15, 44; b. LXX Achzib, b. Eus. Azig, b. Hier. Agliph — lag in d. Sephela von Juda, h. verm. Kesaba sw. v. Bēt-Ghibrin.
b. In Jos. 19, 27 ist A. — in d. KS. Akzibi, b. Jos. Ekdippon, b. Plin. u. Eus. Ekdippa, b. Hier. Dippa, im Talm. Kesib u. Geziv — eine St. zw. Tyrus u. Akko, welche von Kananitern besetzt blieb (Jud. 1, 18). Vgl. ez Zib nahe der Mündung d. Nahr Herdawil.
Adada — עדעדה in Jos. 15, 22, b. LXX Adada, b. E. u. H. Gadda; ein Ort im S. von Pal. — war eine St. in Juda; vgl. Kh. Adadah ö. v. Beerseba.
b. s. Adatha.
Adam — אדם in Jos. 3, 16; d. LXX lasen באד — war eine St. am Jordan. Man vgl. Tell ed Damijeh, sö. v. Karn Sartabeh.
Adama — אדמה in Gen. 10, 19; ebenso b. LXX — war eine St. im Tale Siddim, die mit andern Städten plötzlich untergieng.
b. In Jos. 19, 36 — b. LXX Adami, b. Hier. Edema; im Talm. כפר דמא — eine St. in Naphthali, h. Kh. ed Damijeh w. v. Tabarijeh.
Adami — אדמי in Jos. 19, 33, wo d. LXX für אהנקב Armai u. Nakeb lesen; im Talm. Damin u. Ziadatha; b. E. Ademne — war eine St. in Naphthali, h. verm. Kh. Admah w. v. Ghisr el Meghamijeh.
b. s. Adama.
Adar s. Ataroth.
Adara, bei Steph. Byz. ein chr. Bsitz von Pal. III od. Arabia, war eine St. des Hauran: wie die gefundenen Inschriften bezeugen, d. h. Schuhbeh.
Adarin, in Not. Dign. Euhari, eine röm. Milit.-Stat. in Phoenikien, b. Ptol. Aueria, im Itin. Anton.

Eumari — hiess als griech. Bsitz in Syrien Euarios oder Justinianopolis. Man hält d. St. dem Salton Gonaitikon gleich und verweist auf Dār es Salt od. Nebk.
Adasa s. Hadasa.
Adasai s. Hadsi.
Adatha s. Adithaim.
b. Eine Stat. röm. Reiter in Phoenikien, vill. das Adada od. Adacha b. Ptol. in der Gegend von Palmyra.
Addan od. Addon — אדן in Esra 2, 59; Neh. 7, 61; b. LXX Edan, Vulg. Adon — ist ein Personname, kein Ortsname.
Addar — אדר in Num. 34, 4; b. LXX Arad — war ein Ort an d. Südgrenze Judas, der den Namen einer assyr. Gottheit trug. Man vgl. ʻAin el Kaderat od. Gh. Madera.
Addara b. E. u. H. ein Ort ö. v. Lydda, verm. h. Kh. Darieh.
Addida s. Hadid.
Addus s. Hadid.
Ader s. Arad.
b. Turris A. s. Eder.
Adida s. Hadid.
b. In 1 Makk. 12, 38 ein Ort in der Sephela von Juda.
Adithaim — עדיתים in Jos. 15, 36; u. F. gleich עדי in Ps. 80, 1; b. LXX Adiathaim; E. u. H. nennen ein Adatha b. Gaza u. ein Adith b. Diospolis — war ein Ort in Juda. Schw. kennt ein Df Eddis b. Gaza.
Adittha in Not. dign. eine röm. Milit.-Stat. in Arabien. Die folgende Stat. ad Tittha lässt Schreibfehler vermuten. Seeck weist auf Hatita hin.
Admatha, in Not. dign. eine Stat. röm. Dromedarreiter, wird an der Grenze der Wüste gelegen haben. Hier. denkt an Ammatha in Juda.
Ad Medera im Itin. Ant. Aug. eine röm. Colonie im Antilibanon. Man vgl. Khan Addra und Dmēr bei Damaskus.
Ad Nonum s. Ornithopolis.
Adollam s. Adullam.
Adonis bei Plin. u. a. ein Fluss in Phoenikien, der bei Aphek im Libau. entspringt. Zu gewissen Zeiten wird er durch rote Erde gefärbt. Man vgl. Nahr Ibrahim.
Ador s. Dor.
Adora u. Adra werden in Not. eccl. mehrere Städte d. Hauran gen., deren eine verm. gleich Adrasus ist. In ed Dara 3 M. w. v. Hauran wurden griech. Inschriften gefunden.
b. s. Hazor.
c. s. Adoraim.
Adorabi nennt Hier. ein Gebirge im Osten v. Judaea u. ein gross. Df 9 r. M. ö. v. Neapolis. Vgl. Akrabbim u. Akrabatta.
Adoraim — אדרים in 2 Chron. 11, 9; in 1 Makk. 13, 20 u. bei Jos. Adora od. Adoreos; im Itin. Hier. Bethasora; b. Hier. Aduram — war eine St. in Juda sw. v. Hebron, welche Rehabeam befestigte. Später ward sie nach Jos. Ant. XIII, 6, 4 zu Idumaea gerechnet. Vgl. d. Df Dūra über dem W. Farangh.

Adraa, Adraat u. Adrama s. Edrei.

Adrason od. Adrasus in Not. eccl. ein chr. Bsitz in Arabien. Vgl. Adora.

Adullam — עֲדֻלָּם in Gen. 38, 1 u. a.; b. LXX Odollam — war eine kananit. St. in der Sephela. b. In 1 Sam. 22, 1 ist A. eine Höhle, in welcher sich David verbarg, nach Eus. ein Flecken Eglom od. Odollam, 10 r. M. ö. v. Eleutheropolis; in 2 Makk. 12, 38 u. Jos. Ant. VI, 11 ist O. eine St. Man sucht die Höhle in Kharētūn, 12 r. M. nö. v. Bēt-Ghibrin u. 'Aid el Ma in der von Eus. gegeb. Richtung.

Adummim — מַעֲלֵה אֲדֻמִּים in Jos. 18, 7; in LXX Aufstieg Adammin; Vulg. adscensus Adommin; zur Zeit des Hier. Castellum militum od. Maledomim, d. i. מַעֲלֵה דָמִים, im Talm. מַעֲלֵה אֲדֻמִּים u. mit Ephes Dammim gleich geachtet — war ein Berg auf der Grenze zw. Juda u. Benjamin, h. verm. Kal'at ed Domm od. Tell Adam od. 'Akabet Bēt Ghaber.

Aegalim s. Horonaim.
Aelia s. Jerusalem.
Aenan s. Anem.
Aenon s. Enon.
b. s. Middin.
Aenos in Tab. Peuting. ein Ort zw. Dam. u. Kanatha, 24 r. M. v. Dam. Die Entfernung führt in die Gegend von Scha'ara am nordw. Rand der Legha.
Aere im Itin. Ant. Aug. eine St.

zw. Dam. u. Edrei, im Talm. Zanamin gen. Sie wurde 176 p. Chr. unter Commodus gegründet, nachdem d. legio Flavia firma hier ihr Standquartier gehabt. Hier waren Tempel des $Z\epsilon\upsilon\varsigma\ \kappa\upsilon\rho\iota\upsilon\varsigma$ u. der $T\upsilon\chi\eta$, aber auch chr. Kirchen.

Afar in Not. dign. ein Bach od. Fluss nahe bei Castra Arnon.
Afer s. Ophra.
Affarea s. Haparaim.
Agaba bei Jos. Ant. XIII, 15, 5 der Ort, wohin Aristobulus nach d. Tod seiner Mutter Alexandra floh.
Agad s. Baal-Gad.
Agae u. Aggae s. Ai.
Agalla u. Agallim s. Eglath.
Agathopolis in d. Akt. d. Conc. nach Rel. ein Schreibfehler für Azotopolis.
Agazarem s. Garizim.
Agbatana s. Beth-Anath.
Agelen s. Eglon.
Agla bei E. u. H. ein Df 8—10 r. M. sw. v. Eleutheropolis. Vgl. Beth-Aglau u. Alla.
Agnie de Kades s. Zaanannim.
Agraena u. Graena s. Karnion.
Agrippias s. Anthedon.
Ahalach s. Hor.
Ahelab — אַחְלָב in Jud. 1, 31; b. LXX Achlab; im Talm. gleich Giskala geachtet — war eine St. in Asser. Während N. a. Pl. dem Talm. folgen, halten Andere A. gleich Hebel u. Helba.
Ai — עַי in Gen. 12, 8; עַיָּה in Jes. 10, 8; עַיָּא in Neh. 11, 31; b. LXX Aggai, b. Jos. Aina; b. E. u. H. Aggal u. Agai, d. i. הָעַי n.

d. Talm. 3 r. M. v. Jericho; b. Steph. Byz. Anna — war eine kanan. St. ö. v. Bethel. Zw. beiden Orten schlug Abraham sein Lager auf. Hier legte Josua seinen Hinterhalt. Später gehörte Ai zu Benjamin, wurde zerstört, aufgebaut u. wieder zerstört. Man vgl. Kh. Ajan od. Hajan od. Ghaieh bei Dēr Diwan od. die Trümmer des Tell el Haghar in derselb. Gegd.
b. In Jos. 49, 3; b. d. LXX Gai — eine ammonit. St. b. Hesbon, deren Lage Hier. noch kannte.

Aialim s. Engedi.

Aialin u. Aialom s. Elon.

Ajalon — אילון in Jos. 10, 12; b. LXX Aion; b. Jos. Elom; b. E. u. H. Ailon u. Jelon, 3 M. ö. v. Bethel — war eine Levitenst. in Dan mit gleichnam. Tal zw. Jerus. u. Japho, berühmt durch die Siege Josuas u. Jonathans. Vgl. d. Df Jalo im W.-Sulēman.
b. In Jud. 12, 12 — b. LXX Ailon, verm. gleich Elon im Gebiet v. Naphthali, das der Talm. Mealon nennt; d. LXX in Jos. 19, 33 Maelon — war ein Ort in Sebulon, wo der Richter Elon begraben wurde. Vgl. Kh. Ghallun am W.-Halazon.
c. Ailon b. E. u. H. vgl. mit Kh. el Alia, ½ M. nö. v. Bētin.

Ajan s. Ejon.

Aie u. Achalgai s. Ijim.

Ajja — עיה in 1 Chr. 7, 28; b. LXX Awwa — war eine St. in Ephraim, n. v. Sichem. Vgl. d. h. Agheh, ½ M. s. v. Arrābeh.

Aila b. Steph. Byz. eine St. in Phoenikien.
b. s. ›Elath.

Ailom b. LXX in Jos. 15, 44 eine St. in d. Ebene Juda. Vgl. Jathir.

Ailon s. Ajalon.

Aimarek b. LXX in Jos. 19, 21 eine St. in Isaschar.

Ain — עין in Num. 34, 11; b. LXX ἐπὶ πηγάς; Vulg. contra fontem Daphnim — war ein Ort w. v. Ribla, verm. an d. Quelle des Nahr el Asi. Vgl. Biri.
b. In 1 Sam. 29, 1 hab. LXX Endor, Vulg. super fontem. Dies A. lag in der Ebene Jesreel am Geb. Gilboa. Vgl. 'Ain Ghalud.
c. In Jos. 15, 32 — LXX Ain, Vulg. Aen; in 1 Chr. 4, 32 LXX En, Vulg. Aen; E. u. H. fallen auf Beth-Anim od. Beth-Ennim od. Enaim, 4 r. M. v. Hebron — war A. eine Levitenst. in Simeon. Neuere Forscher denken an el Guwein u. v. Attir. Vgl. Asan.

Ajon s. Ejon.

Aisan s. Asan.

Aisimoth s. Beth-Hajesimoth.

Aitam s. Etam.

Aithoprosopon s. Theuprosopon.

Akak s. Hukkok.

Akarkas s. Karka.

Akauatha s. Awwith.

Ake s. Akko.

Akedosa s. Hadasa.

Akkaron s. Ekron.

Akko — עכו in Jud. 1, 31 u. Mich. 1, 10; in d. KS. Akku; b. LXX Akcho; in 1 Makk., b. Jos. u. Plin.

bald Ake, bald Ptolemais; bei Steph. Byz. Ake; b. Ant. Mart. Tholomais u. Ptolemais — eine St. d. Kananiter, welche in das Los Assers gefallen war, konnte A. nicht erobern. Die St. lag an d. Mündg des Belus, 2 M. nö. v. Vorgebirg des Karmel. Es wohnten hier Juden und Phoenikier neben einander. Den Namen Ptol. erhielt die St. v. Ptolemaeus Lagi. Hierher kam d. Apostel Paulus (Akt. 21, 7). Schon im 2. Jahrh. hatte A. chr. Gem. u. Bisch. 638 p. Chr. wurde A. von Khalif Omar erobert. H. Akka. Nach Jos. b. j. III, 10, 2 lag in d. Nähe das Grab des Memnon auf einem Hügel am Belus.

Akrabatta — b. Jos. b. j. III, 3, 5; b. Eus. Akrabbim, b. Hier. Adorabi; im Talm. עקרבה — war der Hauptort der röm. Toparchie Akrabbatene, ein ansehnl. Ort in Ephraim, noch h. Akraba.

Akrabbim — מעלה עקרבים in Num. 34, 4; b. LXX ἀνάβασις Ἀκραβειν; Vulg. ascensus scorpionis — ist eine Klippenreihe im S. des t. M. Diese Gegend heisst 1 Makk. 5, 2 Akrabattine, schon v. Hier. mit Akrabatene verwechselt.

Akron s. Ekron.
Aksaph s. Achsaph u. Kisloth Thabor.
Aktipus s. Arak.
Akzibi s. Achsib.
Alaburium b. Steph. Byz. eine St. in Syrien. Die Lage giebt er nicht an.
Alammelech — אלמלך d. i. אל המלך in Jos. 19, 26; b. LXX, E. u. H. Alimelech u. Elmelech — war eine St. in Asser, welche von Phoenikiern besetzt blieb. Man vergl. d. h. Alma od. Alman.

Alba vallis in Not. dign. eine röm. Milit.-Stat. in Phoenikien. Der Name erinnert an Libanon.

Alcobile im Itin. Hier. ein Ort n. v. Birito, d. i. Berotha.

Alema s. Alima.
Alemeth s. Almon.
Alexandrium baute nach Jos. Ant. XIII, 6, 3. XIV, 5, 2 Aristobolus als Grenzfestung auf einem hohen Berg in der Nähe von Koreae. Vgl. el Kasr od. Kalʻa auf Karn Sartabeh.

Alexandroskene od. Alexandroschoene im Itin. Hier. soll Alex. d. Gr. gegründet haben, als er d. St. Tyrus belagerte. Vorher wird hier d. St. Hammon gestanden haben. H. liegt neben d. Kh. Umm el Amūd d. ʻAin Iskanderūneh.

Algad s. Baal-Gad.

Alima od. Alema in 1 Makk. 5, 26 war eine St. in Gaulanitis. Man vergl. Salem od. Slim bei Kanuat od. Kefrelme od. Kafr el Ma od. Ilma u. a. m.

Alla b. Eus., Agla b. Hier. ein Ort 1 r. M. sw. v. Eleutheropolis.

Allud u. Allus kennen E. u. H. als einen Ort in d. Ggd v. Petra.

Almon — עלמון in Jos. 21, 18; עלמת in 1 Chr. 6, 60; b. LXX Galemoth u. Gamala — war eine Levitenst. in Benjamin zw. Geba u. Anathoth. Rel. hält sie gleich

Kaphar Haammon. Vgl. das h. Kh. Almit.

b. A. Diblathaim — עי־דבלתים in Num. 33, 46; b. LXX u. E. u. H. Gelmon Deblathaim, verm. gleich Beth-D. — war ein Lagerort Israels in Moab. — N. a. Pl. vergl. Kh. Delejāt, Andd. Kh. Libb s. v. W. Zorka Main, ö. v. Gh. Attarus.

Aloth — עלוה in 1 Reg. 4, 16; b. LXX Baaloth, Vulg. Besloth — war verm. ein Ort in Semarien, wo Baela, d. S. Husais, ein Statthalter Salomos war. Cond. erkennt A. in Kh. Alia zw. Malia u. Tërschiha.

Alsadamus s. Hauran.
Altaku s. Eltheka.
Alula s. Halhul.
Alurus nennt Jos. b. j. IV, 9, 6 ein Df in Idumaea.
Alwa — עלוה in Gen. 36, 40; b. LXX Gola — war ein Ort in Edom.
Amad s. Amead.
Amaik — כדבר עמאיק im Talm. ein Ort, wo R. Jonathan begraben sein soll. Cond. vergl. Ammuka od. Aminka, ¾ M. nö. v. Safed.
Amam — אמם in Jos. 15, 26; b. LXX u. Vulg. ebenso; b. E. Anam, b. Hier. Anab — war eine St. in Juda, nach Hier. in d. Ggd v. Eleutheropolis.
Amana — אמנה Keri in 2 Reg. 5, 12; b. LXX Abana; b. Ptol. Chrysorrhoas; im Talm. Karmiun; b. Steph. Byz. Bardines — entspringt auf d. Antilib. u. bewässert die Ebene v. Dam. H. W. Barada. b. In Cant. 4, 8 ist A. — b.

LXX ἀπ' ἀρχῆς πιστεως — ein Berg neben Senir u. Hermon genannt, verm. der Quellort d. Flusses A.

Amatha nennt Hier. — Eus. Ematha, Steph. Byz. Amatha, im Talm. חמת דגר od. חמתי gleich d. a. Zaphon — den berühmten Badeort der griech.-röm. Zeit, dessen heisse Schwefelquellen unterhalb Gadara im Tale des Hieromax lagen. Hier zeigte der Neuplatoniker Jamblichus seine Zauberkünste; das unsittliche Badeleben seiner Zeit strafte Epiphanius. Noch h. sprudeln fünf Hauptquellen, Hammet el Kibrit od. el Hammeh gen. auf dem rechten Ufer, eine auf d. linken.

b. s. Hamath.
c. s. Rama.
d. s. Mithoar.

Amathis u. Amathitis s. Hamath.
Amathus b. Jos. Ant. XIII, 13, 3 war die grösste jüd. Festung jens. d. Jord., b. E. u. H. Hamath, 21 r. M. s. v. Pella. Hier war ein Synedrium, später ein chr. Bsitz. H. findet sich ein Tell Ammöte s. v. W. Raghib.

Amattara fassen LXX im 1 Sam. 20, 20 — למטרה L. „zum sichern Mal", Vulg. ad signum — als Ortsname.

Amead — עמעד in Jos. 19, 26; b. LXX Amaath, b. Eus. Amad, b. Hier. Amath — war eine St. in Asser. Cond. vgl. Kh. el Amūd, n. v. Akko.

Ami nennt d. Talm. ein Df in der Ggd v. Tripolis.

Ammanith s. Manahath.

Ammas — in 1 Makk. 3, 40; im Talm. ein warmes Heilbad אמאוס od. עמאוס, ein Name, der an Emmaus, Hammam u. Hamath anklingt — war unt. d. Namen Nikopolis Hauptort einer röm. Toparchie, wo Römer und Juden wohnten, auch jüd. Priester und Gelehrte. Hier schlug Jud. Makk. den Syr. Feldherrn Gorgias. Varus zerstörte den Ort, der wieder aufgebaut chr. Bsitz und in d. Tradition der Schauplatz von Luk. 24 wurde. Er galt als Heimat d. Kleophas, obwohl er 150 Stad. von Jerus. lag, wo noch h. ein Df Amwās. b. In Jos. b. j. VII, 6, 6 ist A. ein Ort 60 Stad. v. Jerus., wohin Vespasian eine Abteilung ausgedienter Soldaten sandte. Vgl. Barur Hajil.
c. Jos. b. j. IV, 1, 3 kennt ein A. nahe bei Tiberias, von welchem er dasselbe unterscheidet. So auch der Talm., nach welchem die Einw. v. Magdala am Sabbat bis Hammata gehen durften. Vgl. Hamath.
Ammata s. Humta.
Ammon — עמון in Gen. 19, 38 u. a.; in d. KS. Ammana — hatte sein Gebiet zw. d. oberen Jabbok u. Arnon, mit Israel in stetem Kampfe. Jos. nennt das Land Ammanitis, unterscheidet es aber nicht sicher von Amonaea, Amoria, Amoritis. So heisst in Ant. IV, 5, 1 d. Arnon eine Grenze von Moabitis u. Amoritis.
Ammon — אמון — im Talm. s. Hammon.

Ammona s. Kaphar Haamona.
Amosa s. Moza. Amoritis s. Ammon.
Ampeloessa b. Plin. V, 16 ein Bezirk von Palästina, an der Dekapolis.
Amyke — b. Polyb. — eine Ebene, die d. Orontes durchschneidet.
Anab — ענב in Jos. 11, 21; b. LXX ebenso; Eus. nennt Anea ein sehr gr. Df der Juden s. v. Hebron. Hier. Aneas ein Df b. Eleutheropolis — war ein Ort in Juda, wo Josua die Enakim vernichtete. Es soll nach Rel. die Heimat des Petrus Balsamus gewesen sein. Vgl. d. h. Kh. ʿAnab od. Enab, w. v. Debir.
b. s. Amam.
Anablatha nennt Hier. ein chr. Df bei Bethel, aus dessen Kirche Epiphanius, B. v. Salamis auf Kypern, ein Bildnis Christi vel sancti cujusdam entfernte.
Anacharath — אנחרת in Jos. 19, 19; LXX Anachereth; in d. Listen Thothmes III Anuheku; b. Eus. Anerith — war ein Ort in Isaschar, zu welchem de Saulcy en Naūra am Ghebel ed Dahi vergleicht.
Anameel s. Hanamel.
Ananja — עניה in Neh. 11, 32; b. LXX Ania — war ein Ort in Benjamin b. Jerus.; verm. d. h. Bét Hanina.
Anastasius ein Kloster b. Jerus.
Anatha u. Anathon s. Hanathon.
Anathoth — ענתות in Jer. 1, 1; im Talm. ענתיה, עניתה u. ענתיה. Heimat

mehrerer R. - eine St. Benjamins, bekannt als der Geburtsort des Pr. Jeremia. II. Anāta, ½ M. n. v. Jerus.
Anaugas (vgl. Mamaugas) eine St. in der Nähe des Kades-Sees in Coelesyrien, an welchem die aegypt. Mauer herführte. Man vgl. d. h. Df el Ghusijeh.
Anbilla s. Abila. Anea s. Anab.
Anem — עָנֵם in 1 Chr. 6, 58; wofür in Jos. 19, 21 u. 21, 28 עַיִן רִמּוֹן; b. LXX Anam, Engonim u. πηγή γραμμάτων — war eine Levitenst. in Isaschar. Cond. vgl. d. h. Anin, 1 M. s. v. Leghun.
Aner — עָנֵר in 1 Chr. 6, 55, wofür Jos. 21, 55 הֵינָךְ steht; in LXX Ener — eine Levitenst. in Manasse. Cond. vgl. d. Df Ellar im südwestl. Karmel, ö. v. Attil. b. In Gen. 14, 13 u. 14 neben Mamre u. Eskol gen.
Aneth s. Anathoth.
Angaria s. Gerrha.
Angaris s. Garizim.
b. s. Azotus.
Aniel u. Anir s. Negiel.
Anim — עָנִים in Jos. 15, 50; b. LXX Aim; in Judith 1, 9 Betane: b. Eus. Ebim, b. Hier. Evim — war eine St. in Juda, verm. das zweite od. chr. Anaea des Eus., ö. v. jüd. A. Man vgl. Kh. el Guwein, fast 3 M. s. v. Hebron. S. Ain, Anab u. Enaim.
Animotha in Not. dign. eine röm. Militär-Station in Arabien, im Text Motha gen. Ptolem. kennt eine St. Anitha, Rel. vermuthet Arimathia gleich Ramoth in Gilead. Übr. vgl. Motha.
Anna s. Ai.
Antaradus s. Arwad.
Anthedon — Jos. Ant. XIII, 13, 3; Plin. V, 12 — war der Hafenort od. Majumas v. Gaza, von Herodes Agrippias gen.; vill. d. עֲגָרִידָא d. Talm. Die Akta d. Conc. Const. kennen A. als Sitz eines chr. B. Man vergl. Kh. el Blakhijeh nw. v. Gaza od. Tell el 'Aghūl, nahe der Mündung des W. Gazzeh od. Kh. Sūr w. v. Gaza.
Antilibanon s. Libanon.
Antiochia in 1 Makk. 3, 37; Akt. 11, 19; Prok. de aed. nennt sie Theopolis; Th. de Pinedo verwechselt A. mit Hamath — erbaute Seleukus Nikator, S. d. Antiochus, am unt. Orontes. Die Weltst. diente bald der christl. Mission: Barnabas, Saulus, Petrus, Ignatius, Chrysostomus u. and. berühmte Namen weist die Geschichte dieser St. auf. H. Antakie.
Antipatris erbaute n. Jos. Ant. XVI, 5, 2 Herodes d. Gr. und nannte sie nach sein. Vater Antipater. Vorher lag auf dieser Stelle der Ebene Saron zw. Caesarea u. Jerus. der kl. Ort Kaphar-Saba. Jos. rühmt die Fruchtbarkeit und den Wasserreichtum der Gegend an der Grenze Judaeas. Man vergleicht auch das ältere Mejarkon. Wegen der nahen Grenze wurde A. bald zu Samaria, bald zu Judaea gerechnet. Zur Zeit des Hier. war A. ein semirutum oppidulum.

Die Angabe d. Eus. u. H., dass
6 r. M. n. v. A. *Γαλγουλης 'Αντιπατρίδος* ein Gilgal liege, führt auf Meghdel Ghaba. Andd. suchen in Kafr Saba od. in der Kal'a von Rās el 'Ain die Stelle v. A.
Antonia s. Bira u. Jerus.
Antoniana s. Berotha.
Anua s. Nea.
b. s. Anuath.
Anuath des Borkeus — b. Jos. b. j. III, 3, 5; im Talm. בר־ברקאי od. בר־עינון od. בראית od. ברקאת; b. E. u. H. Anua 10—15 r. M. s. v. Neapolis — hiess der nördlichste Ort Judaeas, h. Kafr Ana od. Brukin. Vgl. Nea.
Anuhern s. Anacharath.
Aorabi b. Hier. ein Ort jens. d. Jordan.
Apadus in Dan. XI, 45 halt. Theodoret u. Andd. nach ihm für einen Ort bei Jerus., während das Wort „sein Gezelt" zu übersetzen ist.
Apamea — in Judith 3, 12; im Talm. אפמיא od. אפמיאה; sein נכי' erkennt Rel. in dem Wasser v. Phaneas od. Phialasee — war eine St. in Syrien, von Seleukus Nikator am untern Orontes erbaut und nach seiner Gemahlin genannt. Später chr. Bstadt. Seine Ruinen sollen bei Kal'at el Mudik liegen.
Apamia s. Sepham.
Apathus od. Regium Apatos wird als Bsitz von Pal. I gen. Not. eccl.
Aphaerema od. Apherima in 1 Makk. 11, 34 u. Jos. Ant. XIII, 4, 9 war eine samar. Toparchie, welche Demetrius nebst den Toparchien Lydda u. Ramatha an Jonathan Makkabaeus gab. Mit Haparaim in Isaschar ist es nicht zu vergleichen, wohl aber mit Ephron u. Ophra.
Aphanith s. Astaroth.
Aphar s. Afar.
Aphek — אפק in Jos. 12, 18; b. LXX Aphaka — war eine kananit. St. bei Hebron, in Jos. 15, 53 Apheka, eine St. v. Juda. b. In Jos. 19, 30; b. LXX Apheka; in Jud. 1, 31 Aphik — war A. eine St. in Asser, aber von Kananitern d. i. Phoenikiern bewohnt. Man sucht dieses A. am Gh. ed Dahi od. im Tal des Sichor Libnath.
c. A. in 1 Sam. 29, 1; b. LXX Aphek — hiess eine Lagerstelle der Philister im Kampfe mit Israel, das zu Ain in Jesreel lag. Hier ward nach 1 Reg. 20, 26 Benhadad v. Syrien besiegt. Eus. vgl. Apher bei Endor, d. Neureren d. Df Fukūa mit Kh. Fukēkia auf d. Gilboa od. Gh. F.
d. A. — in 1 Sam. 4, 1; b. LXX Aphek — war auch eine Lagerstelle der Philister, als Israel bei Ebenezer lagerte, das in der Nähe von Mizpa zu suchen ist.
e. A. — in Jos. 13, 4; b. LXX Aphaka; b. Eus. u. H. nicht gen.: b. Sozom. Aphaka der Aphrodite — nennt Eus. de vita Const. eine Schule der Unzucht und erzählt, dass Const. d. Gr. die Tempel des Aesculapius ad Aegas u. der Venus Aphacis zerstören liess. Die Reste

eines Tempels findet man in Afka, an der Quelle des Adonis, h. Nahr Ibrahim.

f. Das Apku der KS. kennen E. u. H. als ein Apheka, ½ M. ö. v. Hippos an der Ostseite d. galil. Meeres. H. liegt hier ein Df Fik am W. d. N.

g. Jos. b. j. II, 19, 1 nennt eine Burg A. in der Gegend von Antipatris.

Apheka in Juda s. Aphek.

Aphelios hiess ein Kloster in d. Wüste von Juda.

Aphen od. Ophen — עֵין in Jos. 18, 24 הָעַיִן mit Auslassung von כֶּסֶף; b. LXX Aphni; b. Eus. u. Jos. Gophna, nicht weit von Geba u. Gibea Sauls: im Talm. Guphnith, Guphna od. Beth Guphnin — war eine volkreiche Stadt in Benjamin n. v. Jerus., wo einst 24 Brüder 24 Schwestern in einer Nacht heirateten (Schw. aus d. Talm.). H. Ghifna od. Ghufna, 3 M. n. v. Jerus.

Aphla nennen die Listen Thothmes III hinter Ophla. Man vgl. Fuleh in Jesreel.

Aphni s. Aphen.

Aphra u. Aphrel s. Ophra.

Aphraim s. Haparaim.

Aphtha — Jos. b. j. IV, 3, 8; im Talm. הפתה — war die Heimat des unwissenden Hohenpriesters Phannias.

Apku s. Aphek.

Apollonia — in Jos. Ant. XIII, 15, 4; b. j. 1. 8, 4; Ptol., Plin. u. Tab. Peut.: — war eine St. am Mittelmeer, verm. d. h. Kh. Arsûf, 1 M. s. v. d. Mündung d. Nahr A. od. Falaik.

b. Eine St. im Distrikt Apamea, nach Steph. Byz. juxta Coelesyriam.

Apphuri s. Sepphoris.

Ar — עָר od. עָר בְּאֵשׁ od. עָיִיר in Num. 21, 15 u. 28; 22, 36; b. LXX Ar, an 2. St. lasen diese עִיר, an d. 3. πολις; bei d. Griechen u. Röm., wie in Not. dign. Areopolis; auch Ar Rabbath und Rabba gen., als Bsitz von Pal. III Aureliopolis, Rababatora u. Rabathmoma; Brok. verwechselt sie mit Petra, b. od. KirMoab — war die Hauptst. v. Moab auf d. Gebirg s. v. oberen Arnon. Man sucht ihre Reste im Mukattet el Hagh oder el Khagh. Vgl. Kir Hareseth u. Rabba.

Ara s. Eder.

b. s. Hara.

Araa b. LXX in 1 Chr. 2, 52 statt הראה; ein Ort in Juda.

Arab — אֲרָב in Jos. 15, 52; b. LXX Ereb; b. Hier. Horomith — war eine St. in Juda, nach Cond. h. Kh. el Rabijeh nw. von Jutta.

Araba — עֲרָבָה in Jos. 3, 16; LXX bald Araba, bald ἔρημος — bezeichnet die syr. Wüste od. Arabien, od. die Wüste im Allgem., am häufigsten aber das Tal des Jord., die Umgegd d. t. M. und d. Tal s. v. t. M. In 2 Sam. 2, 29, wo LXX εἰς δυσμάς geben, lässt sich der Zufluchtsort Abners nicht bestimmen. Schw. hegt die Sonder-

meinung, dass auch die Araba s. v. t. M. in der Schrift עֵבֶר הַיַּרְדֵּן genannt werde.
b. Jos. vita 51 nennt A. einen Ort in Galilaea; Talm. kennt עֲרָב als die Heimat vieler Rabb.; nach E. u. H. in finibus Diocaesareae, 20 Stad. von Sogane; h. Arräbeh am Nordrand der Ebene Sebulon. Vgl. Arba.
c. E. u. H. kennen ein A. 3 r. M. w. v. Skythopolis, im Talm. עֲרָבָה; h. Kh. Arrabōneh, 1½ M. w. v. Bēsan. Vgl. Arbela.
d. s. Arboth Moab.
Arabath in 1 Makk. 5, 12 war eine St. in Gilead, deren Einw. Judas Makk. nach Judaea verpflanzte. Vgl. Kal. er Rabad.
Araclia s. Archelais.
Arad — עֲרָד in Num. 21, 1; n. LXX auch Num. 34, 4, wo d. Text חֲצַר אֲדָר hat; b. E. u. H. Ader od. Arama od. Arath 20 r. M. s. v. Hebron, 4 r. M. v. Malatha; in d. Akt. d. Conc. wird ein ἐπίσκ. Ἀρδών od. Aradorum gen., den Rel. ohne Grund gleich ἐπ. Ὁρῶν achtet — einst eine kananit. Königst., deren Gebiet nach Jud. 1, 16 der Keniter Hobab im Bund mit Juda einnahm; in chr. Zeit neben Hora, Beerseba, Sozusa der 4. Bsitz nahe der edomit. Wüste; etwa wo h. Tell 'Arād.
b. s. Addar.
Aradus s. Arwad.
Arak od. Erek — עֶרֶק in Gen. 10, 17; b. LXX Aruka; in d. KS. Ir Arka; b. d. Griechen Arke od. Ake, bei Jos. aber auch Aktipus; b. Plin. noch Arce; im Itin. Hier. Arcas; b. d. spät. Römern Caesarea magna od. Caes. Libani od. Caes. ad Lib.; im Talm. עַרְקָה לִבְנָה — war eine phoenik. St. am westl. Abhang des Libanon, n. v. Tripolis, die Heimat des Caesar Al. Severus, auch Sitz eines chr. B. Ihre Reste liegen auf dem Tell el 'Arka üb.
d. Nahr el 'A.
Araloth — עֲרָלוֹת in Jos. 5, 3; b. LXX βουνὸς ἀκροβυστιῶν, wozu Eus. ἐν Γαλγάλοις hinzufügt — war ein Hügel bei Gilgal. Man vgl. Tell Abu Alaik im Gor.
Aram — אֲרָם in 2 Reg. 8, 9; A. Damesek in 2 Sam. 8, 6; in d. KS. Aramu u. Arima; b. LXX Συρία u. Συρία κατὰ Δαμ. — ist d. Bergland zw. Phoenikien u. dem Euphrat mit der Hauptst. Dam. Die Römer nannten das Land Aramaea; h. heisst es Belad es Scham.
b. A. — Beth-Rehob — אֲרַם־בֵּית־רְחוֹב in 2 Sam. 10, 6; b. LXX Syria Baithroob — war eine Landschaft im N. d. Sees Merom, nach Schw. in Coelesyrien.
c. Aram-Maacha — אֲרַם־מַעֲכָה in 1 Chron. 19, 6; b. LXX Syria M. — ist gleich A.-Beth-Rehob zu achten.
d. A. Naharaim — אֲרַם נַהֲרַיִם in Gen. 24, 10; Padan-A. in Gen. 25, 20; b. d. LXX Mesopotamia od. M. Syria — ist das Land am Euphrat u. Chaboras, h. el Ghisiri.
e. A.-Zoba — אֲרַם צוֹבָא in 2 Sam. 10, 6, auch allein Zoba; b. LXX

Syria Soba — hiess das Land nö. v. Dam.

Aramatta s. Ramoth.

Arath nennen E. u. H. einen Ort w. v. Jerus., vill. d. h. Kh. Harasch, 1 M. w. v. d. St.

Arba — ערבה in 2 Sam. 23, 31; b. LXX Arabon — lag verm. in Galilaea, wo h. mehrere Orte mit ähnlichen Namen gefunden werden.
S. Araba.
b. s. Hebron.

Arbel s. Beth-Arbeel.

Arbela — in 1 Makk. 9, 2, auch Masloth in A. gen.; im Talm. ארבל — am westl. Ufer des gal. Meeres, diente mit seinen Höhlen berüchtigten Räubern als Schlupfwinkel (Jos. vita 37). Ihrem Unwesen machte Her. d. Gr. ein Ende. H. heisst dieses Höhlenlabyrinth Kal'at Hamam od. Kal'at Ibn Ma'an im W. Hamam. Hier soll auch ein Kh. Irbid liegen.
b. Ein Arbela d. E. u. H. s. Beth-Arbeel.
c. Ein zweites A. d. E. u. H. lag 9 r. M. v. Legio, nach Survey d. h. Kh. Arraboneh. Vgl. Araba.
d. s. Arindela.

Arbo s. Hebron.

Arboth Moab — ערבות מואב in Num. 22, 1; LXX δυσμοι M.; b. E. u. H. Araba bei dem Berg Phogor gegenüber Jericho auf dem Wege von Livias nach dem arabischen Hesbon — hiessen die dürren Hochebenen im südl. Moab.

Arcas s. Arak.

Archelais baute nach Jos. Ant. XVII, 13, 1 Archelaus, ein S. Her. d. Gr., welchen der Kaiser Augustus wegen Misshandlung der Juden seiner Ethnarchie enthob und verbannte. Die St. lag nicht weit v. Phasaelis in einem fruchtbaren Tal. Als chr. Bst. v. Pal. J wird sie bald Arke, b. Araklia, b. Heraklea gen. Man vermutet ihre Reste in d. Df Keräwa im W. Faria mit den Trümmerorten Kh. el Basalijeh, 'Abd el Kadir u. Tell el Mazär; Guér. in dem nahen Kh. el Makheruk ö. v. Tell Keräwa.

Archi-Ataroth — עטרות הערכי in Jos. 16, 2; LXX u. Vulg. ebenso — war ein Grenzort von Ephraim zw. Lus u. Ataroth. Daher der Name. Conder findet ihn in 'Ain 'Arik w. v. Ram Allah.

Ardiska — ערדיסקא — nennt d. Talm. einen Schulort, der einen halben Sabbatweg von Tabaun entfernt war.

Area s. Arpha.

Arebba s. Rabba, b.

Arefa s. Arpha.

Arekon s. Rakkon.

Areopolis s. Ar.

Ares s. Heres.

Areth s. Harod.

Arethusa, eine chr. Bst. v. Syrien, lag nach Itin. Ant. 16 r. M. v. Epiphania am Nordhang des Libanon. Hier führte eine Brücke von 13 Bogen über den Orontes. Man sucht ihre Reste in d. h. Kh. Restan.
b. Jos. Ant. XIV, 4, 4 u. b. j.

1, 7, 7 kennt A. als einen Ort in Judaea, neben Maresa, Asdod u. Jamnia genannt. Guérin vergl. Artas.

Argob — ארגב in Deut. 3, 4; im Cod. Samar. ארג, b. LXX Argob; b. Eus. Regeb 15 r. M. v. Gerasa, b. Hier. Arga, im Talm. Ragab, b. Jos. Ragaba — war ein Landstrich von Basan mit sechszig Städten, welchen Manasse besetzte. Conder erkennt ihn in d. Legha.
b. Eine Feste der Gegend desselben Namens, in Jos. Ant. XIII, 15, 5, bei deren Belagerung Alexander Jannaeus starb; vill. Raghib im Gebirg Aghlun.

Ariachon κωμη in Not. episc. ein Bsitz der arabischen Eparchie.

Ariathas Trachonon κωμη ein Bsitz in Arabien; vgl. Ariothas.

Arieldela s. Arindela.

Arim b. E. u. H. kann nicht Kirjath Jearim sein, das näher an Jerus., als an Diospolis liegt. Hier. denkt an Beth Arim. Die Vergleichung mit Dēr Tarif bei Bēt Nebāla ist sehr wenig begründet.

Arima s. Aruma.

Arimathia in Matth. 27, 37 heisst b. Eus. Remphthis od. Armathem. Man erkennt es bald in Rama-Benjamin, bald in Ramathaim Zophim, bald in dem h. Ramleh od. Remthieh. Für diesen Ort, der 1½ M. n. v. el Liddi liegt, spricht die Erzählung des Hier., der Paula v. Lydda über Arimathia nach Joppe geleitete. So Rel. Hegum. Dan. sucht A. bei Samaria.

Arindela — in Not. episc., auch Aribela u. Arbela u. Arindisa; in Not. dign. Arieldela; b. Steph. Byz. wie auf. — war eine Bst. v. Pal. III, die bisweilen mit Charakmoba verwechselt wird. Ihre Reste sollen an der Quelle des W. Garandel liegen, welcher von S. in d. t. M. mündet.

Ariothas Komis in Not. episc. ein Bsitz unter dem Metropol. v. Bostra, also in Arabien. Vgl. Ariathas Trach.

Aristobulias in vita Euth. ein Df od. Kloster in d. Wüste Juda, h. Kh. Istabul bei Zif, sö. v. Hebron.

Arith s. Hareth.

Arka s. Arak.

Arke s. Sela.

b. s. Archelais.

Arko s. Hebron.

Arma s. Harma.

Armai s. Adami.

Armakabob s. Beth - Hamerkaboth.

Armatha s. Rama.

Armathem s. Arimathia.

b. s. Ramathaim.

Armon s. Harmon.

Arnama hiess eine St. zw. Schabatun u. d. See v. Emesa; h. Harbana.

Arnon — ארנן in Num. 21, 13; b. Eus. ein steiles Felsengebirg zw. d. Gebiet d. Moabiter u. Amoriter; b. Hier. Arnonas, ein Tal in diesem Gebg.; b. L. Bäche am Arnon od. Wasser b. A. — ist ein Fluss in Moab, der von O. in d. t. M. fällt. H. W. el Moghib.

Arnonim u. Aronnim s. Horonaim.
Aroër — עֲרֹעֵר u. עֲרֹעֵר u. עֲרֹעֵר in Deut. 2, 36; b. Eus. Arui 6 r. M., b. Hier. Aruir 20 r. M. n. v. Jerus. — war ein Ort im Stamm Ruben, wo Jephtha die Ammoniter schlug. H. Kh. 'Ar'air 1/2 M. s. v. Dhibān.
b. A. in Num. 32, 34 ein Ort nahe bei Rabbath Ammon, der von Gad besetzt wurde. Schw. kennt ein Df Ira b. Ammān.
c. In 1 Sam. 30, 28 ist A. ein Ort bei Beerseba, wohin David einen Teil seiner amalek. Beute schickte. S. nennt in dieser Ggd ein Abu Arūr, Andd. denken an W. 'Ar'āreh, Guér. an Guwein.

Aroiles — אֲרִאֵל od. אֲרִיאֵל in Gen. 46, 16 — nimmt Prokop als ein Df in Pal.

Arpad — אַרְפָּד in 2 Reg. 18, 34; in d. KS. Arpaddu; b. LXX Arphad, — war wie Hamath eine St. in Aram, welche Sanherib eroberte. H. Tell Erfād, 3 M. n v. Aleppo.

Arpha — b. Jos. b. j. III, 3, 5; b. Heges. Arthas; b. Ptol. Area; in Not. dign. Arefa — war der östl. Grenzort des Reiches Agrippas, das die Ggd v. Gamala, Gaulonitis, Batanaea u. Trachonitis umfasste. Spät. röm. Mil.-Stat. Man vergl. Raphon u. d. h. el Harf b. Schakka.

Arra im Itin. Ant. eine St. v. Coelesyrien, n. v. Hama, 20 r. M. v. Chalkis. S. fand hier ein Maarre el Nörman.

Arrabe s. Ar.

Arsamus — b. Jos. Ant. XX, 4, 1 — eine Burg, in welcher Izates, K. v. Adiabene, Abia, den K. der Araber, gefangen hielt u. töten liess.

Arsane s. Thirza.

Arsioth, b. Jabes v. E. n. H. gen., erinn. an Arghān od. Erghān im Gholan.

Arsola s. Hazar Sual.

Arthas s. Arpha.

Arubboth — אֲרֻבּוֹת in 1 Reg. 4, 10; b. LXX Araboth; nach Hier. in Galil. — war eine St. im westl. Juda.

Arui u. Aruir s. Aroër.

Aruma — אֲרוּמָה in Jud. 9, 41; b. LXX Arima, ebenso b. E. u. H. — hiess ein Lagerplatz Abimelechs b. Sichem. Vergl. d. h. Klu el Örmeh sö. v. Awerta.

Arura s. Jabes.

Arus — b. Jos. Ant. XVII, 10, 9 — war ein Dorf bei Samaria, nach Rel. gleich dem Atharus des Hier. Vergl. Ataroth.

Arwad — אַרְוַד in Gen. 10, 18; in KS. Arwada od. Arwadi, sa Kebal tiamti „das mitten im Meere"; b. LXX u. a. Griechen Arados — war eine phoenik. St. auf einer Felseninsel 9 M. n. v. Tripolis. H. Ruād od. Rawād.
Gegenüber A. lag auf d. Festland die St. Antaradus, h. auch Ruwād gen.
Nach Ezechiel 27, 8 waren die Aradier Ruderknechte der Tyrier.

Asa s. Esthaol.

Asabara b. — eine St. in Gilead, schwerlich gleich Asabaja, h. verm. Kh. es Sebārāt od. ez Zebārāt.

Asabaja s. Sabaja.

Asadda s. Zedad.
Asael u. Asel s. Azel.
Asalea od. Azalia war nach Sozom. die Heimat d. hl. Alaphion, eine St. d. Hauran, verm. d. h. Atil, ½ M. w. v. Kanuat.
Asamon — b. Jos. b. j. II, 18, 11 — ein Gebg in d. Mitte von Galilaea, h. entw. Gh. Adāthir od. Tell Hazur od. Gh. Ghermak u. Zebūd.
Asan — עַיִן od. עֲשָׁנָה od. כֹּר עָשָׁן in Jos. 15, 43 u. a.; b. LXX Asna od. Barasan; b. E. u. H. Asan, Asenna, Esna, Thebasa 16 r. M. ö. v. Jerus.; nach Hier. Bethasa od. Besaran od. Bosasan — war eine Levitenst. im südl. Juda. Cond. vgl. Kh. Asūleh b. Rimmon in Simeon.
Asclepius — b. Ant. Mart. ein Bach des Libanon, der bei Sidon fliesst. Vgl. Bostrenus.
Asdod — אַשְׁדּוֹד in Jos. 11, 22 u. a.; in KS. Asdudu; b. LXX Asedod; b. and. Griech. u. Röm. Ἄζωτος παράλιος u. Ἀ. ἵππινος, eine Hafenst. u. eine Binnenst.; b. Jos. Aza — war eine feste St. der philist. Pentapolis, zw. Jamnia u. Askalon. Hier stand ein Tempel Dagons (1 Sam. 5, 2); Psammetich belagerte d. St. 29 J. lang (Her. II, 187); d. Makkabäer zerstörten Dagons Tempel mit d. St (1 Makk. 11, 4).
Die neue St. hörte die Predigt v. Chr. durch den Ap. Philippus (Akt 8, 40) und ward ein chr. Bsitz.

Ihre Reste liegen im Tell Esdud bei d. gr. Df Esdud.
Asdoth Hapisga — אַשְׁדּוֹת הַפִּסְגָּה in Deut. 3, 17; b. LXX Asidoth des Phasga oder in Deut. 33, 2 ἀγγέλοι; Hier. ignea lex, desgl l. wo das Keri אֵשׁ דָּת hat — bezeichnet eine Ggd a. d. Südgrenze von Ruben. Conder geht bis Ajūn Musa nach N.
Aseka — עֲזֵקָה in 1 Sam. 17, 1; b. LXX Azeka; b. Jos. Zeka; E. u. H. setzen ihr Azecha zw. Jerus. u. Eleutherpls; Bonfr. and. Grenze von Ephraim — war eine feste St. geg. d. Eichgrund sw. v. Jerus., verm. h. Dēr el Aschek im W. Sorek.
Asel — אָצֵל, vollst. אֶבֶן אָצֵל in 1 Sam. 20, 19; b. LXX λίθος ἐκεῖνος; b. Hier. Jezechel — bezeichnete einen Ort sw. Rama u. Nob, wo David u. Jonathan zusammenkamen.
Asemonas s. Hasmona.
Aser s. Asser.
b. Bei Eus. ein Df zw. Asdod u. Askalon.
c. s. Hazar-Gad.
Asima — אֲשִׁימָא in 2 Reg 17, 30 — ist keine St. (L), sondern der Götze Eschmun, den die Leute von Hamath unter dem Bild eines geschorenen Bockes auch in Palästina anbeteten.
Asiri — אֲסִירִי im Talm. — ein samar. Ort n. v. Sichem, h. ʿAsiret el Hatab.
Askalon — אַשְׁקְלוֹן in Jud. 1, 18; b. LXX, and. Griechen u. Talm.

ebenso; KS. Iskaluna — war eine
St. d. philist. Pentapolis, zw. Gaza
u. Jabne; 1 M. v. Meer entf., vielfach zerstört u. wieder aufgebaut.
In dem gleichnam. Hafenort legte
Herodes d. Gr. prächtige Seebäder
mit Säulenhallen an, während d. a.
St. durch ihren Dienst des Eschmun
u. der Derketo bekannt war. Beide
St. hatten in chr. Zeit ihre eigenen
Bb. und behielten ihre Lehrer
grossen Ruf, wie Steph. Byz.
mehrere stoische Philosophen, Grammatiker u. Historiker aus A. nennt.
Von der Binnenst. ist kaum eine
Spur übrig, während die Reste der
Hafenst. bei dem h. el Ghaura
od. Ghora gefunden waren.

b. Ein Askalon in Juda heisst
h. Kh. Askalūn b. Bêt Nettif.

Askaroth — אוּבְרות — nennt d.
Talm. einen hochgel. Ort in Samarien, der weder mit Ischarioth, noch
mit 'Ain Askar zu vergl. ist.

Asmaweth — עַזְמָוֶת — in Esra
2, 24; b. LXX in Neh. 7, 28
Bethsamoth od. Bethasmoth; n.
Schw. gl. Almon, Alemeth u. Bahurim — ein Ort n. v. Jerus., wo
h. d. kl. Df Hizmeh auf einem
Hügel am W. Farah liegt.

Asna — אַסְנָה in Jos. 15, 33 u.
43; Vulg. Asena — hiessen zwei
St. in Juda. Für die eine vgl.
man Kh. Hasan od. Kh. el Hagh
Hasan b. Kh. Aslin, für d. and.
Kh. Aslin selbst: Guérin weist
auf Dêr Esned hin.

Asnoth — אוֹנת od. אַזְנוֹת־ in
Jos. 19, 34; Vulg. Azanoth Thabor;

b. Eus. Azanathoth, b. Hier. Azanoth b. Sepphoris — war ein Ort
am Thabor, wo sich Naphthalis
Grenze gegen W. wendete.

Asochis od. Azochis — b. Jos.
vita 41 u. 45; im Talm. שיחין u.
כפר שיחין, nicht weit von Kasra
de Sippori — lag mit einem Tale
d. N. in Galilaea zw. Gabara u.
Sepphoris, wo h. Kafr Menda.
Vgl. Sebulon.

Asophon — b. Jos. Ant. XIII,
12, 5 — nahe am Jordan. Hier
stritten Ptolemaeus und Alexander
Jannaeus.

Asor, Asoros u. **Assor** s. Hazor.
b. s. Jagur.
c. s. Jehud.

Aspar — in 1 Makk. 9, 33; b.
Jos. Ant. XIII, 1, 2 ὕδωρ λάκκου
'Ἀσφαρ — hiess eine Quelle u. Teich
bei Thekoa.

Asphaltites s. Salzmeer.

Asphar fluvius — in Not. dign.,
im Talm verm. כי סבר — ein Bach
in d. Nähe der Castra Arnonensia,
also nicht mit Aspar zu vgl.

Assaremoth s. Hezron.

Assedim s. Ziddim.

Asser — אשר in Jos. 19 — erhielt sein Los od. Erbe im NW. d.
gel. Landes vom Karmel bis Tyrus,
aber besetzte dasselbe nie vollständig, sondern wohnte wie Sebulon u. Naphthali zw. d. Heiden.
Später bildete A. d. nordw. Galilaea,
h. Bilad Beschara, s. v. N. el
Kasimijeh.

b. In Jos. 17, 7; 1 Reg. 4, 16
wird A. bald als Land, bald als

ein Ort in d. Nähe v. Sichem verstanden. So kennt Eus. u. Itin. Hier. ein Df Aser 15 r. M. v. Neapolis auf d. Wege nach Skythopolis, wo h. ein Df Sir u. ein Siris u. Teiasir zu finden. Das Itin. Hier. nennt dies A. die Heimat Hiobs.

Asseremoth s. Jerus.

Assia — עסיא im Talm. — eine der Quellen, darin man am Sabbat baden darf. Neub. vgl. das Essa d. Jos. ö. v. See v. Tiberias; besser ʽAin Essijeh nahe bei el Ghisch.

Assur — אשור in Ps. 83, 9 — bezeichnet das Land Syrien.

b. In Gen. 25, 18 ist A. eine St. od. Land südl. v. Pal., aber ö. v. Aegypten.

c. In Jos. 17, 7 ist A. entweder auf das Gebiet des Stammes Asser od. eine St. A. zu beziehen, wenn nicht die Lesart בשור vorgezogen wird.

Asta u. **Astho** s. Esthaol.

Astharoth — עשתרות od. עקרנים in Gen. 14, 5 u. a.; in Jos. 21, 27 בעשתרה; Cod. Sam. עשתרות קרנים; b. LXX Asth. u. Karn. od. Bosora od. Ramoth; b. Eus. Karnaea bei Adraa — war nach Deut. 1, 4 eine St. der Rephaiter, später Manasse zugeteilt, von Leviten besetzt, Hauptst. von Basan. Wer Eus. folgt, erkennt A. in d. Tell el Asterch u. v. Mzerib. Andre vgl. Kerak nö. v. Derāt od. Kh. el Gasaleh s. v. Ktebeh, nördl. v. Derāt.

Ob das Karnaim in 1 Makk. 5, 26 u. b. Jos. hierher zu beziehen, ist zweifelhaft. Um so weniger kann A. gleich Bostra od. בית ער geachtet werden, wenn gleich hier auch ein Atargation war (2 Makk. 12, 26). Zudem liegt B. 6 M. ö. v. Derāt.

Asuada — in Not. dign. — war der Standort der Ala Sebastena, nach Seeck gleich Anuath. Man vgl. das h. Abu el Aswad.

Asuganrina b. Ant. Mart. Itin. ein Ort unter d. Karmel in d. Richtg auf Ptolemais „ubi sunt castra Samaritanorum". Die Lesart scheint verdorben.

Atabyrion s. Thabor.

Atad s. Goren A.

Atara od. Atira in d. Listen Thothmes III. SV vgl. Tiret Abu ʽAmran am W. Birch.

Ataroth — עטרות in Num. 32, 34; b. d. LXX u. Vulg. — war eine St. in Gad, mit Dibon u. Aroër ö. v. t. M. gelegen, h. Kh. Attārūs am Gh. A. Andere verweisen auf Gh. Huma.

b. In Num. 32, 35 עטרות שופן; b. LXX Sophar, b. Vulg. Etroth et Sophan — ein zweiter Ort in Gad.

c. In Jos. 16, 2 ist A. — עטרות wie in LXX u. Vulg. — eine St. in Benjamin zw. Lus u. Japhlet, wo h. ein Kh. ʽAtāra.

d. In Jos. 16, 5 ist A. — עטרות אדר, auch b. LXX u. Vulg. — eine St. in Ephraim, die Eus. Ataroth, Hier. Atharus nennt u. 4 r. M. v. Sebaste setzt, wo h. ein Df ʽAttāra ³/₄ M. n. v. Sebastijeh.

e. In 1 Chron. 2, 51 ist A. —

יאר בית־, bei LXX *A.* οἶκου Ἰωάβ; b. Vulg. Coronae domus Joab — ein Ort in Juda, nach Schw. d. h. el Atrun od. Latrun. f. In Jos. 16, 7 scheint A. ein Ort zw. Silo u. Jericho, also in Benjamin zu sein, wo h. Kh. ʿAttära sw. v. Sēlūn liegt. SV vgl. Kaswal b. Kafr Malik od. Kh. el Taijireh. Guér. hält dies A. gleich A. Adar. Eus. u. Hier. sagen, zwei A. seien nicht weit von Jerus. entfernt, während bei Beschreibung der Grenze Ephraims drei A. genannt werden, c. d. u. f.

Athak — עִיר in 1 Sam. 30, 30; LXX u. Vulg.; F. will עיר־ lesen — war eine St. in Juda, welcher David einen Teil seiner amalek. Beute schickte. Schw. kennt ein W. Athakha n. v. Madera.

Athalim s. Elon.

Athar s. Ether.

Atharim — דרך האתרים in Num. 21, 1; b. LXX ὁδὸς Ἀθαριμ; b. Vulg. exploratorum via, so auch L. — war ein Ort im S. v. Pal.

Athmatha s. Humta.

Athone b. Jos. Ant. XIV, 1, 4 — wird neben Agalla u. Zoar gen. Diesen Platz entriss Alexander Jan. den Arabern.

Atischia — עטישיא — nennt d. Talm. als d. Heimat d. R. Jizhak.

Atribolis s. Tripolis.

Avara — b. Ptol. ein Ort in d. Nähe v. Jerus., nach Steph. Byz. von Aretas gebaut. S. Hanana.

Auatha s. Awwith.

Aueria s. Adarin.

Augustopolis — in Not. episc. ein Bsitz v. Pal. III, dessen Inhaber dem Conc. v. Eph. beiwohnte. Hier. ep. nennt einen B. v. Augustodunum.

Aulon s. Jordan.

Auranitis s. Hauran.

Austanidon — verm. verdorbene Lesart — wird als ein Bsitz unter d. Metrop. v. Bostra genannt.

Awarta heisst im Cod. Sam. der Begräbnisort Josuas, während die Schrift dafür Thimnath Heres angiebt, resp. Heres. Man vgl. d. h. Awerta od. Aworteh zw. Lebona u. Nablūs.

Awen od. Beth-A. — אָוֶן und בית־אָ־ in Jos. 7, 2; b. Talm. Bethel; in Vulg. Beth Awen; b. Eus. Bethan; b. Hier. Bethnaim od. Bethenim — war eine St. in Benjamin neben Ai u. Bethel. Aber auch dieser Ort wurde von d. Proph. wegen seines Götzendienstes strafender Weise Beth Awen genannt.

b. In Jos. 18, 12 ist בדבר־בא, b. LXX Mabdaritis Bethaun; b. Eus. On in Samarien — eine Wüste w. v. Gor.

c. In Am. 1, 5 ist u. בקעה־א mit LXX u. Vulg. das Tal von On od. Heliopolis in Coelesyrien zu verstehen, die h. Beka'a.

Awwim — עוים in Jos. 18, 23, ebenso LXX u. Vulg. — war eine St. in Benjamin, welche ihren Namen den Kananitern verdanken wird, die hier wohnen blieben.

Awwith — עַיִית in Gen. 36, 35; b. LXX Getthaim, b. Vulg. Avith; vill. d. Anatha d. Not. dign. u. d. Steph. Byz. od. Akanatha, das zw. Petra u. Elath lag — war eine edomit. St. im S. v. Moab. Eine Hügelkette im O. v. Moab wird h. Ghuwēta gen.

Awwoth Jair s. Hawwoth J.

Axius s. Orontes.

Aza — b. Jos. Ant. XII, 11, 2 ein Berg bei Asdod, wo Judas Makk. fiel, nachdem er einen Flügel des syr. Heeres geschlagen u. verfolgt hatte; od. Asdod selbst. S. Azotus.

Azadada s. Zedad.

Azanoth b. Eus. ein Df in d. Ggd v. Diocaesarea.

Azare s. Jesreel.

Azecha s. Aseka.

Azel — אָצֵל in Sach. 14, 5; b. LXX Asael; b. Vulg. ad proximum; b. Eus. Asel, b. Hier. Assel; im Talm. הוצל — war ein Ort bei Jerus., welchen Josua befestigte, wie der Talm. weiss. Schw. erkennt A. in Bethanien. Vgl. Beth Haezel.

Azem — עֶצֶם in Jos. 15, 29; Ezem in 1 Chr. 4, 29; b. LXX Asem od. Boasom; b. Vulg. Esem u. Asom — war ein Ort in Juda oder in Simeon.

Azer s. Jaeser.

Azmon — עַצְמוֹן in Jos. 15, 4; b. LXX u. Vulg. Asemona; b. R. Jonathan קסים — ein Ort an d. Südgrenze von Juda, verm. h. d. Oase Kasēmeh.

Azon — עָצוֹן in 2 Sam. 23, 8; b. LXX Ason; b. Vulg. ligni vermiculus: b. Jos. Ant. XIV, 5, 3 Azonus — war die Heimat eines der Helden Davids, zw. Samaria u. Skythopolis, von Gabinius wieder aufgebaut. H. liegt 1 M. n. v. Sebastijeh ein Df 'Asna von altem Aussehen.

Azor od. Jazor nennt Jos. Ant. XII, 8, 1 als einen Ort in d. philist. Ebene, h. Jasur sö. v. Jafa. b. s. Jaeser.

Azotus s. Asdod.
b. In 1 Makk. 9, 15 ein Berg, an od. auf welchem Asdod lag, b. Jos. Aza, b. Plin. Angarius, b. Epiph. Gazaza gen. N. a. Pl. sind auf Bir ez Zēt verfallen, das bei Bethel liegt. Vgl. Aza.

Azza s. Gaza.

B.

Baal — בַּעַל in 1 Chron. 4, 33, wie auch LXX u. Vulg. haben — war eine St. an d. Grenze von Simeon, verm. gleich Baalath-Beer.

Baala — בַּעֲלָה in Jos. 15, 9; b. LXX Baalath; in Jos. 19, 3 Bala, später Kirjath Baal u. Kirjath Jearim in Jos. 15, 60; 9, 17; b. LXX πόλις Ἰαρειμ, Vulg. Cariathiarim; קרית עָרים in Esra 2, 25; b. Jos. Karjath Jarimn; b. Eus. πόλις Ἰαιρ, nach Hier. 9—10 r. M. v. Jerus. auf d. Wege nach Diospolis — eine St. an d. Nordgr. v. Juda, bildete mit Gibeon, Beeroth und Kaphira einen kananit. Städtebund. Sie fiel an Benjamin. Von Samuel bis David stand hier die Bundeslade. Heimat d. Propheten Uria (Jer. 26, 20). H. Karjeth el Enab od. Abu Gosch.

b. In Jos. 15, 11 ein Berg zw. Jabneel u. Sichron, b. LXX „Land Baalath".

c. In Jos. 15, 29; LXX Baalath, Vulg. Baala; vermutl. das Bilha in 1 Chron. 4, 29, b. LXX Baala, in Vulg. Bala — ein Ort im südlichen Juda, der hernach an Simeon fiel. SV. vergleichen Umm Baghleh, 1¹/₃ M. s. v. Dawaimeh.

Baalath — בַּעֲלָת in Jos. 19, 44; Vulg. Balaath, ebenso Eus. u. Hier.; b. Jos. Baleth — eine St. in Dan, welche nach 2 Chron. 8, 4—6 irrtümlich bei Thadmor gesucht wurde. Salomo baute sie nach 1 Reg. 9, 18 mit Geser u. Bethhoron. N. d. Talm. gehörten die Häuser v. B. zu Juda, die Felder zu Dan. Man vgl. entw. Belaʻin n. v. Bētūr od. Baʻlin sw. v. Tell es Safieh.

b. Baalath-Beer — בַּעֲלַת בְּאֵר in Jos. 19, 8; LXX u. Vulg. ziehen בְּאֵר zu dem folgenden Ramoth — war eine St. in Juda od. Simeon, verm. gleich Bala.

Baal-Gad — בַּעַל גָּד in Jos. 11, 17, so auch LXX u. Vulg.; b. Eus. Algad; verm. gleich Dan Jaan in 2 Sam. 24, 3 — war eine St. am südl. Fuss d. Hermon, daher auch Baal-Hermon in 1 Chron. 5, 23 gen. Die starke Quelle des Jordan, die hier entspringt, lockte früh zum Dienst des Richters u. Waldgottes Pan, daher der Ort Paneas hiess. Üb. d. Quelle baute Herodes d. Gr. einen Tempel des Caeser Augustus, sein Sohn Philippus erweiterte d. St., die nach ihm Caesarea Philippi genannt wurde. Unter Agrippa II erhielt sie d. Namen Neronias. Der chr. B. dieser St. unterstand der phoenik. Eparchie. H. liegen bei d. mosl. Df Banias weite Trümmer.

Baal-Hamon — בַּעַל הָמוֹן in Cant. 8, 11; in Judith 8, 3 Balamo, wo Hier. Baal-Main hat; b. LXX Beelamon, Belemon u. Belemoth b. Epiph, ein Ort in Isaschar, Heimat d. Pr. Hosea — ein Ort, wo Salomo Weinberge hatte, wird bald b. Samarien, bald in Coelesyrien gesucht.

Baal-Hazor — בַּעַל חָצוֹר in 2 Sam. 13, 23; b. LXX Baalasor, vill. d. Belsephon d. Jos. — war ein Ort in Ephraim od. gl. Hazor in Benjamin. In letzterem Fall ist Tell Asur b. Taijibeh zu vgl.

Baal-Hermon s. Baal-Gad.
Baal-Maim s. Baal-Hamon.
Baal-Meon od. Beth-Baal-M. od. Beth-Meon u. Beon — בְּעֹן in Jos. 13, 17; b. LXX οἶκος Βεελμων u. Βαιαν; b. E. u. H. Beelmaus od. Beelmeon bei Baaru in Arabien 9 r. M. v. Besbus od. Jebus — war eine St. der Amoriter jens. d. t. M., wo h. ein Kh. Maʻin über d. Zerka M. weite Trümmer zeigt. Hier entspringen heisse Quellen.

Baal-Perazim — בעל־פרצים in 2 Sam. 5, 20: b. LXX ἐπάνω διακοπῶν, wird gl. הר פ׳ in Jes. 28, 21 sein, wo LXX ὄρος ἀσεβῶν haben — war verm. eine alte Kultusstätte d. Baal in Juda, wo David die Philister schlug. Rob. sucht den Ort in d. Ggd v. Bittir.

Baal-Salisa od. Beth-Salisa — בית שלשה in 2 Reg. 4, 42; b. Eus. B.-Sarisa 15 r. M. n. v. Diospolis in d. Thamnit. Toparchie, während Hier. auf Segor od. Zoar weist — war ein Ort in Benjamin, verm. h. Kh. Sirisia, nach Cond. aber Kafr Thilth.

Baal-Thamar — בעל־תמר in Jud. 20, 33; b. Eus. u. H. Bethamar, 1/2 M. n. v. Gibea — war ein Ort in Benjamin, den die jüd. Überlieferung nach Kh. Attāra verlegt.

Baaloth s. Bealoth.

Baaras b. Jos. b. j. VII, 6, 3 eine Schlucht n. v. Machaerus, b. E. u. H. Baaru od. Baris. Jos. berichtet, hier wachse eine Pflanze, die am Abend leuchte.

Bacha — עמק הבכא in 2 Sam. 5, 23; b. LXX, Jos. u. Eus. κλαυθμῶν, aber nicht Thränen der Augen, sondern der Balsamsträuche — ein Tal bei Jerus., noch h. el Baka gen.

Bachara s. Bahurim.

Badan im samar. Josua u. Talm. ein Ort in Samarien ö. v. Garizim. Vgl. W. Bedan.

Baddargis haben d. LXX in Jos. 15, 61 für במדבר d. Textes.

Baean s. Baal Meon.

Baethakad b. Hier. ein Ort in Samarien, wo Aquila u. Symm. ein nom. appell. haben. Vgl. wird Bētkad in d. südw. Mergh Ibn Amir.

Baethoron s. Beth-Horon.

Baharom — בחים in 1 Chr. 11, 33; LXX Barsam; in 2 Sam. 23, 31 בחרים, LXX Bardiam oder Barcham — die Heimat eines der Helden Davids, ist nach F. gl. Beth-Haram.

Bahurim — בחרים in 2 Sam. 3, 16; 20, 14 ab. הבחרים, LXX ἐν Χαρρι od. ausgelassen; b. Jos. Bachara u. Choraba; b. E. u. H. Charri — war eine St. in Benjamin, dahin David auf seiner Flucht kam, die Heimat Simeis. Vgl. Abū Dīs od. Kh. Bukē Dān od. Almit.

Baima — בימא u. בינא im Talm. — war ein Ort in Galilaea. Vgl. B'aneh ö. v. Akko.

Baith — הבית in Jes. 15, 2; LXX ἐν ἑαυτοῖς, Vulg. domus — eine St. in Moab, vill. gl. Beth Diblathaim.

Baka, b. Jos. b. j. III, 3, 1; b. Heges. Batatha, war ein Df an d. Ngrenze v. Obergal.

Bakana od. Bakatha — Epiph. adv. haer. — war eine Metrokomie Arabiens, ein Bdorf in Peraea. Vgl. Kh. Kastel s. v. Ammān.

Bal in d. List. Thotmes III mit Kaliimna und Amuheru zusammengen. SV. vgl. Kh. Jebla. S. Jibleam.

Bala — בלה in Jos. 19, 3 — eine St. in Simeon, verm. gl. Baala.

b. Rel. hat mit Steph. Byz. ein B. bei Jos. gefunden. Es wird Baka od. Bezek sein.

Balaath s. Baalath.
Balagad s. Baalgad.
Balamo s. Baal Hamon.
Balanaea — b. Jos. b. j. I, 21, 12; Ptol. V, 15; Itin. Hier. u. Steph. Byz. hab. Balanaeae — war eine St. zw. Tripolis u. Laodicea, wo Aradus Besitzungen hatte. H. Banijas.
Baldus s. Paltus.
Bamoth Baal — במות בעל od. בבמות od. בעלי במות in Num. 21, 19 u. 28; 22, 41; auf d. Stein des Mesa Beth-Bamoth; LXX hab. Bamoth od. στηλαι od. στ. του Baal; Vulg. u. L. habitatores excelsorum u. excel. B. — war eine St. in Moab am Arnon zw. Nebo u. Beth-Peor. Vgl. Kh. Waleh.
Banebarak s. Bne Barak.
Baracha — ברכה in 2 Chr. 20, 26; LXX κοιλας ευλογιας: Vulg. vallis benedictionis — hiess ein Tal bei Thekoa mit einem Teiche. H. W. Arrūb od. Berêkūt.
Barake od. Bareka od. Barba b. E. u. H. ein Df nahe b. Azotus, h. Barka.
Bar Asthor — בר עשתור im Talm. — ein Ort b. Emesa, h. Dêr el Baaschtar.
Barathna nennt Palyb. einen Ort am Mons Casius, also an d. Grenze v. Pal. u. Aeg.
Barathsatia n. Sozos. ein Feld b. Kegila, wo d. Grab Michas sein sollte. S. Bera.

Bare s. Baris.
Bared — ברד in Gen. 16, 14; b. LXX u. Vulg. Barad — war ein Ort in d. Wüste Sur. SV vgl. Kh. Burêdeh w. v. Kh. Anab.
Bareka s. Barake.
Baris s. Bira.
b. Bei Eus. eine St. b. Kariada, die Hier. Bare nennt. Rel. weist auf Baaras hin.
Barnea — ברנע in Num. 32, 8; LXX u. Vulg. hab. Barne — war ein Ort b. Kades, mit welchem verbunden es gew. vorkommt.
Barthotha — ברתיתא im Talm. — war ein Df an d. Nordgr. v. Pal. mit d. Grab des R. Elieser, wo nach Schw. h. ein Kh. Barthotha gefunden wd.
Barur Hajil — ברור היל im Talm. — ist n. Schw. gl. d. Ammas, wohin d. Kaiser Vesp. eine Abteilung ausgedienter Soldaten schickte, n. Neub. d. Heimat d. R. Johanan ben Zakai. Schw. vgl. Baburaja s. v. Soris, besser Burêr bei Gazze.
Basan — בשן in Num. 32, 33; LXX u. Vulg. ebenso; später Basanitis, Batanaea, Gaulonitis gen. — war das Reich der Könige Og u. Sihon, der nördl. Teil des Ostjordanlandes. Dem Stamm Manasse zugeteilt, ward es später von Syrern besetzt, ein Land reich an Wäldern, Weiden, Vieh und Steinen. H. Gh. el Heisch.
Basara u. Basera s. Besara.
Baschath u. Baskoth s. Bazekath.
Baselus s. Besor.

Basiliscum — im Itin. Hier. ein Ort in Phoenikien, neben Antaradus gen.

Baskama — in 1 Makk. 13, 23; b. Jos. Baska; im Talm. בשכי של ערביא — hiess ein Ort in Gilead, wo Tryphon den gefangenen Jonathan Makk. töten liess. Seinen Leichnam brachte Simon Makk. in Modin zur Beisetzung.

Batanaea s. Basan.

b. s. Beth-Anath.

Batanea, ein Bsitz der arab. Eparchie, in Not. eccl. Vgl. Sueda am Hauran.

Batatha s. Baka.

Batharoth s. Beth-Lebaoth.

Bathesar nennen LXX eine St. in d. Ebene Juda. Vgl. Maresa.

Bathne s. Beten.

Bathrabbim — בת רבים in Cant. 7, 5; b. LXX θυγατηρ πολλων, Vulg. filia multitudinis — war ein Ort in d. Nähe von Hesbon, vill. der Engpass des W. Hesbān, h. Bab H. gen.

Bathsame s. Beth-Semes.

Bathul s. Bethul.

Bathyra — b. Jos. Ant. XVII, 2, 2; in d. Not. dign. ist Batthora d. Standort des Stabes d. 4. mart. Legion — war ein Flecken in Basan, welchen Herodes d. Gr. befestigen liess. S. kennt ein Bethirra zw. Mzerib u. Tesil, verm. d. Df Bēt Eri sö. v. 'Abdin auf d. n. Ufer des Jarmuk. Vgl. Butmījeh.

Bathyrim s. Bahurim.

Batnae s. Beten.

Batthora s. Bathyra.

Batzet — בצעת od. בצה im Talm. — ein Ort in Galilaea. Vgl. el Bassa.

Bazath s. Batzet.

Bazekath — בצקת in Jos. 15, 39; b. Jos. Bosketh, b. Hier. Besecath — war eine St. im Geb. Juda zw. Lachis u. Eglon. In chr. Zeit gab es einen Bsitz Baschath in Pal. I.

Baziothia s. Bisjothja.

Bealoth — בעלות in Jos. 15, 24; LXX Baaloth, Vulg. Baloth — war ein Ort im südl. Juda.

b. s. Aloth.

Bebdamus κωμη in Not. eccl. ein Bsitz der arabischen Eparchie.

Bebeten s. Beten.

Becerra s. Bosor.

Bedora s. Bethhoron od. Betar.

Bedoro s. Betaris.

Beelmaus s. Baal Meon.

Beer — באר in Num. 21, 16; b. LXX το φρεαρ, b. Vulg. puteus — hiess eine Lagerst. Israels in d. Wüste n. v. Moab zw. Ar u. Mathaneh. Vgl. Beer Elim.

b. In Jud. 9, 21 — b. LXX Baeer, Vulg. Bera, ebenso Eus. u. H., 8 r. M. n. v. Eleutheropolis; n. Andd. gl. Baalath Beer od. Beeroth in Benjamin — ist B. der Zufluchtsort Jothams, vill. d. h. Kh. el Bireh im W. es Sarar.

Beer Elim — באר אלים in Jes. 15, 8; in LXX φρεαρ του Aelim; Vulg. puteus Elim — verm. gl. Beer, a; n. E. u. H. gleich d. Wasser von Dibon od. Dimon.

Beer Lehai Roi — באר לחי ראי in Gen. 16, 14; LXX φρεαρ οὐ ἐνωπιον εἶδον; Vulg. puteus viventis videntis me — ist der Hagarbrunnen zw. Kades u. Bared. Vgl. ʻAin Muwēlch.
Beeroth — בארת in Jos. 9, 17; LXX u. Vulg. haben Beroth, ebenso Eus., der B. zw. Jerus. u. Nikopolis — verschrieben für Neapolis — setzt, nahe bei Gabaon; b. Hier. Borooth 7 r. M. v. Jerus. — war eine kananit. St. zw. Bethel od. Lus u. Ephraim, verm. in d. Nähe d. alten Archi-Ataroth (Jos. 16, 2). Mit Gibeon u. andd. rettete sich auch B. vor dem Bann Israels durch List. Dann gehörte es zu Benjamin. Nach d. Überlfrg. suchten hier Joseph u. Maria den Jesusknaben (Luk. 2). H. el Bireh. Vgl. auch Berea.
b. Beeroth-Bne Jaakon s. Bne J.
Beer-Seba — באר שבע in Gen. 21, 31; LXX φρεαρ ὁρκισμου; Vulg. Bersabee; b. Eus. Bethsamae; b. Jos. Barsubal — ist ein aus Abrahams Geschichte bekannter Quellenort. Er ward Simeon zugeteilt u. später durch seinen Götzendienst berüchtigt. Von Dan bis Beerseba sollte Israels Gebiet reichen, 160 r. M., wie Hier. meint. In chr. Zeit Sitz eines Bischofs. H. Bir es Sabʻa.
Beesthera — בעשתרה in Jos. 21, 27, verm. gl. בית עשתרה, in 1 Chr. 6, 56 עשתרית; LXX hab. an 1. St. Beesthera, an 2. Ramoth — war eine Levitenst. in Manasse, die bald mit Capitolias, bald mit Bostra verglichen worden ist.
Begabar b. Epiph. ein Ort jens. des Jordan, Heimat d. Pr. Nahum. Vgl. Elkosch u. Bethabara.
Begabris s. Betogabra.
Begethon s. Gibbethon.
Bekiin s. Kaphar Pekiin.
Bela — בלע in Gen. 14, 2; LXX haben Balak, Vulg. Balae, Eus. Bala — war eine kl. St. am Südende d. t. M., die hernach Zoar genannt wurde.
Belada in tab. Peut. eine syr. St. 10 r. M. v. Laodicea scabiosa, wo h. Bureigh.
Belamon s. Baal Hamon.
Belemoth s. Baal-Hamon.
Belma od. Belthem, Belmain s. Bileam.
Belsephon b. Jos. Ant. VII, 8, 2 eine St. in Ephraim; s. Baal Hazor.
Belus s. Libnath.
Bemeselis b. Jos. b. j. I, 4, 6 eine St., w. Demetrius im Krieg mit Alexander Jann. zerstörte. Vgl. Bethome.
Benjamin — בנימין in Jos. 18, 11 — erhielt sein Erbteil, ארץ ישי in 1. Sam. 9, 4, wo LXX γη ʼΙαμιν haben, zw. Juda, Dan u. Ephraim, ein schmaler Landstrich vom Salzmeer bis zum Mittelmeer, mit den Städten Jerusalem, Jericho, Bethel u. a. Aus Benj. stammten Ehud, Saul, Esther u. der grösste unter den Aposteln Jesu Christi.
Benit b. Hier. ein Dorf bei Samarien, das Eus. Bethanni nennt.

Es soll von eingewanderten Heiden erbaut sein. Vgl. Bēt Tin.
Bennamarem u. Bennamerium s. Minrin.
Benosaba in Not. dign. eine röm. Mil.-Station v. Pal.
Beon s. Baal Meon.
Bera b. E. u. H. ein Df 8 r. M. n. v. Eleutheropolis. Vgl. Kh. el Birch u. Barathsatia.
Beracha — ברכה in 2 Chr. 20, 26 — s. Baracha.
Berdan — באר דן — nennen E. u. H. einen Brunnen u. Df in d. Ggd v. Gerar.
Berea in 1. Makk. 9, 4 ein Ort b. Jerus., wo Judas Makk. umkam. Hier. ist geneigt, es für Beeroth zu halten.
b. In 2 Makk. 13, 4 ist B., bei Prokop. Beroea, 84 Std. v. Chalkis — gl. Aleppo od. Haleb. S. Helbon.
Bered s. Bared.
Berenice s. Elath.
Beri od. Berin — im Talm. ein Df in d. Nähe v. Akko; in ihm erkennt Guérin d. a. Ebron. Vgl. Berweh od. Birweh mit einem Bir u. Tell B.
Beroea s. Berea, b.
Berotha — ברתה in Ez. 47, 16; LXX hab. Maostheras; b. and. Griechen Berytus; im Itin. Hier. Bruttus (?) od. Birito; b. d. Röm. Julia felix, zur Zeit des Caracalla Antonina gen. — war eine St. zw. dem Gebiet von Damaskus u. dem v. Hamath. H. Bērüt, eine d. grössten Städte des Morgenlandes.

b. In Jos. Ant. V, 1, 18 eine St. im oberen Galilaea, nicht weit von Kades. Vgl. Meroth.
Berothai — ברתי in Sam. 8, 8; b. LXX ἐκλεκται πολεις — eine St. in Aram Zoba, die sonst auch Kun heisst. Sie trägt ihren Nam. von einem Götzen der Phoenikier. Berah sö. v. Dam. ist nicht zu vgl.
Bersabe s. Beerseba.
b. s. Dalmanutha.
c. s. Kor Asan.
Berseba s. Beerseba.
Bersetho s. Bethzetho.
Berzamma b. Ptol. eine St. in Idumaea. Vgl. Birsama.
Besananim s. Zaanannim.
Besara nennt Jos. vit. 24. eine St. in Galilaea, in d. Ggd v. Ptolemais, 20 Stad. v. Gaba; verm. das Basera d. Steph. Byz. Hier traf Jos. nach d. Überfall v. Simonias mit Libutius zusammen. Guérin vgl. el Hartijeh.
Besaran u. Bosaran s. Asan.
Besek — בזק in 1. Sam. 11, 8; b. LXX Βεζεκ ἐν Βαμα; Vulg. Bezech; b. Jos. Bezeke od. Bala; b. Steph. Byz. Zebeke — war eine St. in Isaschar zw. Sichem u. Bethscan, 17 r. M. v. Sichem, aber auf d. rechten Ufer des Jordan. Hier ordnete Saul sein Heer geg. d. Ammoniter. Vgl. Kh. Ibzik 1 M. nö. v. Tubās.
b. B. in Jud. 1, 4 ein Ort in Juda, wo d. Stamm Juda die Kananiter schlug; vgl. Kh. Abzik od. Ibzik od. Bezkeh sö. v. Liddi.

Besimoth wird in Jos. b. j. IV, 7, 6 mit Abila u. Julias zusammen genannt. Vgl. Beth-Hajesimoth.
Besira s. Bor Hasira.
Besor — בשׂור in 1 Sam. 30, 9; b. LXX Bosor; b. Jos. Baselus — ist ein Bach, der etwa bei Debir entspringt, s. v. Ziklag fliesst u. ohnweit Gaza in d. Meer fällt. Vgl. W. Gazze, der vorher es Scheria heisst.
Betah — בטח in 2 Sam. 8, 8; LXX Batach; in Gen. 22, 24 טבח, LXX Tabek; in 1. Chron. 18, 8 טבחת, b. LXX Matebeth; b. Hier. Bete u. Mosbach — war eine St. in Aram Zoba. Vgl. Tebah.
Betane s. Anim.
Betaris — b. Jos. b. j. IV, 8, 1; b. Ptol. Bedoro, 3 M. s. v. Engedi — war ein Ort in Idumaea.
Betarpha — בי כרפא — im Talm. lässt Neub. an d. Tyropaeon denken.
Betarus od. Bether im Itin. Ant. ein Ort zw. Caesarea u. Diospolis (Antipatris?), n. v. Kaphar Saba. Im Talm. ביתר, nach Schw. das durch den Aufstand unter Barkochba berühmte B. Vgl. auch Patris. Man vgl. et Tireh od. Kh. Barin. Das Bitharis v. Schw. ist sonst nicht bekannt.
Beten — בטן in Jos. 19, 25; LXX Bethen; b. E. u. H. Batnae od. Bathne, Bebeten od. Bethebem, 8 r. M. ö. v. Ptolemais — war eine Stadt in Asser, in welcher Rel. d. Ekbatana d. Plin. vermutet. N. a. Pl. vergleich. B'aneh ö. v. Akko. Vgl. Bainia.

Beth s. Bethul.
Bethabara — Joh. 1, 28, d. i. בית עברה; in a. Handschr. auch **Bethania** בית עניה gen. — sucht d. Überlfrg in d. sog. Badeplatz der Lateiner am Jordan, ö. v. Jericho, wo h. Der Mar Juhanna am Makhadet Abara. Vgl. Bethbara.
Bethachad, B-akel u. B-achas s. Bethhaekad.
Bethachamar b. Epiph. d. Heimat d. Proph. Abdias, ein Ort in Samarien. Vgl. auch Bethhaekad.
Bethacharam s. Beth-Hakerem.
Bethaea b. Jos. Ant. VII, 5, 3 eine der schönsten Städte in Syrien.
Bethagathon, die Heimat des hl. Alexion, b. Sozom. ein Ort in Pal. Verm. ein Beth-Dagon.
Bethagla s. Beth-Alim.
Bethago s. Beth-Dagon.
Bethai — in Judith 15, 3; Vulg. Bethbis — ein Ort in Pal.
Bethakad s. Beth-Hackad.
Bethalaga s. Beth-besen.
Bethalaim s. Beth-Hagla.
Bethalim b. Eus., b. Hier. Bethagla, ein Ort am Meere, 8 r. M. v. Gaza.
Bethaloth s. Beth-Anoth.
Bethamar b. E. u. H. ein Ort in Benjamin, anstatt in Juda. Vgl. Bētummar.
Bethammaram s. Beth-Nimra.
Bethan s. Awen.
Beth-Anath — בית ענת in Jud. 1, 33; b. Herod. III Ekbatana; b. Eus. Baetoania, Bethanotha u. Batanaea, ein Ort mit Heilquellen,

15 r. M. v. Diocaesarea; b. Steph. Byz. Agbatana — war eine St. in Naphthali, aber von Kananitern bewohnt. Vgl. 'Ainata od. 'Ainita 1 M. wnw. v. Kedes.
Bethane s. Anim.
Bethania — in Mark. 14, 3 u. a; im Itin. Hier. Vetania; vill. d. בית הני d. Talm. — lag ¼ M. ö. v. Jerus. auf d. Weg nach Jericho, am Osthang des Ölbergs. Schon im 4. Jahrh. p. Chr. fand Paula hier eine chr. K. H. el Azarijeh. Das Bêt Uhana b. Schw. ist sonst unbekannt.
b. s. Bethabara.
c. s. Batanaea.
Bethanim s. Awen.
Bethanim u. Bethennim s. Ain.
Bethanis s. Nephthoach.
Bethannaba soll nach Hier. 4 od. 8 r. M. von Lydda entfernt gewesen u. früher Anob genannt worden sein. Weder Anab bei Eleutheropolis noch Anaea bei Hebron sind zu vgl. H. Annabeh od. Annubeh od. Ennabeh an d. Mergh Ibn Omêr.
Bethanni s. Benit.
Beth-Anoth — בית ענת in Jos. 15, 59; b. LXX u. Vulg. ebenso: b. E. u. H. Bethaloth — eine St. in Juda, h. Kh. Bêt Ainun od. Bêt Enûn od. B-Anan, ½ M. nö. v. Hebron.
Bethaphu s. Beth-thapuah.
Bethar im Itin. Hier. für Bethel. b. s. Betarus.
Bethara s. Bethbara.
Beth-Araba — בית ערבה in Jos. 18, 22; in LXX Bethabara — war ein Ort Benjamins auf d. Grenze nach Juda, etwa nw. v. Jericho. Vgl. Bethabara.
b. s. Beth-Haaraba.
c. Im Talm. ein Ort nahe bei Bethlehem, der auch Birath-A. u. Birath Malka genannt wird. Hier soll n. d. Talm. d. Messias geboren werden.
Betharam s. Beth-Haram.
Betharamphtha s. Beth-Haram.
Beth-Arbeel — בית ארבאל in Hos. 10, 14; LXX οἶκος Ἱεροβαάλ; Vulg. Baal; b. E. u. H. Arbela — war ein Ort jens. d. Jord., der von Salmanassar zerstört wurde. Vgl. Irbid nö. v. Fahil s. v. Bêt er Kâs.
Betharim u. Bethariph b. E. u. H. vgl. mit Bêt Tarif b. Bêt Nebala. Vgl. Arim.
Betharrus b. Steph. Byz. ein gr. Df von Pal. III.
Bethasa s. Asan.
Bethasepta s. Beth-Hasitta.
Bethasimuth s. Beth-Hajesimoth.
Bethasmoth s. Asmaweth.
Bethasora im Itin. Hier. 14 r. M. v. Bethlehem mit einer Quelle, darin Phil. den Kämmerer taufte. Vgl. Adoraim.
Beth-Awen s. Awen.
Beth-Baalmeon s. Baalmeon.
Bethbadie — בית בדיא im Talm. h. Kh. el Bedijeh nw. v. Safed.
Bethbalthin — בית בלתין im Talm. der Ort, an welchem d. 5. Zeich. d. Neumonds gegeben wurde. Er soll auch Biram geheissen haben;

aber man weiss nicht, ob er in Pal. oder in Babylonien lag.

Bethbamoth s. Bamoth.

Beth-bara — בֵּית בָּרָה in Jud. 7, 24; b. LXX u. Vulg. B-bera; nach Orig. gl. Bethabara; b. Hier. Bethara u. Bethbaara „unde et usque hodie plurimi de fratribus, hoc est de numero credentium ibi renasci cupientes vitali gurgite baptizantur" — war ein Ort am östl. Ufer des Jordan, wo die Strasse von Sichem nach Ramoth Gilead den Strom in einer Furt überschreitet. Die Entfernung von Kana in Galilaea (Joh. 1, 44) und der Gleichklang sprechen für die Ansicht des Origenes.

Bethbasi od. Bethbesen in 1. Makk. 9, 62; b. Jos. Bethalaga od. Bethalagon; Vulg. Bethkesiz — war ein Ort b. Jericho, welchen Jonathan Makk. befestigte u. gegen Bacchides verteidigte. Vgl. Beth-Hagla u. Emek Keziz.

Beth-bersena — בֵּית בִּרְסָנָא — im Talm. ein Ort in Pal. (?).

Beth-besen s. Beth-basi.

Beth-bezzin in Sam. Chron. ein Ort in Samarien, h. Kh. Bēt Bezzin, 1 M. w. v. Nablūs.

Bethbir s. Bethai.

Beth-birei — בֵּיתבִּרְאִי in 1 Chr. 4, 31; LXX οἶκος Βαρομι, Vulg. Bethberai; in Jos. 19, 6 בֵּיתלְבָאוֹת, das b. LXX u. Vulg. ebenso lautet — war eine St. in Simeon, h. Kh. el Bireh, 1½ M. s. v. Dawaimeh.

Bethcherem s. Beth-hakerem.

Bethchora s. Beth-horon.

Beth-dagon — בֵּית־דָּגוֹן in Jos. 15, 41; in d. KS. Bit-Dakan; b. LXX wie im Grundtxt; b. Eus. u. Talm. Kaphar Dagon zw. Jamnia u. Diospolis — eine St. in Juda. Liest man bei Eus. statt Jamnia vielm. Japho, so trifft man auf d. h. Bēt Deghan, 1 M. sö. v. Jafa.

b. In Jos. 19, 27 eine St. in Asser, b. Eus. Bethphagon, b. Hier. Bethago gen., während LXX, Vulg. u. Talm. den Text festhalten. Statt auf Bēt Dagun el Hammam b. Damūr weist Cond. auf Kh. Tell Da'uk, 1 M. sö. v. Akko hin.

c. Bet Dagana im Siegesbericht Sanheribs wird in Samarien gelegen sein, wo h. zw. Salim u. Kh. Tana nö. v. Akraba d. Df Bēt Deghan gefunden wird.

d. In 1. Makk. 10, 83 bezeichnet B-D. den Tempel des Götzen Dagon in Asdod.

Beth-Deli nennt d. Talm. ein Df in Juda — בֵּית דְּלִי — h. Bēt Dula od. Bēt Ula.

Beth-Diblathaim — בֵּיתדִּבְלָתַיִם in Jer. 48, 22; LXX u. Vulg. οἶκος Δεβλαθαιμ — eine St. in Moab, stand noch zu Zeiten des Hieron. Vgl. Bajith u. Almon Diblathaim.

Bethebem s. Beten.

Beth-Eden — בֵּית עֶדֶן in Am. 1, 5; in d. KS. Bit Adini; b. LXX ἄνδρες Χαρραν; in Vulg. domus voluptatis; b. Ptol. u. and. Griech. Paradeisos — eine syr. Königst. auf d. Libanon, noch h. Eden gen.

Beth-el — בית־אל in Gen. 12, 8; vorher Lus gen.; LXX Baithel; Jos. Bethela; im Itin. Hier. Bethar — war ein Ort in Kanaan, wo Jakob nach seinem Traumgesicht einen Altar baute und opferte. Später fiel B. Benjamin zu. Lange Zeit stand hier die Stiftshütte. Hier richtete Samuel d. Volk, hier stellte Jerobeam seine Götzenbilder auf, hier predigten Elia u. Elisa. Der Syrer Bacchides befestigte den Ort. Als Betylium od. Bitylion ist B. ein chr. Bsitz von Pal. l. H. ein geringes Df Bētin $2^1/_4$ M. n. v. Jerus.

b. B. in 1 Sam. 30, 27 — in einigen Codd. d. LXX Baithsur gen. — war ein Ort in Juda, dahin David von seiner Beute schickte. Einige denken an d. Bethelea, Bethelia od. Betulia d. Sozom., wohin d. Christen v. Gaza d. hl. Hilarion geleiteten, als er nach Aeg. zog. Hier liegt auch h. ein Df Dēr el Balah. An Bēt Lahja n. v. Gaza ist sicher nicht zu denken. Nach Sozom. war der Ort durch hochragendes Pantheon ausgezeichnet.

Bethelea s. Bethel.
Bethennim s. Enaim.
Bether od. Thether — b. einig. Codd. d. LXX in Jos. 15, 59; im Talm. בתרי od. ביתרי — war ein Ort in Juda, nach Eus. nicht weit von Jerus. Der Talm. beschreibt B. als einen Ort mit 500 Schulen, jede Sch. mit 500 Schül; es wurden nach ders. Quelle in d. Aufstand unt. Barkochba 80000 Myriaden Juden v. d. Römern erschlagen, sodass ירדת הצלעין ein Strom von Blut war, der Steine zum Meere wälzte. Der feste Platz war v. d. Röm. $3^1/_2$ Jahr belagert worden und wird schwerlich in der Ebene gelegen sein, sond. in Bergen, wie d. h. Bittir, $1^1/_2$ M. sw. v. Jerus. Mit Hier. meint Rob., es sei nicht Bether, sondern Bethel zu verstehen. Rel. u. Andd. denken an Bethar zw. Caesarea u. Diospolis. Vgl. Betarus.

b. הרי בתר in Cant. 2, 17 Berge von Bether; LXX ὄρη κοιλωμάτων; Vulg. montes Bether; L. Scheideberge.

Betherebin b. Sozom. ein Df in d. Nähe von Eleutheropolis. Vgl. Rimmon u. Dēr el Butm.

Bethesda s. Jerus.
Bethezel s. Beth-Naezel.
Bethezob — בית אזוב — b. Jos. b. j. VI, 3, 4; b. Rufin. Vetezobra — war ein Ort jens. d. Jordan, wo ein jüd. Weib ihre eigenen Kinder geschlachtet und verzehrt haben soll.

Beth-gader — בית גדר in 1 Chr. 2, 51; b. LXX Baithgedor — war eine St. in Juda. Vgl. Geder.

Beth-gadia s. Jericho.
Beth-gamul — בית־גמול in Jer. 48, 23; LXX οἶκος Γαιμωλ — eine St. in Ruben, wurde später wieder von Moab besetzt. H. liegt ö. v. Dhibān ein Kh. Ghemail.

Bethgerem — בית גרם im Talm. — soll n. Schw. $1^1/_2$ Tagereisen ö. v. Gaza, also im jüd. Gebirg gelegen sein.

Beth-Gilgal s. Gilgal.

Beth-Gebrin s. Betogabra.

Beth-Haaraba — בית הערבה in Jos. 15, 6; in LXX u. Vulg. ebenso, b. Symm. Pedine; — eine St. in d. Wüste Judas gegen Edom hin.

Beth-Hadudu — בית הדודי im Talm. auch Bethhoron und Bethharoro gelesen — war ein Ort 3 Milin v. Jerus., bis wohin der eine Sündenbock aus 12 Stationen geführt ward, bis er einen schroffen Felsenabhang hinabstürzen musste. H. Bēt Hudēdūn od. Kh. Hudēdūn, 2½ M. v. Jerus.

Beth-haeked — בית העקד in 2 Reg. 10, 12; LXX Baithakad; Vulg. camera pastorum; Eus. folgt d. LXX u. kennt B. 15 r. M. v. Legio — war eine St. in Samarien.

Beth-haemek — בית העמק in Jos. 19, 27; im Talm. Kaphar Amiko u. Amki — war eine St. in Asser, im Tale Jephthah-El. H. vgl. Amka, 1½ M. n. v. Akko.

Beth-haezel — בית האצל in Mich. 1, 11; LXX οἶκος ἐχόμενος; Vulg. domus vicina — war ein Ort nahe bei Jerus. Vgl. Azel.

Beth-hagan — בית חגן in 2 Reg. 9, 27; LXX Baithgan; Vulg. domus horti — ein Ort in d. Nähe v. Gur u. Jibleam. Die Engländer vgl. En-Gannim d. i. Bēt Ghenn.

Beth-Hagla — בית חגלה in Jos. 15, 6; LXX u. Vulg. ebenso; vgl. Beth-basi in 1 Makk. 9, 62 u.

Bethalaga d. Jos.; b. Eus. B-alaim nach Bonfr. gleich Abel Mizraim u. Goren Haatad — war eine St. an d. südl. Grenze v. Benjamin, 3¼ M. sö. v. Jericho. An seinen Namen erinnern ein 'Ain Haghla, Dēr II., Gor. H. u. Kasr H. b. Betr. d. Bethagea des Hier. vgl. Abel Mizraim, Bethalim u. Goren Haatad.

Beth-hajesimoth — בית הישימות in Num. 33, 49; Jos. 12, 3; b. LXX Aisimoth, Vulg. B-simoth; b. Jos. Besimoth; b. E. u. H. Bethasimoth, Bethsimuth, Asymon u. domus Isimuth, 10 r. M. s. v. Jericho; b. Ant. M. Salamais. N. Gildem. entstand die Lesart Salamaida aus Liviada mit vorhergehendem S; den Thermen Mosis gl. — war ein Ort in Moab, n. v. t. M. An d. v. E. u. H. angegebenen Stelle liegt h. 'Ain u. Kh. Suwēmeh. Vgl. Bethharan, Livias u. Rame.

Beth-hakerem — בית הכרם in Jer. 6, 1; in LXX Baithacharma, Vulg. Bethacarem — war ein Ort zw. Jerus. u. Thekoa, auf hohem Berg gelegen. 'Ain Karim liegt im Tale u. kann hierher nicht bezogen werden (geg. Cond.). Eine Niederlassung königl. Winzer vor d. SW tor v. Jerus. (Schick) hat in Neh. 3, 14 nur schwache Stütze. Am nächsten liegt mit N. a. Pl. d. Herodium, d. heut. Gh. Furēdis.

b. In dem Tale, das der Talm. בית כרם nennt, gab es rote Erde, die eine Art Cement lieferte.

Beth-hamaganaim — בית המגנים

im Talm. — ein Df in d. Nähe v. Kaphar Aziz.

Beth-hamerhak — בית־המרחק in 2 Sam. 15, 17; b. LXX οἶκος ὁ μακράν; Vulg. procul a domo — war ein Gehöft im Kidrontal, die letzten Häuser der St. Jerus.

Beth-hamerkaboth — בית־המרכבות in Jos. 19, 5; d. LXX hab. hier wie d. Text, aber in 1 Chron 4, 31 Baithmarchaboth, so auch Vulg.; b. Hier. Armakabob — war eine St. in Simeon, sw. v. Salzmeer, wo h. el Markab od. Mirkib s. v. Gh. Umm Rughūm liegt. Der alte Name weist verm. auf den Kultus des phoenik. Sonnengottes hin.

Beth-Hanan — בית חנן in 1 Reg. 4, 9; LXX u. Vulg. ebenso — eine St. in Dan, wo h. 1 M. nö. v. Gaza Bēt-Hanūn. Conder verirrt sich nach Benjamin, indem er Bēt Anān zw. Bēt Likia u. el Kubēbeh nw. v. Jerus. vergleicht.

Beth-Haram — בית הרם in Jos. 13, 27; b. LXX Bethara; בית הרן in Num. 32, 36; b. LXX Baitharan; b. Jos. u. Eus. Betharamphtha; b. Hier. wie im Text; im Talm. בירמתא od. ביהרים; n. Hier. 5 r. M. s. v. Nimrin — lag in Gad am untern Jordan, nahe seiner Mündg in d. t. M. Später wird d. umgebaute St. bald Julias, bald Livias gen. H. heisst ein Kh. auf dieser Stelle Bēt-harran. Andd. suchen Livias a. d. nahen Tell er Rameh, wo ein Kal'at er R.; andd. erinnern, dass nach Jos. b. j. II, 13, 2

Julias und Abila zum Gebiete Agrippas II hinzugefügt wurden. Bei d. nördl. Abila findet man h. er Remteh, sw. v. Der'āt.

Beth-basitta — בית השטה in Jud. 7, 22; b. LXX Bethasetta; Vulg. Bethsetta; b. Hier. Bethasepta; der Beiname war Zeretatha, d. i. verm. צרדתה „auf d. Weg nach Zereda"? — war ein Ort in Galilaea. Vgl. d. h. Df Schattah od. Schutteh in einer Bucht d. Nahr Ghalud.

Beth-Haurathan — בית חורתן — im Talm. eine Ebene in Pal. Neub. denkt an en Nukrah.

Bethhinni s. Bethania.

Bethhoron — בית־חרן in Jos. 16, 5; 1. Makk. 7, 39 Baethoron, ebenso LXX; b. Ptolem. Bedora, eine St. v. Judaea; b. Jos. Bethora od. Bethsemera; b. Eus. Biththera, b. Hier. Bethchoron; im Talm. בירורון, d. Heimat mehr. Rabb.; ein oberes העליון u. ein unt. התחתון, das letztere v. Saloms erbaut 1 Reg. 9, 17 — hiess eine Doppelst. in d. Schlucht, durch welche d. alte Str. v. Japho n. Jerus. führt. Hier schlug Josua d. 5 Könige der Amoriter (Jos. 10), hier endete der Rückzug der aus Israel gedungenen Landsknechte (2 Chr. 25), hier besiegte Judas Makk. d. syr. Hauptleute Nikanor u. Seron. Frühe wurden beide St. befestigt. H. Bētūr el foka u. B. el tahta.

Bethjerach, nur fälschlich בי־ירחי — war nach d. Talm. neben Seunabris ein Kastell zum Schutz der St. Kinnereth, auf drei Seiten v.

Wasser umgeben. Vgl. Kh. Kerak nahe am Austritt d. Jordan aus d. See v. Tib.

Beth-Kar — בית־כר in 1 Sam. 7, 11; in LXX Baithchor; Vulg. Bethchar; b. Jos. Bethkor u. Korraea — hiess ein fester Ort in Benjamin, nicht weit von Mizpa, Sen u. Ebenezer. Schw. nennt ein Df Karua b. Ramallah, das sonst nicht bekannt ist.

Beth-Koseba — בית־כיובא — im Talm. ein Df in einer Ebene (?) Vgl. Koseba.

Beth-laban — בית־לבן — im Talm. ein Ort mit Weinbergen. Vgl. Lebona.

Beth-leaphra s. Ophra.

Beth-lebaoth — לבאות in Jos. 15, 32; LXX Labaoth; in Jos. 19, 6 בית ל־, ebenso LXX u. Vulg.; 1. Chron. 4, 31 בית־בראי — war eine St. in Juda, die später an Simeon fiel.

Beth-lehem — בית־לחם in Jud. 17, 7 u. 2 Sam. 23, 14; b. LXX Bethleem; in Gen. 48, 7 u. b. Jos. Ephratha gen. — אפרתה; b. LXX ἱππόδρομος Chabratha, in Mich. 5,1 οἶκος τοῦ 'Εφραθά; n. d. Talm. sollte d. Messias geboren werden בבית עיבא דבבלחם יהודה — der weltberühmte Geburtsort Davids u. seines grösseren Sohnes, des Weltheilandes (Matth. 2, 1; Luk. 2, 4), auf einem fruchtb. Hügel 1 M. s. v. Jerus., h. Bêt Lâm. Seine Basilika ist eine d. ältesten Kirchen der ganzen Welt. In ihrer Krypte soll d. Kaiserin Helena d. Krippe Jesu gefunden haben. Hier wurden Hier. Euseb., Paula u. Eustochium begraben.

b. In Jos. 19, 15 ist B. eine St. in Sebulon, h. Bêt Lahm, nw. v. Nazareth.

Bethleptepha b. Jos. b. j. IV, 8, 1 u. Plin. d. Hauptort einer Toparchie zw. Emmaus u. Idumaea(!), sicher nicht d. Df Lifta nw. v. Jerus. Reb. weist auf B-lebaoth hin. Vgl. Engedi.

Beth-Maacha — בית־מעבה in 2 Sam. 20,14; b. LXX Baithmacha — Stadt am Fuss des Hermon, um Sebas willen von David belagert.

Beth-Maela b. Eus. ein Df im Tal d. Jordan, 16 r. M. s. v. Skythopolis.

Beth Makle — בית־מקלה — im Talm. ein Ort im Tale Kidron.

Beth-Maus — b. Jos. vita 12; im Talm. Beth-Maon mit d. Grab d. R. Akiba — lag ½ r. M. nw. über Tiberias, wo h. ein Tell Maûn mit d. Weli d. Schêkh Kaddûm.

Beth-Meon s. Baal-Meon.

Beth-Merin s. Beth-Imrin.

Beth-Meron s. Meron.

Beth-Millo — בית־מלא in Jud. 9, 20; b. LXX οἶκος Μααλω, Vulg. oppidum Mello; in Jud. 9, 46 מגדל שכם — war ein fester Ort bei Sichem. Guér. vgl. ein Kh. Dawertah.

b. In 2 Reg. 12, 21 — b. LXX οἶκος Μααλω; Vulg. domus Mello — eine Burg zu Jerus., n. Andd. ein Platz bei dieser Burg.

Beth-Nabaris, B-Nabran, B-Namar s. B-Nimra.
Beth-Nimra od. Nimra — נמרה in Num. 32, 3; b. LXX Nambra; Vulg. Nemra; b. Eus. Beth-Nabaris, B-Nabran u. Nebra, b. Hier. B-ammaram u. Narama, später B-Namaris, 5 r. M. n. v. Livias; im Talm. בית נמרין od. בית נמר, auch נמרי׳ allein; in Num. 32, 36 u. Jos. 13, 27 בית נמרה, an 2. St. hab. LXX Bethnamra — war eine St. in Gad an d. Grenze v. Moab. Als ihre Reste gelten Kh. od. Tell Nimrin am W. Schaib auf d. Wege von Jericho nach es Salt. S. Nimrin.
Betoanea s. Negiel.
Betoannab s. Beth-Annaba.
Betogabra — b. Ptol.; b. Jos. Begabris; b. andd. Griechen Eleutheropolis; Betogabris bei den Römern; d. Talm. hat bald im Wortspiel אילת פולין od. בית גוברן od. מביתופוליס od. אליותרופילים — war zur Zeit des Caesar Septimius Sev. eine ansehnl. St. in d. Vorhügeln d. Geb. Juda, mitten auf d. Wege von Gaza nach Jerus. Wird sie auch nicht in d. Schrift erwähnt, so weist doch ihr Name „St. der Riesen" darauf hin, dass sie schon in alter Zeit gegründet war. In chr. Zeit ward sie Sitz eines B. Ihre Reste liegen auf d. Tell Santa Hanna bei d. h. Bêt Ghibrin.
Bethome nennt Jos. Ant. XIII, 14, 2 eine St. in Judaea. S. Bemeselis.

Bethomer s. Bethamar.
Bethomoron od. Bethoran b. Epiph. ein Ort in Ruben, Heimat d. Proph. Joel.
Betonim — בטנים in Jos. 13, 26; b. LXX Botanim; b. Eus. Bothnia, II. Botnin — war eine St. in Gad. Vgl. Kh. Batneh sw. v. es Salt.
Bethor hab. einige Handschr. d. LXX in 1 Sam. 14, 47 für פלשתים; andd. ἀλλόφυλοι.
Bethora s. Bethhoran.
Beth-palet — בית־פלט in Jos. 15, 27; b. LXX Bethpheleth, ebenso Vulg.; b. Eus. gleich Metheli — war eine St. in Juda.
Beth-pazez — בית־פצץ in Jos. 19, 21; b. LXX Bethphases, Vulg. B-pheses — war eine St. in Isaschar, wofür Guér. Kh. el Bireh vergleicht.
Beth-peor — בית־פעור in Deut. 4, 46 u. a.; b. LXX οἶκος Φογορ; Vulg. fanus Phogor; n. Eus. 6 r. M. v. Livias — eine moab. St. ö. v. Jericho, gehörte später zu Ruben. Sie lag nahe bei d. Berge Peor, wo Bileam Israel fluchen sollte. Cond. vgl. Marēgāt bei 'Ain Zerka u. Minjeh in Moab.
Bethphage — in Matth. 21, 1; im Talm. בית באג nach Orig. gleich domus maxillarum; der Talm. nennt 2 B, sodass der Sabbatweg von einem B. zum and. reichte — war ein kl. Df am Ölberg, dessen Spur verschwunden ist. Cond. erkennt B. in Kafr et Tor.
Bethphagon s. Beth-dagon.

Bethproklis in Not. dign. eine Station saraz. Reiter in Phoenikien.
Bethramta u. Bethremta s. Beth-haram.
Beth-rehob — בית־רחב in Jud. 18, 20; b. LXX οἶκος Ροωβ; Vulg. regio Rohob; in Num. 13, 21 u. a. רחוב, LXX Ροωβ — war eine St. in d. Nähe von Lais od. Dan, vill. d. h. Hunnin.
b. s. Aram Beth-rehob.
Beth-riba — ביתריבא im Talm. — als ein Df mit Weinbau gen.; verm. gl. d. folg.
Beth-rima — בית רימא כהד — im Talm. als ein jüd. Ort gen., der treffl. Wein hervorbrachte, h. Bêt Rima im Beni Zêd-Gebiet, 1½ M. n. v. Kh. Tibneh. Vgl. Apherima.
Beth-Rimmon — בית־רימון od. כפר רמון — im Talm. ein Df u. Tal, wo Hadrian eine Menge Juden töten liess. Neub. erkennt dieses Tal für das בקעת ידים d. Talm. u. legt es zw. Bittir u. d. Meer.
Beth-Sabal — בית־סבל — im Talm. sucht R. Jonathan b. Hazar-Enon.
Beth-Sabde s. Sebud.
Beth-Saida — in Joh. 1, 44 u. a.; d. i. בית צידא — war d. Heimat der Apostel Andreas, Simon Petrus u. Philippus, in d. Nähe von Kapernaum am See Genezareth gelegen. Man sucht seine Stelle bei d. Khan Minijeh, Cond. auf d. Hügel Schêkh Ali es Sêjad. Vgl. Dalmanutha u. Zair, b.
b. In Joh. 6, 1—4 ist B. der Schaupl. einer wunderbaren Speisung von 5000 M. Die meisten Forscher weisen dies B. auf einen Berg am östl. Ufer d. Jord., nicht weit von dessen Mündung in d. See Genez., wo später vom Tetr. Philippus d. St. Julias erbaut wurde. So Jos. Ant. XVIII, 2, 1. Man verm. ihre Stelle bei d. Df er Rafid od. es Safed, Rob. b. et Tell, weil Jos. auch d. Namen Thella für B. hat; andd. b. Aragh. Andere sind der Meinung, die beid. B. seien nur Teile einer u. derselb. St. gewesen, welche durch d. Jord. getrennt waren, sodass der eine Teil, der von Heiden bewohnt war, zu Gaulanitis gehörte; während die westl. Hälfte von Juden bewohnt wurde und zu Galilaea stand.
c. Im Itin. Hier. für Bethesda.
Beth-Sakal — בית־סכל — im Talm. verändert Neub. in ב־סובת, um einen bek. Ort zu finden.
Beth-Salisa s. Baal Salisa.
Beth-Samae s. Beerseba.
Bethsamoth s. Asmaweth.
Bethsames s. Beth-semes.
Beth-sanita — בית זניתא — nennt d. Talm. ein. Ort in Gal., h. Kh. Suwênita. Schw. will ב־זירתא lesen, um Suite zu vgl.; Neub. aber denkt an 'Ain Zetûn n. v. Safed.
Beth-Sarisa b. E. u. H. ein Ort in Benjamin, h. Kh. Sirisia sö. v. Ghilghilieh. Vgl. Baal Salisa.
Beth-Schaaraim — בית שערים — nennt d. Talm. den Ort, welcher Sitz des Sanhedrin wurde, nachdem

derselbe שְׁעָרִים verlassen hatte. Cond. u. Neub. denken an Kh. es Sch'arah, östl. v. Safurījeh; Schw. vergl. אֲבִי הֵזְרִי u. d. h. Turān am Gh. d. N.

Beth Sean — בֵּית־שְׁאָן in Jos. 17, 11; b. Herod. I, 205; b. LXX u. Vulg. Bethsan, auch 1 Makk. 5, 52; aber schon 2 Makk. 12, 29 Skythopolis gen., ein Name, der nun der gebräuchlichste blieb; Jos. Bethsana, ἡ νῦν Σκυθόπολις καλεῖται; Steph. Byz. berichtet nach Plin., d. a. Name d. St. sei Nysa gewesen; im Itin. Hier. Seiopolis; im Talm. wie in d. Schrift od. auch בִּישָׁן — war eine St. in Manasse, die von Kananitern besetzt blieb. Hier hiengen d. Philister d. Leichname d. Kön. Saul u. sein. Söhne auf; hier siedelten sich verm. ferne Barbaren an (Jer. 4, 5). Die im Krieg mit Rom zerstörte St. baute Gabinius wieder auf, und ward B. wieder eine bedeut. St. d. Dekapolis, doch v. Plin. übergangen. In chr. Zeit Sitz eines B., näml. des Metropol. von Pal. II. H. ein elendes Df Bēsan am W. d. N.

Beth-Searim s. Beth-Schaaraim.
Beth-Semera s. Beth-Horon.
Beth-Semes — בֵּית־שֶׁמֶשׁ in Jos. 15, 10; LXX πολις ἡλιου; Vulg. Beth-Sames; עִיר שֶׁמֶשׁ in Jos. 19, 41; in LXX πολις Σαμες; Vulg. Hirsemes; verm. d. Bethsame d. Jos. Ant. VI, 1, 4 u. Bethsemera Ant. IX, 9, 1; in Not. dign. Bitsama; n. E. u. H. 15 r. M. n. v. Eleutheropolis — war eine Priesterst. in Juda, die auch zu Dan gerechnet wird. Ihre Einwohner vergriffen sich an d. Bundeslade (1 Sam 6). H. liegt ein Kh. 'Ain Schems im W. es Sarar.

b. In Jos. 19, 22 — wo LXX u. Vulg. Bethsames haben — eine St. in Isaschar. Cond. vgl. 'Ain es Schemsijeh s. v. Bēsan. Schw. denkt an כּוֹכַב אֵל הַאָבָא d. i. Kaukab el Hawa.

c. In Jos. 19, 38 — b. LXX u. Vulg. Bethsames — eine St. in Naphthali, welche von diesem Stamm nicht besetzt wurde (Jud. 1, 33). Cond. verw. auf Kh. Schemsin ö. v. Thabor od. Kh. Schem'a w. v. Safed, während Estori ein Df Sumsi s. v. Sepphoris nennt.

Beth Simuth s Beth-hajesimoth.
Beth-Sirjan — בֵּית־שְׁרְיָן — nennt d. Talm. einen Ort in Isaschar, in welchem Schw. Serunia erkennt.
Beth-Sitta s. Bethhasitta.
Bethso s. Jerus.
Bethsoron s. Beth-zur.
Bethsur b. E. u. H. ein Ort 1 M. von Eleutheropolis.
Bethtabrinoth — בֵּית־טַבְרִינוֹת — im Talm. ohne nähere Best.
Beth-thamar s. Baal-thamar.
Beth-thappuah — בֵּית־תַּפּוּחַ in Jos. 15, 53; LXX Βηθαπφουε; im Siegesber. Thothmes III; in 1 Makk. 9, 50 Taphon od. Topo; b. Jos. Tochoa; b. Eus. B-taphu, 14 r. M. diesseits Raphia — war eine St. in Juda, welche d. syr. Hauptmann Bacchides befestigen

liess. Vgl. Tuffuh, Teffah od. Taffuh nw. v. el Khalil. Die Angabe d. Onom. führt auf d. Tell Ghemimch am W. Gazzeh, Guér. aber geht in entgegenges. Richtg. zum Kh. el Burgh.
Beththar s. Betarus.
Beth-therebin — b. Sozom.; b. Jos. ἐρεβινϑων οἶκος — ein Ort in d. Ggd v. Eleutheropolis.
Beththoro in Not. dign. Residenz d. Praef. d. 4. Legion, ein Ort in Arabien, zw. Bostra u. Fenis erw.
Bethtipha s. Netopha.
Bethuel — בתיאל in 1 Chr. 4, 30; b. LXX Bathul, Vulg. Bathuel; בתול in Jos. 19, 4; b. LXX Bathul; Vulg. Bethul — eine St. in Simeon, nach Rel. gl. Kesil in Jos. 15, 30. N. a. Pl. verweisen auf d. Df Bēt Aula nw. v. Hulhul.
Bethulia in Judith 6, 6 lag nach Hier. 1 M. v. Tiberias. Andd. suchen seine St. bei Saunūr s. v. Tell Dothan, Brokh. zu folgen, od. in Meselijeh od. Mithilijeh in ders. Ggd.
Betylium s. Bethel.
Beth Zachara — in 1. Makk. 6, 32; b. Jos. B-Zacharia, ein Engpass zw. Jerus. u. Bethsura; im Talm. כפר דכריא — sw. v. Jerus., wo Judas Makk. von Antiochus besiegt wd. N. d. Überl. hat hier Maria ihre Freundin Elisabeth besucht. H. Bēt Sakarijeh od. Bēt Skaria ein Kh. sw. v. d. Teichen Salomos.
Bethzacha od. Bezeth — in 1 Makk. 7, 19; b. Jos. Bethzetho od. Bersetho — ein Hügel od. κωμη ausserh. Jerusalems, welchen Bacchides belagerte. Vgl. Bir ez Zēt. SV. weisen auf Bēt Zata hin. S. Jerus.
Beth-Zur — בית־צור in Jos. 15, 58; b. Vulg. Bessur; b. LXX u. Eus. B-Sur, 20 r. M. s. v. Jerus., also nahe b. Hebron — wurde von Rehabeam befestigt (2 Chr. 11, 7) und war noch zur Zeit v. Judas Makk. eine Grenzfeste Judaeas gegen Edom. Hierhin zog Lysias nach seiner Niederlage b. Amwas (Jos. Ant. XII, 7, 5). Ant. Eupator belagerte u. zerstörte d. Feste. Vgl. Burgh Bēt Sur 1 M. n. v. Hebron, das b. Schw. Bēt Sani heisst.
b. In 2 Makk. 11, 5 ist B. ein Ort 5 Stad. v. Jerus., wo Lysias sein Lager aufschlug. Auch des Titus Umwallung gieng über diesen Ort, h. noch Bēt Sūr gen., über d. W. en Nār auf d. Gh. Dēr Abu Tōr gelegen. Häufig ist dieses B. mit dem erstgen. verwechselt worden, so schon v. Hier.
Bezara s. Besara.
Bezedel nennt Jos. b. j. III, 2, 3 ein Df b. Askalon, wo der Jude Niger aus einem brennenden Turm entkam.
Bezek s. Besek.
Bezer — בצר in Deut. 4, 43; b. LXX, 1 Makk. 5, 26 u. Vulg. Bosor; b. Jos. Bosora od. Bosorrha; b. Jonath. בתרין, wofür Neubauer בתרין lesen will; v. Eus. für d. Metropole Bostra angesehn — war

eine Freist. in Ruben, h. Kh. Bescher w. v. Dhibān. Vgl. Bozra.

Bezeth s. Bethzecha.
Biblius s. Gebal.
Bigdal Rin s. Migdal R.
Bilbamus κωμη in Not. ep. ein Bsitz in Arabien.
Bileam — בלעם in 1 Chr. 6, 55; LXX Iblaam; Vulg. Baalam; in Judith 7, 3 Belma gen. — war eine Levitenst. in Manasse nicht weit von Megiddo. Hier stand das Lager d. Holofernes, als er Bethulia bestritt. Vgl. 'Ain u. Kh. Belāmeh s. v. Ghennin. SV. verweist auf Belah.
Bilha — בלהה in 1 Chr. 4, 29; LXX Balaa, Vulg. Bala — ein Ort in Simeon, verm. gl. Baala.
Bir s. Biri.
Bira — בירה in 1 Chr. 29, 1 u. a.; b. LXX οἰκοδομή, Vulg. habitatio; in Nch. 2, 8 hab. LXX entw. B. ausgelassen od. Baris, Vulg. turris; b. Jos. Baris — war d. n. v. Tempel gelegene Burg, welche viele Umbauten erfuhr. Vgl. Jerus.
Biram — בירם — erwähnt d. Talm. als einen Ort in Pal., der heisse Quellen hatte. Während Schw. B. zw. Dam. u. Bagdad sucht, will Neub. ביים lesen u. d. Baaras d. Jos., d. a. Kalirrhoë in B. erkennen.
b. Vgl. Beth-balthin.
Birath Araba s. Beth Araba.
Birath Haphlia — בירת הפליא — im Talm. ohne gew. Lage.

Biri u. Birja — בירי u. בירא, auch ברי רבא im Talm., später Berias gen.; soll n. Schw. auch im Jos. vorkommen — ein Ort an der Grenze von Galilaea. Schw. denkt an En el Malha. Ein Df Biria liegt n. v. Safed.
Birsama — in Not. dign., b. Ptol. Bersamma — war eine röm. Mil.-Stat. in Pal. Vgl. Salton Gonaitic.
Bisjothja — בזיותה in Jos. 15, 28; ebenso in LXX; Vulg. hat Basjothia; b. Hier. auch Ebezinthia; verm. aus בית ד entstanden — war ein Ort im südl. Juda. Vgl. Kh. Bism b. Dura.
Bither s. Betarus.
Biththera s. Beth-horon.
Bithron — בתרון in 2 Sam. 2, 29; b. LXX παρατεινουσα; Vulg. Bethoron, wie auch Aquila — war verm. ein Tal jens. d. Jord. Hierher kam Abner, als er nach Mahanaim wollte. Rob. vermutet auf d. W. Aghlūn, andd. denken an Beth-haram.
Bit Humri s. Israel.
Bitorus in Not. ep. eine Bstadt von Pal. III.
Bitri s. Bether.
Bitylion s. Bethel.
Blutacker — חקל דמא in Matth. 27, Akt 1 — lag n. Eus. u. v. Zion, nach Hier. s. v. Zion. Am „Berg des bösen Rates" wird noch h. Töpfererde gegraben. Hier liegt h. Ferdūs el Armen.
Bne Barak — בני ברק in Jos. 19, 45; in d. KS Banaibarka; b. LXX Banebarak, Vulg. Bane et

Barak; vgl. Bne hargem in Mark. 3, 17; b. Eus. Barakai, b. H. Bare u. Bareth, im Itin. Rik. Bombrac; Talm. wie d. Schr. — war ein Ort in Dan, wo R. Akiba eine Schule hatte. Vgl. Ibn Abrak od. Ibrak od. el Nimrak ö. v. Joppe.

Bne Elam u. Bne Harim — בני עילם u. בני הרים — nennt d. Talm. zwei Orte n. v. Joppe. Schw. erkennt sie in Haram Ali Ibn Alem, nahe bei Arsûf.

Bne Hinnom s. Hinnom.

Bne Jaakon — בני־יעקן in Num. 33, 31; b. LXX Baneakan; Vulg. Benejaacan; Deut. 10, 6 hat Beeroth B. J, b. LXX Beroth υἱῶν Ἰακιμ; Vulg. Beroth filiorum Jacan — kennen E. u. H. 10 r. M. v. Petra auf d. Gipfel ein. Berges. Es war dieser Ort ein Lagerplatz Israels in d. Wüste, genannt nach einem edomit. Fürsten.

Bochim — בכים — in Jud. 2, 1; b. LXX κλαυθμῶν; Vulg. locus flentium — lag am Wege von Gilgal nach Bethel. Vgl. אלון בכות in Gen. 35, 8, wo Debora begraben wurde.

Bola s. Baala u. Bala.

Boli — בולי — im Talm., ab. unbek.

Boon s. Eben Bohen.

Bor Asan s. Kor Asan.

Bor Hasira — בור הסירה in 2 Sam. 3, 26; b. LXX φρέαρ τοῦ Σειρά; Vulg. cisterna Sira; b. Jos. Besira gl. Bethsira; b. E. u. H. Seira — war eine höhlenartige Wohnstätte b. Hebron, wo Abner weilte, ehe er von Joab nach Hebron u. in den Tod gerufen wurde. Vgl. ʻAin Sara.

Borkeas s. Amath.

Borni — בורני — im Talm.; unbek.

Borooth s. Beeroth.

Borroma wird als eine Burg d. Ituraeer genannt. Vgl. Brummana, 1 M. ö. v. Bērūt.

Bosketh s. Bazekath.

Botna — בוטנה — nennt. d. Talm. als einen Aufenthaltsort Abrahams. Neub. verweist auf Ain in Simeon.

Bosor in 1 Makk. 5, 26 eine St. in Gilead, h. Bussur od. Busr el Hariri sö. v. Zorʻa am südw. Rand der Legha.

b. In 1. Makk. 5, 28 ebenfalls eine St. im Hauran, die b. Griech. u. Röm. Bostra, im Talm. בוצרה gen. wird, 24 r. M. v. Adraa entfernt. Nach den Jahren dieser röm. Grenzfeste rechneten d. Städte v. Peräa. Später war B. od. Becerra Metrop. d. chr. Arabiens u. Heimat des Mönches Bahira, der sich an d. Abfassung des Koran beteiligte. H. Busra od. Eski Scham.

c. B. od. Bosorra s. Bezer u. Bozra.

Bosora s. Beesthera.

Bostra s. Bosor.

Bostrenos b. d. Griech. d. Fluss, dessen Wasser nach Sidon geleitet war; verm. der Asklepius d. Ant. Mart. Vgl. el Auleh od. Auwali.

Bothnia u. Botnin s. Betonim.
Botrys gründete nach Jos. Ant. VIII, 13, 2 der Phoenikier Itobaal am Anf. d. 6. Jahrh. a. Chr. n. 3 M. nw. v. Tripolis am Mittelmeere. Auch Paus. Polyb. und Steph. Byz. erwähnen d. O. Anfangs eine Räuberburg, wd B. in chr. Zeit eine St., deren B. in d. Akt. d. Conc. v. Chalcedon gen. wd. Sie gehörte zu d. phoenik. Eparchie. Vgl. Batrūn od. Bodrūn.
Boz u. Bozan s. Bus.
Bozez — בוֹצֵץ in 1 Sam. 14, 4; LXX Boses, ebenso Vulg. — war ein Felsen b. Gibea, den man im W. es Suwēnit suchen mag.
Bozra — בָּצְרָה in Gen. 36, 33; b. LXX Bosorra; Vulg. Bosra; in Am. 1, 12 hab. d. LXX τείχεα αὐτῆς; b. E. u. H. Bosor — war d. 2. Hauptst. v. Edom, h. el Busērah im Ghebal, 1¼ M. s. v. Tafileh.
b. In Jer. 48, 24 — b. LXX Bosor, b. Vulg. Bosra — eine St. in Moab, verm. gl. Bezer; demnach ist Bescher b. Dhibān zu vgl.
Brochoi b. Polyb. V, 46 eine St. am Libanon. Vgl. Kalʻat el Burkusch 1 M. v. Rakhleh.
Bruttus s. Berotha.
Bukolom polis b. Strabo eine St. zw. Ptolemais u. Caes. Pal., schon zu seiner Zeit verlassen.
Bus — בוּז in Gen. 22, 21; b. LXX Baux, Vulg. Buz, b. E. u. Hier. Boz u. Bozan — ein Ort im Hauran, h. Būsān, ö. v. Gh. Ghuwelil.
Buthem s. Etham.
Butis s. Pella.
Byblus s. Gebal.

C.

Caesarea Augusti od. Caes. maritima od. Caes. Palaestinae od. Sebaste od. Colonia prima Flavia Augusta Caesarea, eine St. am Mittelmeer, welche Herodes d. Gr. mit d. Hafen Sebastos ½ M. s. v. d. Mündg des Chorseus erbaute. Vorher hiess der Ort turris Stratonis (Jos. Ant. XV, 9, 6). Bei Tac. hist. II, 78 Caput Judaeae, auf d. Sarkophag d. Eschmunazar Sadsaron. D. Talm. hat für keinen Ort mehr Bezeichnungen als für diesen: מגדל־צור, כי־נשיא, מגדל שדשינא, נשיא מים מגדלא קיסרין, כי־שיד, כי־שיר und für einen Teil der St. טטרפלין. Hier starb Herod. Agr. I, hier wohnte d. Hauptm. Cornelius, d. Ap. Philippus; hier residierten die röm. Prokonsuln, hier war Paulus ein Gefangener, hier ward Vespasian zum Caesar ausgerufen. Früh entstand hier eine chr. Gem. Ihr B. wd Metrop. v. Pal. I. Hier war eine Gelehrtenschule. Heute ist Kaisarijeh nur ein Trümmerhaufen.
b. **Caesarea Libani** s. Arak.
c. **Caes. Philippi** s. Baal-Gad.
Capitolias im Itin. Aug. war eine St. d. Dekapolis zw. Newe u. Gadara, die auch als Sitz eines chr. B. gen. wd. D. h. Bēt er

Rās nimmt d. ob. gen. Stelle ein; ausserdem kann d. Name als Übersetzung von Cap. gelten.
Cartha s. Certa.
Casama s. Kesama.
Casius mons s. Kasius.
Castra Arnonensia in Dign. not. war d. Standort ein. röm. Legion ö. v. t. M. Vgl. Leghūn 1 M. ö. v. Dhibān.
Cattelas im Itin. Hier. ein syr. Ort zw. Bachaias u. Ladica.
Cebron s. Hebron.
Cendevia b. Plin. h. n. ein See am Fuss d. Karmel, d. h. ein Wintersumpf im Tale d. Pagida od. Belus. Vgl. Tell Kerdani u. Basset el Kerdaneh, woraus d. Nahr Naʿman entspringt.
Ceperaria in Tab. Peut. ein Ort zw. Jerus. u. Eleutheropolis; vgl. Kafr Urieh.
Certha in d. Itin. Hier. ein Ort 8 r. M. n. v. Caes. Pal., der in d. Not. dign. Cartha gen. wd. Hier stand die 10. Carthag. Kohorte. Andd. suchen d. Ort sw. Tyrus u. Berotha. Vgl. Kh. el Burgh.
Chabolo s. Kabul.
Chabon u. Chelbon s. Kabon.
Chabor s. Habor.
Chabratha haben LXX in Gen. 48, 7 für כברת־ארץ; Theodoret erkennt darin einen Ort, während es so viel als ἱπποδρομος d. i. eine Strecke Weges bedeutet.
Chalab s. Hebel.
Chalach s. Kalah.
Chalah s. Halah.
Chalason s. Kesalon.

Chaleb s. Kaleb.
Chalkis — b. Jos. XIV, 3, 2 u. a.; Ptol. V; Plin. V; nach Prokop. I 84 Stad. v. Beroea; im Talm. כלבים — war d. Residenzst. d. Ptol. in Coelesyrien, die Caesar C. Claudius hernach Agr. dem II schenkte. Die Reste d. St. suchen d. Einen b. d. Df Anghar od. Meghdel A. auf d. link. Ufer d. Litani, And. b. Zahleh am N. Burdani, d. Dritt. in d. Ggd d. Khan Tumān.
Chalmer s. Karmel.
Chamoan s. Geruth K.
Chaphthis s. Kithlis.
Charaba s. Achabar.
Charaka s. Tharah und Kir Hareseth.
Charakmoba s. Arindela u. Kir Hareseth.
Chariton, ein Einsiedler d. 4. Jahrh. (— 410) p. Chr. gab seiner Laura in d. Wüste Juda d. Namen, bis auf d. h. Tag Kharōtun. Hier schrieb 500 p. Chr. Cyrillus seine Lebensgesch. d. Euthymius. Die Überlfrg sucht hier d. Höhle Adullam.
Charri s. Haberim.
Chasalus s. Kisloth Thabor u. Kesulloth.
Chasbi s. Kesib.
Chasbin s. Kaspin.
Chaslon s. Kesalon.
Chasphoma und Chasphor s. Kasbon.
Cheimalla s. Karmel.
Chellon in Judith 2, 13 eine Ggd in Arabien.

Chelmon s. Helmon.
Chelon s. Helon.
Chelub s. Kaleb.
Chermula s. Karmel.
Cheropotamus b. Cyrillus ein Kloster d. hl. Sergius ö. v. Bethlehem, h. Dēr es Sijar od. Dēr Sejar el Ganem.
Cherseos s. Chorseus.
Cherus κωμη ein Bsitz in Arabien, zu d. Metrop. Bostra geh.
Chidon s. Nachon.
Choba s. Hoba.
b. s. Kochaba.
c. In Judith 15, 3. 4 eine Gegend b. Jericho. Die lat. Übers. hat Mechola.
Chua s. Phoenikien.
Chobar s. Hebel.
Cholon s. Holon.
Choraba s. Bahurim.
Chorath u. Chorra s. Krith.
Chorazin — in Matth. 11, 21; im Talm. wird gerühmt חיטי כזון, der Waizen v. Chor., und auch von כפר אחים — war eine St. am galil. Meer, in welcher unser Heil. viele Wundertat. verrichtete; aber keine derselb. wird im N. T. berichtet. Ihre Stätte kannte man bald nicht mehr. Eus. bestimmt sie 12 r. M. v. Kapernaum, Hier. nur 2 r. M. v. Kap. Vgl. Kh. Kerazēh od. Korasch od. Karsaim $1/_2$ M. n. v. Tell Hum d. i. Kapernaum. And. suchen Ch. am 'Ain et Tabigeh. Vgl. Dalmanutha.
Chorseas od. Cherseos — b. Ptol., auch Krokodilon gen., im Talm. קרמיון u. קדמיון; Rel. erkennt in ihm

d. Chrysorrhoas der Alten — ein kl. Fluss, der seine Quellen am Karmel hat und bald in das Mittelmeer fällt, h. Majet et Temsah od. N. ez Zerka od. W. Akhdar. Dass hier Krokodile gewesen, ist durch keinen Bericht eines Augenzeugen erwiesen.
Christopolis in Not. eccl. eine Bstadt unt. d. Metrop. Bostra.
Chrysorrhoas s. Amana.
Chul s. Hul.
Chulchula in d. KS. ein Ort in Syrien, wo Assurbanipal über arab. Stämme siegte. Vgl. Khalkhaleh am Ostrand d. Legha.
Chusi — in Judith 7, 18, aber nicht in allen Codd.; im Sam. Chron. Kirjath Zekatha, im Talm. Huzi — war ein Ort s. v. Sichem, welchen SV. in d. h. 'Ain Kuza am Südrd d. Ebene Makhna erkennen.
Chusoba u. Chuziba s. Koseba.
Cibizim s. Kibzaim.
Cimana s. Jakneam.
Clauthmon s. Bacha.
Conna u. Cunna s. Kun.
Constantia s. Gaza u. Karne.
Coriatha s. Kirjathaim.
Cypriani, St. Kloster — stand b. Jerus., von SV. erkannt in 'Ain el Hod Kiprijan b. Kh. Kebār $1^1/_4$ M. sw. v. Jerus.

D.

Dabaritta u. Dabathartha s. Dabrath.
Dabbeseth — דבשת in Jos. 19, 11; b. LXX Dabasthe, Vulg. Deb-

baseth; b. E. Damasc, H. Dasbath — war ein Ort in Sebulon, nach Cond. h. Kh. Dabschch s. v. Tĕrschiha.

Dabbon s. Abdon.
Dabir s. Debir.
Dabira b. Eus. ein Ort bei Diocaesarea.
Dabiron b. d. LXX in Jos. 19,19, ab. nicht in d. bessern Hdschr., eine St. in Jsaschar zw. Rabbith u. Kisjon. Rel. vermutet darin Dabrath.
Dabrath — דברת in Jos. 19, 12; LXX ebenso; Vulg. Dabereth; b. Jos. Dabaritta au d. südl. Grenze v. Galilaea, im Talm. Dabathartha; b. Eus. wie b. LXX Dabrath — war eine Levitenst. auf d. Grenze von Sebulon u. Isaschar. D. Name erinnert an Debora, die mit Barak auf den Thabor zog (Jud. 4). Vgl. Dabarijeh od. Deburijeh. Die Überlfrg verweist hierher den Bericht in Mark. 9, 9.
Dad od. Dahiud od. Dahiva heisst b. E. u. H. eine St. in Juda.
Dagon s. Dok.
Dalmanutha — Matth. 15, 39. Mark. 8, 10; d. Talm. kennt ein טליבאן und כיצרה ט־ — lag an der Grenze von Magdala, also n. v. Tiberias; daher Schw. auch T. gleich Migdal de Zebaja hält. Man vermutet s. Reste b. 'Ain el Barideh, d. wahrscheinl. Heptagon d. Epiphan, dem Bersabe d. Jos. b. j. II, 20, 6. III, 3. 1.
Andere suchen am Tell Khanazir od. in Delhemijeh, od. in d. Ggd v. Gherasch od. in Koaid. Vgl. aber Delmundon.
Damain s. Adami.
Damase s. Dabbeseth.
Damascus — דמשק in Gen. 15,2; in KS. Dimaski u. Dimaska; b. LXX Masek; דרמשק in 1. Chr. 18. 5; b. LXX u. Vulg. ebenso; in 2. Reg. 16, 10 דומשק; ebenso b. LXX u. Vulg.; im Jos. Ant. I, 7, 2; im Talm. דורמסקין — eine der ältesten St. d. Erde, war nach Nikolaus von Dam. eine Zeit lang von Abraham beherrscht. David eroberte die von Syrern bewohnte St. (2 Sam. 8, 5), aber nach Salomos Zeit ward sie d. Hauptst. eines unabhäng. syr. Reiches. In d. chr. Zeit tritt Dam. mit einer d. ersten Christengemeinden ein, deren Stifter uns unbekannt ist. Hier wurde Saulus getauft (Akt 9). H. Damaschk od. es Scham am östl. Fuss d. Antilibanon.
Damin s. Adami.
Dammim s. Ephes D.
Damna s. Dimna.
Damnaba s. Dinhoba.
Dan — דן in Jos. 19, 40; ebenso b. LXX u. Vulg. — bezeichnet d. Gebiet d. Stammes, welches 17 Städte neben Juda begreifen sollte. Aber Dan konnte dies Gebiet den Amoritern u. Philistern nicht entreissen und zog nach Norden, wo d. alte sidon. St. Lais od. Lesem nun den Namen Dan erhielt, sodass Israels Gebiet von Dan b. Beerseba reichte. Ihre Reste liegen b. d. h. Tell el Kadi am südl. Fuss des Hermon.

b. Dan-Jaan — דן יען in 2 Sam. 24, 6; b. LXX Danidan; Vulg. Dan sylvestria — war wie Lais eine sidon. St., verm. an einer Quelle des Jord. gelegen. Ein Kh. Danian entd. Cons. Schultz. ö. v. Rās en Nakūra.

c. D. Sam. Chron. kennt einen Berg Dan, w. v. Ebal, wo ein goldenes Kalb v. Jerobeam aufgestellt war. H. Rās el Kadi.

Danaba in Not. dign. Station d. 3. gall. Legion in Phoenikien. Ptolem. nennt Danama als einen Ort in Palmyrene. Vgl. Sednāja 3 M. v. Malūla.

Danna — דנה in Jos. 15, 49; b. LXX Ranna; Vulg. Danna; b. E. u. H. Jedna, aber gleich Debir — war eine St. in Juda. Man vgl. entw. Idhna nw. v. el Khalil od. Kh. Dahneh s. v. Bēt Ghibrin.

Dannea s. Dinhaba.

Daphka — דפקה in Num. 33, 22; b. LXX Raphaka, Vulg. wie d. Schr., b. E. u. H. wie d. LXX — war ein Lagerort Israel in d. Wüste Sin. Man vgl. d. h. Tobbakha.

Daphne bezeichnet in 2 Makk. 4, 33 die berühmte Vorst. v. Antiochien, wo ein Tempel des Apollo u. der Daphne neben vielen andern stand. Vgl. Bēt el Maa od. Bēt Alma. Die Rabb. nennen D. den Weg nach Hamath u. halten es gleich Ribla.

b. Jos. b. j. IV, 1, 1 kennt ein D. s. v. Dan, das im Talm. Thaphnis gen. wd. Hier stand ein Tempel d. goldn. Kalbes. Vgl. Tell Difneh od. Dafneh mit d. Kh. D. u. der fruchtbaren Ard D.

c. Bei d. Griechen ist D. auch Name einer Quelle b. Neapolis, d. i. Sichem, h. 'Ain Dafneh od. Defneh.

d. s. Ain.

Dardan, ein Ort n. v. Kades-See am l. Ufer des Orontes; vgl. Abu Darda.

Darom — דרום in Deut. 33, 23; b. LXX λίβα; Vulg. meridies; in Koh. 11, 3 b. LXX νότος, Vulg. auster — wird bald als Süd-, bald als Ostland verstanden und das mit Recht, weil im S. u. O. v. Pal. Wüsten liegen, deren Hitze der Wind nach W. od. N. bringt.

Dasai s. Hodsi.

Dasbath s. Dabbeseth.

Dasia s. Seir.

Dathema — in 1. Makk. 6, 9; Jos. Ant. XII, 8, 1 — war ein fester Platz in Gilead, dahin sich viele Juden geflüchtet hatten. S. nennt ein Attaman sö. v. Derāt, Cond. weist auf Dameh in d. Legha hin, N. a. Pl. denken an Remtheh sw. v. Derāt.

Debir — דביר in Jos. 12, 13: b. LXX u. Vulg. Dabir, vorher קרית־ספר in Jud. 1, 11 πόλις γραμμάτων, Vulg. civitas litterarum; קרית־סנה in Jos. 15, 49, b. LXX wieder π. γρ., Vulg. Cariathsenna; in Jos. 15, 31 כסנה, ebenso LXX; b. Vulg. Sensenna; im Talm. קריה־ארבי — eine kananit. Königst., dann eine Levitenst. in Juda, nahe bei Hebron. Die Forscher vgl. Kh. Dilbeh od. Kh. Dewirban; aber SV. kennen diesen Ort gar nicht, obw. er von Guérin bestätigt ist, und vgl. ed Daherijeh. Schw. hat v. einem W. Dibir gehört; ein and. Mal sucht er dens. Ort ö. v. Jerus. bei Adummim. Vgl. Papyrus.

b. In Jos. 13, 26 — LXX eb.; Vulg. Dabir — eine St. in Gad. Vgl. Lodabar. H. verm. Ibdir im Gor.

c. In Jos. 15, 7; LXX το τεταρτον, Vulg. Debera — ein Ort auf d. Grenze v. Juda u. Benjamin, wo h. ein Thagret ed Debr.

Dedan — דן in Ez. 25, 13; in LXX ausgelassen; Vulg. lässt Theman aus — war nach Euseb. eine edomit. Niederlassung zw. Phunon u. Sela. Schw. nennt ein Dehana b. Buzēra.

Dekapolis hiess bei Griech. u. Röm. die politische Vereinigung von etwa 10 Städten Palaestinas; Steph. Byz. kennt eine Τεσσαρεσκαιδεκαπολις — mit vorwiegend griech. Bevölkerung, meist ö. v. Jordan. Matth. 4, 25 u. a. Plin. rechnet dazu: Damaskus, Philadelphia, Raphana, Skythopolis, Gadara, Hippos, Dion, Pelea, Galasa (Gerasa), Kanatha. Unsicher sind darunter Damaskus, Raphana u. Dion.

Dekoë s. Thekoa.

Delean s. Dileon.

Delium b. Jos. Ant. XIV, 3, 3 eine St. zw. Damaskus u. Judaea.

Delmundon in Not. eccl. ein Bsitz unter d. Metrop. Bostra. Vgl. Dalmanutha.

Denaba s. Danaba.

Desec u. Deseth s. Kir Hareseth.

Dessa in 2 Makk. 14, 16 war ein fester Ort in Judaea, wo Simon Makk. mit Nikanor kämpfte. Vgl. Hadasa.

Dia od. Dyas in Not. eccl. ein Bsitz in Arabien unter d. Metrop. Bostra.

Diana s. Ezeon Geber.

Diaphenae in Not. dign. Station einiger Reiter in Arabien. Einen Fluss Diaphenus kennt Plin. an d. Küste v. Syrien. Rel. weist auf Phaenos hin.

Dibla — רבלה in Ez. 6, 14; b. LXX u. Vulg. Deblatha; רבלה in Jer. 52, 9, b. LXX u. Vulg. wie vorhin — wird gl. Ribla sein, wie auch Hier. urteilt. Cond. aber weist auf Dibl in Galil. hin.

Diblathaim s. Almon.

Dibon — דיבן in Num. 32, 34; b. LXX Debon, Vulg. Dibon; auch Dibon Gad; b. E. u. H. Debus — war von Israel zerstört, wurde v. Gad aufgebaut, Ruben zugeteilt, von Moab wieder besetzt. Die St. zerfiel in Alt- und Neu-Dibon, das letztere von König Mesa stark befestigt. Hier wurde 1868 die Siegessäule desselb. Königs gefunden (2 Reg. 3, 4). Noch h. Kh. Dhibān. Vgl. Dimon u. Kir Hareseth.

b. In Neh. 11, 25; b. LXX Daibon, Vulg. Dibon — eine

St. in Juda gleich Dimona und Madmena.
Diebestal s. Jebrud.
Dileon — דליעין in Jos. 15, 38; b. LXX Dalaan; b. Vulg. Delean — war eine St. in Juda.
Dimna — דמנה in Jos. 21, 35; b. LXX Demna; Vulg. Damna; Eus. u. H. Domna; in 1. Chr. 6, 62 Rimmono; b. LXX Remmon, Vulg. Remmono — war eine St. in Sebulon, die den Leviten gegeben wurde.
Dimon — דימון in Jes. 15, 9; b. LXX Remmon od. Deimon, in Vulg. Dibon; in Jos. 15, 22, auch LXX u. Vulg. Dimona; in Neh. 11, 25 Dibon, LXX Daibon, Vulg. Dibon — war eine St. im südl. Juda.
Dinhaba — דנהבה in Gen. 36, 32; b. LXX Dennaba, Vulg. Denaba; b. Eus. Dannea, St. im nördl. Moab, 7 r. M. v. Essebon; b. Hier. Damnaba auf d. Bg Phagor, während sein 2. D. 8 r. M. v. Areopolis liegt — war eine St. in Edom, die unter Belah, d. Sohn Beors, stand. Nach Eus. war Hiob ein S. Belahs, nach Hier. ein Nachkomme Nahors.
Diocaesarea s. Sepphoris.
Diocletiana vallis in Not. dign. eine röm. Milit.-Stat. in Phoenikien, von Aegyptern besetzt.
Diocletianopolis, bei Epiph. u. in d. Concilakt. ein Bistum von Pal. I zw. Anthedon u. Eleutheropolis.
Dion, b. Plin. eine St. in d. Dekapolis, war wie Pella nach einer St. in Makedonien benannt. Man vermutet ihre Stelle b. Suf nw. v. Gherasch od. bei Tell Ghamma u. 'Ain Ghenneh nö. v. 'Aghlûn, 1 M. w. v. Suf. Bei Steph. Byz. ist D. eine St. in Coelesyrien.
Dionysias, b. Rel. not. eccl. eine St. d. Hauran, in chr. Zeit Bsitz unt. d. Metrop. v. Bostra. In Schubbeh kann D. nicht erkannt werden, weil die hier gefund. Inschrift. d. Ort Adara nennen.
Diospolis s. Lod.
b. bei Plin. eine St. am Mmeer.
c. s. Zalmin.
Dodanim b. Eus. u. H. ein Ort b. Areopolis.
Dok — in 1 Makk. 16, 15; Jos. Ant. XIII, 8, 1 kennt eine Einöde Dagon, über Jericho gelegen — hiess eine früh zerstörte Festung über Jericho, wo Simon Makk. v. seinem Schwiegervat. Ptolem. ermordet wd. Die Spuren ihrer Mauern werden b. 'Ain ed Duk nw. v. Gh. Karantel gefunden.
Dor — דור לנפת in Jos. 12, 23; b. LXX Ἄωρ τοῦ Ναφαϑδωρ; Vulg. Dor et provinciae Dor; in Jos. 17, 11 האר, LXX u. Vulg. Dor, dsgl. auf d. Sark. des Eschmunazar; in d. KS. Duru; in 1 Makk. 13, 20 Ador; b. Jos. Dora; b. Polyb. Dura; im Talm. דור: Steph. Byz. schreibt nach Hecataeus Dorus, nach Cl. Julius u. Artemidorus Dora; n. E. u. H. eine Trümmerst. 9 r. M. n. v. Caes. Pal., nach Jos. eine Grenzst. zw.

Manasse u. Dan — war eine von Sidon erbaute phoenik. Königst., welche Manasse lange nicht gewinnen konnte. Auch Antiochus Sideses vermochte d. feste St. nicht zu erob. (1 Makk. 15, 11). In chr. Zeit wd Dora od. Doara a. chr. Bst. v. Pal. I gen. Folgt man d. Angabe v. E. u. H., so trifft man auf d. Df Tantura od. Tortura od. Dor, n. v. W. Tantura od. Keragheh.

In Jos. 11, 2 steht נפת דור — LXX Napheddor; Vulg. campestria Dor; b. E. u. H. auch Dornaphet — allein, verm. als pars pro toto. Andere denken an et Tireh am Westhang des Karmel, Schw. vgl. Nafata sö. v. Tantura.

Gegenüber Dor liegen mehrere kleine Inseln im Mmeer.

Dothan — דתן in Gen. 37, 17; b. LXX Δωθαιμ; Vulg. Dothain; auch דתים u. דתן; n. Eus. 12 r. M. n. v. Sebaste — war ein Weideplatz in Samarien zw. Engannim u. Sichem, wo Jakob mit seinen Heerden weilte. Hier hielt sich auch d. Proph. Elisa auf (2 Reg. 6). Vgl. Tell Dothan ½ M. w. v. Kabatijeh.

Drusias b. Ptol. eine St. zw. Antipatris u. Sebaste.

Drymus nennt Jos. Ant. XIV, 3, 3 u. b. j. I, 13, 2 eine waldige Ggd nahe dem Karmel. Guérin vgl. Bir Drimeh.

Duma — דומה in Jos. 15, 52; LXX u. Vulg. haben Ruma; n. E. u. H. 17 r. M. v. Eleutheropolis — war eine St. in Juda. Vgl. Kh. Daumieh od. ed Dom, 2 M. sw. v. Hebron.

b. In Jes. 21, 11; LXX Idumaea; Vulg. Duma — ist ein Ort in Edom od. Edom selbst zu verstehen. Vgl. h. Dūmā nahe bei Thēmā.

Durad s. Sared.

Duru s. Dor.

Dyas s. Dia.

E.

Ebal — עיבל in Jos. 8, 30; b. LXX Gaibal, Vulg. Hebal; E. u. H. folgen den LXX — ist ein Bg in Samarien, auf welchem Josua den ersten Altar des unsichtbaren Gottes nach der Einnahme des gel. Landes errichtete. Fluch u. Segen (Jos. 8). H. Gh. es Schemal od. Gh. Sulemijeh od. Eslamijeh, b. Guérin Setti Selimah.

Eus. u. H. hegen d. Meinung, Ebal u. Garizim seien auch zwei Berge b. Jericho, deren Namen erst später die Berge bei Sichem erhalten hätten. Diese Berge erkennen SV. in d. Tuwēl el Akabeh u. Nusēb Awēschireh, auf beiden Seiten d. W. el Kelt.

Eben Ezer — אבן עזר in 1 Sam. 4, 1; b. LXX Abenezer; b. Vulg. lapis adjutorii; n. E., der wie d. LXX schreibt, zw. Jerus. u. Askalon — heisst der Denkstein, welchen Samuel zw. Sen u. Mizpa aufrichtete. Der Aban ist nicht zu vgl.

Eben Hatoim s. Jerus.

Ebez — אֶבֶץ in Jos. 19, 20; b. LXX Aemes; in Vulg. Abes — war eine St. in Isaschar. Cond. vgl. Kh. el Bēda b. Kaskas im unteren Laufe des Kison, Schw. nennt ein Karm en Abiz od. Kunebiz w. v. Aksal.

Ebezinthia s. Bisjothja.

Eboda, b. Ptol. eine St. in Paran, 6 M. s. v. Elusa, Stat. d. alt. Römerstr. Vgl. Kh. Abdeh. Rob. u. Andd. verlegen E. 3 M. w. n. el Augheh.

Ebron — עֶבְרֹן in Jos. 19, 28; b. LXX wie in d. Schr.; b. Vulg. Abran — eine St. in Asser, häufiger עַבְדֹן gen.

Ebrona s. Abrona.

Echela s. Hachila u. Kegila.

Ecktor s. Jerus.

Edema s. Adama.

Eden — עֵדֶן in Gen. 2, 8; in KS. Idinu; b. LXX Edem; Vulg. Paradisus — ist das Land, darin d. Schöpfer dem ersten Menschen einen Garten gab. Seine Stätte ist auf Erden nicht wieder zu finden.
b. s. Beth-Eden.

Eder — עֵדֶר in Jos. 15, 21; b. LXX u. Vulg. ebenso — war eine St. im südl. Juda.
b. Turm-Eder — מִגְדַּל עֵדֶר in Gen. 35, 21; b. LXX πυργος Γαδερ; b. Vulg. turris gregis; E. u. H. wie d. LXX; im Talm. wie in d. Schr. — war ein Turm in d. Ggd, wo die Heerden Jakobs weideten, etwa bei Bethlehem, wo ein Kh. Sir el Ganem.

Edera b. Ptol. e. St. i. Batanaea.

Edom — אֱדוֹם in Gen. 32, 4, auch שֵׂעִיר an ders. St., in KS. Udumu od. Udumi; in LXX u. Vulg. Ed. od. Seir — war ein Land „ohne Fettigkeit der Erde u. ohne Tau des Himmels", südl. v. Pal., voll von Kalk- u. Porphyrfelsen. Seine Städte waren Elath, Ezeongeber, Sela od. Petra, Maon, Phunon, Bozra. Während David ganz Edom unterworfen hatte (2 Sam. 8, 14), so konnte schon unter Ahas Juda von Edom besiegt werden; aber seit d. babyl. Gefangenschaft hielt E. einen grossen Teil v. Juda besetzt. Doch eroberte Judas Makk. Hebron, u. Johannes Hyrkanus ganz Idumaea u. zwang d. Einwohner unter den Gehorsam gegen d. jüd. Gesetz. Später wurde der Idumäer Antipater röm. Statthalter v. Judaea u. sein Sohn Herodes d. Gr. ein König d. Juden v. Caesars Gnaden.

Hier. nennt deshalb mit gutem Grund die Bewohner d. südl. Judas Edomiter, u. weil sie zum Teil in Höhlen wohnten, Horiter: „Propter nimios calores solis, quia meridiana provincia est, subterraneis tuguriis utitur."

Edomia od. Edumia nennen E. u. H. einen Ort in Akrabatene, 12 r. M. ö. v. Neapolis. Vgl. ed Daumeh od. Dōmeh, ½ M. w. v. W. Fasail.

Egla eine alte St. im Hauran, h. Karjet el Aghēlāt am Tell d. X.

Eglaim — אֶגְלַיִם in Jes. 15, 8; b. LXX Agalleim; in Vulg. Gallim; nach Eus. 8 r. M. s. v. Areopolis — war eine St. in Moab.
Eglaim — עֵין עֲגָלִים in Ez. 47, 10; b. LXX Enagaleim; Vulg. Engallim; b. Jos. Engelain; b. E. u. H. wie in d. Vulg. — war ein Ort in d. Nähe von Engeddi, etwa wo h. ʻAin Feschkah entspringt.
Eglath — עֶגְלַת in Jes. 15, 5; b. LXX δαμαλις τριετης, Vulg. vitula conternans; b. Jos. Agalla, verm. das Agallim d. Eus., das bei Eglaim erwähnt wd, das er für Horonaim hält — war eine St. an d. Südgrenze Moabs, welche Alex. Jannaeus den Arabern entriss (Jos. Ant. XIV, 1, 4). Dass dies E. den Beinamen שְׁלִישִׁיָּה trägt, wird seinen Grund in der Unterscheidung von einer gleichnamigen St. haben.
Eglon — עֶגְלוֹן in Jos. 10, 3; b. LXX Odollam, Vulg. Eglon; E. u. H. folgen d. LXX — war eine kanan. St., deren König Debir v. Josua getötet wd. Dann fiel d. St. dem Stamm Juda zu; sie lag in d. Sephela. Vgl. Kh. ʻAghlûn, w. v. Bêt Ghibrin.
b. Der Talm. nennt עֶגְלוֹן als ein Df in Gilead, h. ʻAghlûn am W. d. N.
Eichgrund — עֵמֶק הָאֵלָה in 1 Sam. 17, 2; b. LXX κοιλας της δρυος; Vulg. vallis terebinthi — bezeichnet dasselbe Tal, wo Simson die Kinnbackenquelle fand, und David den Goliath erschlug. Man vermutet, es sei d. W. es Samt od. es Sunt.
Ejon — עִיוֹן in 1 Reg. 15, 20; b. LXX Ain, Vulg. Ahion; b. Jos. Aion, ebenso b. Eus. u. H.; d. Talm. kennt ein נוּקְבְּרָא דְעִיוֹן als Grenze von Galilaea — war eine feste St. in Naphthali, nördlicher als Dan. Ihre Einw. wurden wie die von Beth Maacha und Kedes durch Tiglathpilesar nach Assyrien geführt. Rob. sucht ihre Stelle im Tell Dibbin, Cond. vgl. el Khiâm.
Eisenberg — το σιδηρουν καλουμενον ὀρος b. Jos. b. j. IV, 8, 2 im Talm. כּוּר בַּרְזֵל — heisst d. Geb. im O. d. t. M. um Machaerus herum. Dasselbe besteht meist aus eisenschüssigem Sandstein, der durch Oxydation schwarz wird. Von hier holte man Palmenwedel zur Feier des Laubhüttenfestes in Jerus.
Ekbatana s. Beth-Anath u. Karmel.
Ekdippa s. Achsib.
Ekron — עֶקְרוֹן in 1 Sam. 5, 10; b. LXX Askalon, b. Vulg. Accaron; in KS. Amkarruna; Eus. folgt d. Schrift wie d. Vulg. — war eine St. in Philistaea, welche bald Juda, bald Dan besetzt hielt. Eine Zeitlang stand hier die Bundeslade. Seinen Götzen Baalsebub, b. Jos. θεος μυια, beschickte der König Ahasja. Vgl. d. h. ʻAkir.
El Pharan — אֵיל פָּארָן in Gen. 14, 6; b. LXX τερεβινθος της Φαραν; in Vulg. campestria Pharan —

war ein Ort an d. Wüste zw. d. tot. M. u. Seir, d. Wohnplatz d. Horiter. Audd. vgl. Elath.

Eläa od. Elais s. Heldua.

Elam — עילם אחד in Esra 2, 31; LXX Elamar; Vulg. Aelam alter — wird bald als Personen-, bald als Ortsname verstanden.

Elas od. Elaspora in Not. eccl. eine Bst. v. Pal. III.

Elath — אילת in Deut. 2, 8; b. LXX Ailon, in Vulg. Elath; b. d. Griech. Ailanum od. Aila od. Berenike; Strabo rechnet v. Gaza bis Aila 1260 Stad., Plinius 150 r. M.; b. Eus. Ailon od. Heleth, b. Hier. Aheloth und Elath; im Talm. יסא וחילתא — war eine edomit. Hafenst. am gleichn. Busen des roten Meeres, wo Salomos Tarsisschiffe aus- u. anliefen. Usia erbaute hier eine St. (2 Reg. 14, 22), Rezin v. Syrien nahm sie in Besitz, bis sie den Edomitern überlassen wurde.

Früh war hier eine chr. K., deren B. zu Pal. III gehörte. Zu ihrer Zeit schrieb man bald Ahila, bald Alus od. Aila od. Elia. Von Mohammed erkaufte sich diese Kirche Sicherheit. Vgl. Aila n. v. Akaba.

b. Im Talm. wird ein Elath gen., das eine Tagereise v. Jerus. entfernt ist.

Elba s. Helba.

Eleale — אלעלה in Num. 32, 3; LXX u. Vulg. ebenso — war eine St. d. Amoriter, die Ruben, nach ihm Moab einnahm. Nach d. Ang. d. E. u. H. lag E. 1 r. M. v. Esebus od. Hesbon, wo h. Kh. el 'Al. Auch hier war eine chr. K.

Eleasa s. Laisa.

Elehath u. Ethae s. Helkath.

Eleph — אלף in Jos. 18, 28; LXX Elaph, Vulg. Eleph — bezeichnet entw. eine Örtlichkeit zw. Jebus u. Zelah od. einen Teil v. Jebus. Cond. weist auf Lifta hin. S. Nephthoach.

Eleutheropolis s. Betogabra.

Eleutherus in 1 Makk. 11, 7 ist ein Fluss von ungewissem Laufe. Jos. Ant. XV, 4, 1 berichtet, Antonius habe der Kleopatra alles Land zw. Eleutherus u. Aegypten gegeben, ausgenommen Tyrus u. Sidon. Diese Ang. führt auf d. N. el Kebir n. v. Libanon.

b. Dagegen 1 Makk. 11, 7. Jos. Ant. XIII, 4, 5 erzählen, wie d. Makk. Jonathan d. König Ptol. Philometor in Joppe begrüsst habe, gab er ihm bis zum Fluss El. das Geleit. Während er nach Jerus. zurückkehrte, hätte Ptol. in Ptolemais beinahe den Tod gefunden. Demnach wird dieser El. im N. el Augheh n. v. Jafa zu erkennen sein.

Elia s. Jerus.

b. s. Elath.

Elim s. Beer E.

Elin s. Ijim.

Elkese s. Elkosch.

Elkosch — אלקש in Nah. 1, 1; b. LXX, Vulg., E. u. H. Elkese; b. Hesych. Elkesin, b. Epiph. Begabar; Hier. hat d. Ort noch gesehn

— die Heimat d. Proph. Nahum, lag nach d. Zeugnis d. Hier. in Galilaea. So ist d. Tell Keschum b. Bêt Ghibrin schwerlich zu vgl. Die Einen geraten auf el Kauzeh in Naphthali, d. Andd. suchen am Kison.

Elmelech s. Alammelech.
Elom s. Ajalon.
Elon — אֵילוֹן od. אֵילוֹן in Jos. 19, 33; b. LXX Μαηλων, Vulg. Elon; b. Eus. u. im Talm. Aialin, b. Hier. Athalim — war eine St. zw. Sebulon u. Naphthali. Ein neuerer Forscher vgl. Aiha am Hermon.
b. In Jos. 19, 43; b. LXX u. Vulg. Elon — ist E. eine St. bei Ajalon in Dan. Vgl. h. Kh. Ailin od. Illin sö. v. Kh. 'Ain Schems.
c. In Jud. 9, 6, אֵילוֹן־בֵּצִים, b. LXX βαλανος της στασεως, Vulg. quercus, quae stabat.
d. In Jud. 9, 37 אֵלוֹן־מְעוֹנְנִים; b. LXX δρυς αποβλεποντων; Vulg. quae respicit quercum.
e. In 1 Sam. 10, 3 אֵלוֹן־תָּבוֹר; in LXX u. Vulg. ebenso „Eiche Thabor", nahe b. Bethel.

Eltheke — אֶלְתְּקֵה in Jos. 19, 44; in d. KS. Altaku; b. LXX Eltheko; b. Vulg. Elthece — war eine Levitenst. in Dan, nahe bei Ekron. N. a. Pl. vgl. Bêt Likia; Schw. weist auf ein et Thini (?) hin.

Elthekon — אֶלְתְּקֹן in Jos. 15, 59; b. LXX Elthekun; Vulg. Eltecon; b. Eus. Elthekue, H. Elthei; beide vermuten, es sei Thekoa gemeint — war eine St. in Juda, neben Beth-Anoth gen.

Eltholad — אֶלְתּוֹלַד in Jos. 15, 30; b. LXX Elthodad, Vulg. wie d. Schr. — war eine St. im südl. Juda, die zu Simeon gezählt wurde. Der Name Eltholad gehört wie Eltheke u. Elthekon der phoenik. Mythologie an: Moymis zeugte Tauthe, dieser Dachos u. Dache. Thalath od. Tholad wird d. Name d. babylon. Mylitta (מוֹלֶדֶת) sein.

Elucis s. Kesil.
Elul s. Halhul.
Elusa u. Elua s. Kesil, Sin u. Sur.
Emath s. Hamath.
Emek Hamelech s. Emek Sawe.
Emek Keziz — עֵמֶק קְצִיץ in Jos. 18, 21; b. LXX Amekkasis, Vulg. vallis Casis — war eine St. in Benjamin, später verm. Beth-Besen gen. Doch vgl. d. h. Kezazeh.
Emek Sawe — עֵמֶק שָׁוֵה in Gen. 14, 17; b. LXX κοιλας του Σαβυ; Vulg. vallis Save — in 2 Sam. 18, 18 עֵמֶק הַמֶּלֶךְ; b. LXX κοιλας του βασιλεως; Vulg. vallis regis — lag nach Jos. Ant. VII, 10, 3 zwei Stad. v. Jerus. Hier errichtete Absalon sich bei Lebzeiten eine Denksäule.

Emesa — im Talm. חֶמֶץ u. חֶמֶץ — die Heimat d. Kaiser Heliogabal, lag n. d. Itin. Ant. 32 r. M. s. v. Hamath. Hier stand wie zu Heliopolis ein berühmter Tempel des syrischen Sonnengottes Baal. Früh wurde E. eine chr. St. Eine seiner K. erbaute schon Const. d. Gr. H. Höms am N. el Asi.

Emmatha s. Amatha.
Emmaus in Luk. 24, 13 ist n. d. Übrlfg b. Eus. u. H. in d. h. Amwas, früher Nikopolis u. Ammas gen., zu erkennen. Dieser Ort ist 150 Stad. v. Jerus. entf., was mit d. Angabe d. Cod. Sin. übereinstimmt, während 3 Codd. 160, d. Andd. nur 60 Stad. haben. Dass 2 mal 150 od. 160 St. keinen Nachmittags - Spaziergang ausmachen werden, ist unwidersprechlich; u. wird die Lesart 150 u. 160 Stad. daraus entstanden sein, dass das A. in d. Entfrng v. 60 Stad. bald verschwunden u. seine Stelle vergessen war. Etliche suchen diese in d. h. Kulonieh, Andere in el Kubēbeh od. Latrun.
Emona s. Kaphar Haamona.
Enadda nennen Eus. u. H. ein Df 10 r. M. v. Eleutheropolis in d. Richtg auf Jerus.
Enaim — עֵינַיִם in Gen. 38, 21; b. LXX Ainan; Vulg. Bivium; in Jos. 15, 34 עֵינָם, LXX u. Vulg. Enaim; ebenso d. Talm. — erkennen E. u. H. in d. Df Bethennim circa terebinthum. Es war ein St. in Juda auf d. Weg nach Thimna. Cond. findet sie in Kh. W. 'Alin bei 'Ain Schems.
Enakomia in not. eccl. ein Bsitz in Arabien.
Enasor u. **Hemasor** s. Enhazor.
En Bul — עֵין בֻּל — im Talm.; unbek.
Endor — עֵין דֹּר in Jos. 17, 11; LXX u. Vulg. ebenso; in 1. Sam. 28, 7 עֵין דֹּר; b. Jos. Ant. VI, 14, 2

Endoron; E. u. H. setzen ihr Aendor 4 r. M. s. v. Thabor — wurde Manasse zugeteilt. Hier lagerte Israel, hier befragte König Saul d. Wahrsagerin. Vgl. Endūr am Gh. ed Dahi.
Eneb s. Anab.
En Eglaim s. Eglaim.
Engadda s. Engedi.
Engallim s. Eglaim.
Enganna b. Eus. u. H. ein Ort in d. Nähe v. Gerasa.
En Gannim — עֵין גַּנִּים in Jos. 15, 34; b. LXX Ἡγονειμ, b. Vulg. Aengannim; E. u. H. setzen den Ort neben Bethel in Benjamin, etwa wo h. 'Ain Kina — war eine St. in Juda. Vgl. Kh. Umm Ghineh s. v. Amwās.
b. In Jos. 19, 21; LXX wie vorher; Vulg. Engannim; b. Jos. Ant. XX, 6, 1 Ginaea, κωμη ἐν μεθορῳ κειμενη Σαμαρειαστε και τον μεγαλου πεδιου — war nach Jos. 21, 29 eine Levitenst. in Isaschar an d. Nordgrenze v. Samaria. Vgl. Anem.
H. liegt Ghennin fast 4 M. n. v. Nablūs.
En Gedi — עֵין גֶּדִי in Jos. 15, 62; LXX Ἡγαδδι, Vulg. Engaddi; b. Jos. Plin. Steph. B. Engadda; b. E. u. H. Gadda; früher verm. Hazeron Thamar gen. — war eine St. der Amoriter am westl. Gestade d. t. M. Zur Zeit d. Jos. u. Plin. war E. Hauptort einer röm. Toparchie, verm. derselben, welche Plin. d. bethleptephcische nennt. Vgl. Bethleptepha. Hier

wohnt n. Plin. die gens aeterna der Essener, in qua nemo nascitur.
II. ʽAin Ghiddi.
b. In 1 Sam 24, 1. 2. bezeichnet E. eine Felsenwüste ö. v. Bethlehem, reich an Höhlen. Vgl. Umm et Talaʽ.
Engelain s. Eglaim.
En Hadda — עין הדה in Jos. 19, 21; b. LXX Enadda, Vulg. Enhadda — war eine St. in Isaschar. Vgl. ʽAin Haud od. Hōd ö. v. Athlit, nach Cond. Kafr Adān nw. v. Ghennin, n. Guér. Umm et Taijibeh nahe b. Hadētheh.
b. E. u. H. kennen ein 2. En H. 10 r. M. nw. v. Eleutheropolis, h. Hatta. SV. erinnern an d. Namen Hethiter!
En Hakore — עין הקרא in Jud. 15, 19; LXX πηγη του ἐπικαλουμενου; Vulg. fons invocantis — eine Örtlichkeit auf der Grenze von Juda n. Philistaea. In d. Nähe von Bēt Ghibrin giebt es ein ʽAin Lehi es Safer. Eine Vergleichung mit en Nakura ist als ein Scherz aufzufassen.
En Hazor — עין חצור in Jos. 19, 37; b. LXX πηγη ʼAσωρ; b. Vulg. Enhasor; b. Eus. Hanasor, Hier. Enasor — war eine St. in Naphthali. Vgl. Kh. Hazireh sö. v. Kana od. mit Guér. Kh. ʽAin Hazur nö. v. Banias od. mit Schw. En Asur s. v. Asur (?).
Enhydra od. Enydra, eine Colonie v. Aradus, am Mmeer neben Marathus gelegen (Plinius).

En Kahal — עין כחל im Talm. — einen Ort v. Galilaea, will Schw. unt. gl. Nam. h. zw. Safed u. Tabarijeh kennen (?).
En Keni od. Keni — עין קני im Talm. — war ein Df bei Lod. Dort lebten in einer Höhle R. Simon u. sein Sohn (Schw).
En Kuschin — עין כושין im Talm. — ein Ort nahe b. Kaphar Salama. Vgl. Salim u. En Sokher. R., Kafr Kus?
En Mispat — עין משפט in Gen. 14, 7; LXX πηγη της κρισεως; Vulg. fons Misphat — war ein Ort in d. Wüste Paran, später Kades gen., aber nicht K. Barnea. N. Schw. kennen die Araber ein ʽAin es Sedaka 2 M. s. v. Petra.
Enna s. Zin.
Ennakomias in Not. eccl. ein Bsitz unter d. Metrop. Bostra.
Bnon s. Hazar-Enon.
b. In Joh. 3, 23 ist E. ein Ort nahe b. Selim, nach E. u. H. 8 r. M. s. v. Skythopolis zw. Salim u. d. Jordan, woh. ʽAin es Schemsijeh. Andd. denken an Janūn zw. Nablūs u. Kh. Fasail. Cond. sucht im W. Farah, etwa ʽAinūn.
Enos — עינוש im Talm. — unbek.
En Rimmon s. Rimmon.
En Rogel — עין רגל in Jos. 15, 7; b. LXX πηγη ʼΡωγηλ; Vulg. fons Rogel — entsprang auf d. Grenze von Benj. u. Juda. S. Jerus.
En Semes — עין שמש in Jos. 15, 7; b. LXX πηγη ἡλιου; Vulg.

fons solis — lag wie der Brunnen Rogel auf d. Grenze v. Benj. u. Juda, h. 'Ain u. W. el Hod od. Khod, sw. v. Arak es Schems.

En Sokher — עין סוכר im Talm. — hält Schw. gl. d. h. 'Ain Askar.

En Tab — עין טב im Talm. — ist nach Neub. ein Ort in Juda; vgl. En Tob.

En Thannin s. Jerus.

En Thappuah — עין תפוח in Jos. 17, 7; b. LXX πηγη Θαπφουε; Vulg. fons Taphuae — war ein Ort in Manasse. Rob. vgl. Kh. Atûf an d. Bukêa, Guér. Burgh Faria, N. a. Pl. Jasûf; vgl. Jaseb.

En Theena — עין האנה im Talm. — eine Quelle in d. Nähe v. Sepphoris.

En Thera — עין תרע im Talm. — unbek.

En Tob — עין טוב im Talm. — ein Ort in Galilaea, verm. d. h. et Taijibeh ö. v. Gh. ed Dahi.

Enydra s. Enhydra.

Epha — עיפה in Gen. 25, 4; b. LXX, E. u. H. Gephar; Vulg. Epha; in Jes. 60, 6 haben die LXX Gaipha; Vulg. wie vorhin — hiess der Wohnsitz eines arabisch. Stammes s. v. Moab.

Ephes u. Hephes s. Gath-Hahepher.

Ephes Dammim — אפס דמים in 1 Sam. 17, 1; b. LXX Aphesdomim; Vulg. fines Domnim; in 1 Chr. 11, 13 פס דמים; b. LXX Phasodomin, Vulg. Phesdomim, L. „da sie Hohn sprachen" — war ein Ort in Juda zw. Socho u. Aseka.

Ephra s. Ophra.

Ephraea s. Ephrem.

Ephraim — אפרים in Jos. 16; LXX u. Vulg. ebenso — lag mit den Städten Sichem, Samaria u. a. mitten im jüdischen Land und zwar vom Jordan bis zum Mittelmeer, der beste Teil des Landes. Das Land ist meist gebirgig, הר א, im Talm. הר המלך od. טור מלכא gen.; vgl. Gaas, Zalmon, Zamaraim.

b. In 2 Sam. 13, 22 ist E. eine St. bei Baalhazor in Benj., nach Eus. ein Df 8 r. M. n. v. Jerus. Vgl. Ephrem u. Ephron.

c. In 2 Sam. 18, 6 יער א — wird der Wald E. in Gilead gen., wo Absalom v. Joab geschlagen und getötet wd.

Ephrath — אפרת in Ps. 132, 6 — ist gleich Ephraim.

b. s Bethlehem.

Ephrem in Joh. 11, 54 war ein Ort bei Bethel in Benjamin, vill. d. a. Ophra. E. u. H. setzen ihr Ephraim od. Ephraea 8, resp. 20 r. M. w. v. Jerus., verm. aus Verwechslung der Zahlzeichen H. u. K. Aber wo bleibt die Wüste in der Nähe von E.?

Ephron — אפרין d. Ketib in 2. Chron. 13, 19, so auch LXX u. Vulg., während d. Keri Ephrajin lautet; b. Eus. gl. Ephraim u. Ephrem. Einige suchen d. Ort in d. Bergland v. Juda.

b. In 1 Makk. 5, 46. 12, 27. Jos. Ant. XII, 8, 5 ist E. ein

fester Ort in Manasse jens. d. Jord., sei es gegenüber Bethaven od. s. v. Jabbok. Ihn eroberte Judas Makk. Vgl. Hebräs im Kefārāt od. Aghlūn.

Ephron — הר עפרין in Jos. 15, 9; b. LXX ὄρος Ἐφρων; Vulg. mons E. — hiess ein Berg auf d. Grenze v. Benj. u. Juda, etwa sw. Soba u. Kastul.

Epikäros b. Ptol. eine St. jens. d. Jord., weil Jos. b. j. III, 25 geschrieben, Machaerus liege ἐν ἐπικαίρῳ. So vermutet Rel.

Epiphania s. Hamath.

Era b. Theophanes ein Ort in Nähe von Gaza. Vgl. Kh. el Air w. v. Bēt-Ghibrin.

Erbsendorf — ἐρεβινθωνοῖκος — nennt Jos. b. j. V, 6, 2 ein Df b. Jerus., über welches d. Umwallung d. Titus hingieng. Ein „Erbsenfeld" kennt man noch h. ½ St. s. v. Jerus.

Erek s. Arak.

Erekkon s. Rakkon.

Eremintha od. Eremmon s. Rimmon.

b. s. Kedes Naphthali.

Erikus s. Jericho.

Erma s. Harma.

Esbus s. Hesbon.

Esdath s. Asdoth Hapisga.

Esean — עשין in Jos. 15, 52; b. LXX Esan; Vulg. Esaan; b. Eus. Tessam, H. Tesan — war eine St. in Juda, zw. Duma und Janum, also in d. Nähe v. Hebron. Cond. vgl. Kh. es Simia sw. v. Jutta.

Esebon s. Hesbon.

Esei b. LXX in 1 Chr. 2, 52 für צחן, ein Ort in Juda.

Esek — עשק in Gen. 26, 20; b. LXX ἀδικία; b. Vulg. calumnia, b. Jos. Ant. I, 18, 2 Eskon — hiess der Brunnen lebendigen Wassers — באר מים חיים —, welchen die Leute Isaaks im Tale Gerar — נחל גרר — gruben.

Esem s. Azem.

Eser s. Geser.

Esermoth nennt Jos. Ant. III, 13 ein Land auf d. Wege vom Sinai nach Pal.

Eskol — אשכל in Gen. 14, 13 u. 24; b. LXX u. Vulg. Eschol ein Personname; aber in Num. 13, 24 נחל אשכל, b. LXX φάραγξ βότρυος, b. Vulg. Nehelescol — war ein Ort od. Tal bei Hebron. Von hier brachten die Kundschafter eine Rebe mit grossen Trauben. Vgl. mit Rob. Bēt Kahil od. Iskahil über d. W. es Seba od. mit N. a. Pl. ʿAin Kaskaleh n. v. Hebron.

Eskon s. Esek.

Esna s. Asan.

Esor u. Esron s. Hazor.

Essa nennt Jos. Ant. XIII, 15, 3 eine St., w. Alexander Jannaeus eroberte, nachdem er zuvor Dion eingenommen. Nach E. fielen noch Gaulana u. Seleukia in seine Hände. Demnach lag d. St. in Gaulanitis. Neub. vgl. d. talm. Assia.

Essia s. Ezeongeber.

Esthaol — אשתאל in Jos. 15, 33;

b. LXX Asthaol; Vulg. Estaol; in Not. dign. Hasta; E. u. H. denken an ein Df Astho od. Asta zw. Asdod u. Askalon — war eine St. in der Niederung Judas, in welcher n. d. ספר הישר d. Gebeine des Stammvaters Dan bestattet wurden (Schw.). In ihrer Nähe war n. Jud. 16, 31 das Grab Simsons. Nimmt man für Zarea d. h. Sar'a, so wird Aschua od. Aschawa od. Eschua am W. d. N. gl. Esthaol sein.

Esthemo — אשתמה in Jos. 15, 50; b. LXX ebenso, b. Vulg. Istemo; אשתמע in Jos. 21, 14; LXX wie vorher; b. Vulg. Estemo; b. E. u. H. ebenso — war eine Levitenst. im Geb. Juda, dahin David von seiner amalek. Beute sandte (1 Sam. 30, 28; hier hab. LXX Esthie). Vgl. es Semū'a od. Esmū'a, 1½ M. s. v. Hebron.

Etam — עיטם in Jud. 15, 8; ebenso LXX u. Vulg.; in 1. Chron. 4, 3 hab. LXX Αιταμ; b. Jos. Etama; im Talm. ist eine Quelle u. ein Berg E. erwähnt — war eine hochgelegene St. im Gebirg Juda, wo Simson sich verbarg. Rehabeam befestigte d. St. Vgl. Kh. 'Atan od. 'Etan sw. v. Bethlehem.

b. In 1 Chron. 4, 32 —; b. LXX Αιταν — ist Etam ein Ort bei Rimmon in Simeon. Cond. verweist auf Kh. A'itūn sw. v. Hebron.

Ethar — עית in Jos. 15, 42; b. LXX Ather; Vulg. Ether; b. Eus. ein gr. Flecken b. Malatha, der b. Hier. Jethira heisst — war ein Ort in Simeon. Vgl. nicht mit SV. u. a. Tell Atar b. Bēt Ghibrin, sond. 'Attir bei el Guwein.

Ethkazin — עתקצין in Jos. 19, 13; b. LXX πολις Κασιμ; Vulg. Thacasin — war eine St. in Sebulon b. Gathhahepher.

Ethnan u. Etna s. Ithnan.

Ethnajim — אתנים im Talm. — hält Schw. gl. Mahanaim.

Etroth s. Ataroth.

Etulim — עטילים u. הנטלים — nennt d. Talm. unt. d. Orten Judaeas, von welch. d. beste Wein kommt. Kh. et Etleh in d. Ggd. v. Jericho wd. schwerl. zu vergl. sein. Ein Hatli zw. Thabor u. Jordan, das Schw. heranzieht, liegt niem. in Judaea.

Euarios u. Euhari s. Adarin.

Eulitis s. Kesil.

Eumari s. Adarin.

Eunan hab. d. LXX zweimal in Ez. 47, 16; eine rätselhafte Lesart.

Eustorgius in vita Euth. ein Kloster bei Jerus.

Evim s. Anim.

Exadus u. Exalus s. Achsaph und Kisloth Thabor.

Ezel s. Beth-Haezel.

Ezem s. Azem.

Ezeon Geber — עציון גבר in Num. 33, 35; b. LXX Gesion Gaber, Vulg. Asiongaber; b. Jos. Berenike od. Asiongabarus; b. E. u. H. wie b. LXX; Eus. hält Asia bei Aela für E. G., Hier. nennt ein Essia b. Aelath — war eine Hafenst.

am aelanit. Meerbusen, wo h. Akabah. Palmer hält E. G. für gl. mit ad Dianam (Itin. Ant.?) der Römer, für w. er d. h. Gadian 3½ M. n. v. Aila vergleicht.

F.

Fenis u. Fenustus s. Phaeonos.
Fondeka s. Pandocheion.
b. s. Pentekomias.
Frankenberg s. Herodium.
Freistädte zum Schutz der Totschläger vor dem Bluträcher waren die Levitenst. Kedes auf d. Geb. Naphthali, Sichem u. Jokmeam auf d. Geb. Ephraim, Hebron u. Jathis auf d. Geb. Juda, Bezer in Ruben, Ramoth in Gilead, Golan in Manasse.
b. In röm. Zeit hiess Freist. jede Gemeinde, die das röm. Bürgerrecht besass (Akt. 16, 12).
Fundeka s. Pentekomias.
Furten — כעברת — des Arnon in Jes. 16, 20; d. Jabbok in Gen. 32, 22; des Jordan in Jos. 2, 7; Jud. 3, 28 u. a. Vgl. Bethabara.

G.

Gaas — הר געש in Jos. 24, 30; b. LXX ὄρος Γαλααδ; Vulg. mons Gaas; נחלי in 2 Sam. 23, 30; in LXX Nachaligaas, Vulg. torrens Gaas; im Talm. בי געיה, der Berg ראש כי, daraus Megiddo u. Gitta gelesen wird — war ein Gipfel im Geb. Ephraim, auf welch. Josua an d. Grenze seines Erbteils begraben wd. Vgl. Heres u. Thimnath.

Gaatham — געתם in Gen. 36, 11; LXX Gothom; Vulg. Gatham — war ein edomit. Wohnplatz u. Stamm.
Gaathon s. Gaas.
Gaba — גבע in Jos. 18, 24; b. LXX Gabaa; Vulg. Gabee; n. E. u. H. Gebena, Gebin od. Geba 5 r. M. v. Gophna — war eine Levitenst. in Benjamin an d. Nordgr. v. Juda. N. E. u. H. wäre Ghibija am W. Ghib zu vgl.; besser Kh. Gheba ½ M. sw. v. Abu Gosch.
b. In Jud. 20, 23 גבעה; LXX Maraagabe; Vulg. freier Bericht — eine Höhle bei Gibea, wo König Asa eine Feste anlegte (1. Reg. 15, 22; LXX βουνος, Vulg. Gabaa). Vergl. Gheb'a zw. W. es Suwēnit und W. Farah.
c. Jos. b. j. III, 3, 1 nennt G. eine Reiterst. d. Herodes am Wrand des Karmel, Plin. einen Bezirk neben Ampeloessa. N. Schw. wäre Haifa, n. Guérin Schēkh Abrēk zu vgl.; besser Gheba zw. Ighzim u. Sarafaud.
d. Jos. Ant. XV, 8, 5 u. Plin. erwähnen eine Gründung Herodes' d. Gr. in Galilaea, die nach E. u. H. 16 r. M. von Caesarea lag. Vgl. Ghabud od. Ghebatha.
e. Die Akte d. Conc. Jerus. nennen Gaba einen Bsitz, dessen Lage gänzlich unbekannt ist.
f. Das Gaba od. Gerba d. Ptol. lag 3 M. sw. v. Lysa, wo S. Bir el Akhmar fand.

e. Jos. vita 24 u. b. j. II, 18, 1 kennt ein G. in d. Ggd v. Ptolemais.
f. Ein G. gehörte nach Jos. b. j. II, 18, 1 zur Tetrarchie d. Philippus; vill. Ghibin am Rukkad.
g. Gaba od. Gaeba b. Dothaim in Judith 3, 11 ein Lagerplatz des Holofernes. Vgl. Gheba s. v. Tell Dothan.
Gabale s. Gebal.
Gabalon μητρόπολις nennt Nilus Doxop. bei Reland.
Gabaon s. Gibeon.
b. G. od. Gabaoth b. Epiph. u. Chron. Pasch. ein verborgener Zugang zum Grabe Davids ö. v. Zion.
Gabaopolis b. Steph. Byz. als eine St. in Galilaea gen., während Jos., aus dem er schöpft, Gibeon in Benjamin meint.
Gabara od. Gabaroth, n. Jos. vita 10 u. 45. 40 Stad v. Jotapata entf., war eine der grössten Städte v. Galil. Vgl. Kh. Kūbara od. Kābrā ö. v. Akko.
Gabatha s. Gibbethon.
b. s. Gibeath.
c. s. Gibea in Ephraim.
d. In Jos. Ant. XIII, 1, 4 ein Ort b. Medeba, welchen 1 Makk. 9, 37 Madabath nennen.
e. Hier. kennt ein G. bei Nazareth, h. Ghebata.
Gabbatha in Matth. 27, 13 ist d. erhöhte Platz vor dem Richthaus zu Jerus., wo d. röm. Prätor von seiner sella curulis aus Recht sprach.
Gabli u. Gambli s. Gebal.
Gad — גד in Jos. 13, Deut. 3 — erhielt sein Gebiet zw. Manasse u. Ruben auf beiden Seiten d. Jabbok, der נחל הגד in 2 Sam. 24, 5 heisst.

Gadara — in Mark 5, 1. Luk. 8, 20 haben einige Hdschr. Gerasa; b. Ptol. u. Steph. B. eine St. v. Coelesyrien, die auch Antiochia u. Seleukia gen. wurde; im Talm. גדר u. גדרה, daneben auch בית גדי והבוק ein Ort, auf dessen Höhe d. Feuerzeichen d. Neumondes angezündet wurden — war d. Hauptst. der Landschaft Gadarene in Peraea, auch eine d. Zehnstädte, s. v. Hieromax. 218 a. Chr. ward sie v. Antiochus d. Gr. erobert (Polyb.). Hier heilte Jesus Besessene. 65 p. Chr. fiel d. St. in d. Hände Vespasians (Jos. b. j. IV, 7). Hernach wurde d. St. berühmt durch ihr jüd. Synedrium u. jüd. Schulen. In chr. Zeit heisst sie ein Bsitz bald von Pal. I, bald v. Pal. II, verm. in Folge der Verwechslung mit Gerasa.
Betr. der nahen Schwefelquellen s. Amatha. Die Reste d. a. St. liegen b. Umm Kēs od. Mkēs. Socin gedenkt mit S, dass d. a. Name noch in Ghadur erhalten sei, einem Höhlenort zw. Mkēs u. Kafr Rakhta.
b. s. Gedera.
Gadda — b. Plin. u. Not. dign. — eine St. in Syrien, resp. Arabien, Stat. eingeboren. Bogenschützen.
b. s. Adada.
c. s. Engedi.

d. s. Hazar-Gadda.
Gade in Not. eccl. ein Bsitz v. Pal. II.
Gader s. Beth-Gader.
Gadgada u. Gaklad s. Gidgad.
Gadjavan — גי ון im Talm. — bez. ein. Ort bei d. Tal Siloah, wo verm. Ant. Epiph. ein griech. Götterbild aufgestellt hatte.
Gadora b. Eus. ein Df in d. Ggd v. Jerus.
b. Ptol. nennt Gadora neb. Gadara u. Gerasa eine St. in Coelesyrien in gleichen Graden wie Dion u. Pella.
Gai u. Gaja s. Ijim.
Galanis u. Gamale, zwei phoenik. Städte, soll nach Plin. II, 93 das Meer verschlungen haben.
Galasa s. Garasa.
Galbaoth s. Najoth.
Galed s. Gilead.
Galem hat ein Cod. der LXX a. eine St. v. Juda in Jos. 15, 59. Vgl. Gallim.
Galemath s. Almon.
Galgala s. Gilgal.
b. s. Telaim.
Galilaea — גליל in Jos. 20, 7; LXX u. Vulg. Galilaea; in Jes. 8, 23 גליל הגוים, LXX Γ. τῶν ἐθνῶν; Vulg. G. gentium — hiess urspr. nur d. Norden des Gebietes Naphthali, später d. ganze N. v. Palaestina zw. Samaria u. Libanon. N. Jos. enthielt dieses Land zu seiner Zeit 204 Ortschaften. Selbst d. Dörfer hatten in d. blühenden, stark bevölkert. Land ihre Schulen. Vgl. Mark. 6. Unter Her. Agr.

war G. mit Peraea verbunden. Das h. Gholil zerfällt in Belad Beschära u. es Schagûr.
Galil. Meer s. Kinnereth.
Gallim — גלים in 1 Sam. 25, 44; LXX Γαλλειμ; Vulg. Gallim; b. Jos. Ant. VI, 13, 8 Gethla; v. E. u. H. bei Akkaron gesucht — war ein Ort in Benjamin; aus ihm stammte Palti, Michals zweiter Gatte. Das Bêt-Ghallim b. Schw. ist sonst unbek.
b. In Jes. 10, 30 — LXX u. Vulg. wie vorher; E. u. H. kennen ein Agallim 8 r. M. v. Areopolis: d. Talm. spielt mit גלים בת u. בי גילים, d. i. Israel — bez. G. einen Ort in Moab.
c. Das Gallim b. E. u. H. eine St. in Juda, ist n. SV. in Bêt Ghala b. Bethlehem zu erkennen.
Gamala, eine feste Bergst. am östl. Ufer d. Sees v. Tiberias, lag n. Jos. b. j. IV, 1, 1 grade der St. Tarichaea gegenüber. Den Namen hat d. St. v. d. kamelförmig. Bergrücken, auf dem es von tiefen Schluchten umgeb. lag. Ihre Umgebung hiess n. Jos. Ant. XVIII, 5, 1 Gamalitis. Vespasianus zerstörte die Feste so, dass ihre Stelle bis heute nicht festgestellt ist. Man vgl. Ghemaleh od. Ghamlet od. Ghemleh n. v. Fik; aber dieser Ort liegt nicht am Meer. Schum. denkt an el Ehsûn, Fu. an Käs el Hûl, Andd. an Kal'at el Hösn. Vgl. Tob.
b. Plin. u. d. Talm. — גמלא — kennen ein Gamala in Galilaea

auf einem Berge, der den v. Sebaste noch überragte.
c. s. Kaphar Gamala.
d. s. Almon.

Ganea s. Negiel.

Gareb u. Garen s. Gibeath G. b. Im Talm. ein Ort 3 Min. v. Silo, wofür Neub. Jerus. lesen will. Er vgl. Gibeath G. u. W. Gareb, w. v. Jerus. Vgl. Garob.

Garis — b. Jos. Vita 74; b. j. III, 6, 3 — war ein Df b. Sepphoris, wo Jos. mit Vespasians Heer zuerst zusammenstiess. Guér. hält G. gl. Garsis u. vgl. d. h. Rĕneh.

Garizim — גרזים in Deut. 11, 29 Berg d. Segens; d. Samar. Cod. hat in Deut. 27, 4 statt Ebal „G", weil d. Jud. diese Stelle gefälscht haben sollen; b. Plin. verm. Angaris, regio per oram Samaria; im Itin. Hier. Agazarem, wo Abraham geopfert u. Josua einen Tempel errichtet hatte — ein Bg im N. v. Sichem, auf dessen Höhe Justinianus eine achteckige K. bauen liess, um w. sich eine ganze St. lagerte. H. Gh. et Tor od. Gh. Hisan.

Garob — גרוב im Talm. — 3 Mil. v. Silo entf. Guér. erkennt in ihm Alexandrinum, h. Kh. Gurabeh ¼ M. w. v. Singhil. Vgl. Gareb.

Garsis — b. Jos. b. j. V, 11, 5; im Talm. גרסים — war eine St. in Galilaea, Heimat d. R. Jchoschua. Vgl. Garis.

Gasiongaber s. Ezeon Geber.

Gath — גת in Jos. 13, 3; KS. haben Giimtu Asdudiimmu; LXX Γεϑαιος, Vulg. Gethaeus im Patron.; b. Jos. bald Gitta, bald Jpan (?); E. u. H. setzen Geththa od. Geth 5 r. M. v. Eleutheropolis in d. Richtg auf Diospolis — war eine Hauptst. d. Philister, d. Heimat Goliaths, ein Zufluchtsort Davids, der d. St. hernach eroberte u. befestigte. Später wd G. zerstört u. vergessen. Vgl. Am. 1, 7; Zeph. 2, 4. Es wd vgl. Bēt Ghibrin, Kh. Gath od. Jatta nw. v. Bēt-Ghibrin, Dhikrin; N. a. Pl. suchen seine St. in Tell es Safieh.

b. **Gath Hahepher** — גת החפר in Jos. 19, 13; in LXX Gethaepher, Vulg. Gethhepher; im Talm. גבתא od. גבתא u. חפרה — war ein Ort in Sebulon, die Heimat d. Proph. Jona, dessen Grab Hier. noch gesehen, 2 r. M. v. Sepphoris. Vgl. el Meschhed n. v. Nazareth.

c. **Gath Rimmon** — גת רמון in Jos. 19, 45; b. LXX u. Vulg. Gethremmon; n. Eus. 12 r. M. v. Diospolis, n. Hier. 10 r. M. v. Eleutheropolis, verm. also in d. Mitte beider Orte — war eine Levitenstadt in Dan. Vgl. Dēr el Aschik od. Dēr Dubban.

d. **Gath-Rimmon** — in Jos. 21, 45; b. LXX u. Vulg. wie vorhin; in 1. Chron. 6, 55 Bileam gen. — eine Levitenst. in Manasse.

Gatheth s. Gaba.

Gathun — בית רנית im Talm. — war ein Ort in Galilaea, h. Kh. Ghathūn ö. v. el-Kabri am W. Gh.

Gaulame Klima s. Golan.
Gaulana, Gaulanitis u. **Gaulon** s. Basan u. Golan.
Gavala s. Gebal.
Gaver s. Gur.
Gaza — עזה in Gen. 10, 19; KS. Hazzat od. Hazzut; LXX u. Vulg. wie d. Urt.; d. alte Name soll Minos gewesen sein; b. Herod. Kadytis — eine Hauptst. d. Philister, wd Juda zugeteilt, von ihm erobert u. wieder verloren. David machte G. mit ganz Philistaea sich untertan; bald nach ihm wd es wieder selbständig, dann v. Pharao Necho, endl. v. Alex. d. Gr. unterworfen. Caes. Aug. schenkte d. St. an Herodes, aber zu Zeiten der Apostel lag sie wüste (Akt. 8, 26). Die St., w. $\frac{1}{2}$ M. v. Meer entf. lag, hatte zwei Hafenst., Anthedon u. Majumas, unter denen M. so bedeutend war, dass sie in chr. Zeit ihren eigenen B. hatte. N. Sozom. gab ihr Constantin M. d. Namen Constantia; aber noch im 5. Jahrh. hatte sie mehrere Tempel heidn. Götter. H. el Gazze.

b. In 1 Chr. 7, 28 — LXX Gaza, Vulg. Aza, so auch L. — muss ein Gaza angenommen werden, das in d. Nähe v. Sichem lag.

c. In 1. Makk. 9, 52 wird Gaza eine St. gen., w. der Syrer Bacchides befestigte; b. Jos. Ant. XIII, 1, 3 Gazara gen. S. Geser.

Geba s. Gaba.
b. s. Gebim.
Gebal — הַר־יִ הַגִּבְלִי in Jos. 13, 5; b. LXX γῆ Γαβλι, in Vulg. ausgelass.; in 1 Reg. 5, 32 הַגִּבְלִים, LXX Γιβλιοι, Vulg. Giblii; in d. KS. Ir Gabalai; b. Plin. Gabale; im Itin. Hier. Gavala; b. Phokas Zebelet; b. E. u. H. Gabli u. Gambli n. d. LXX, während d. andd. Griechen d. St. Byblus nannten — war eine alte St. der Phoenikier, w. geschickte Steinmetze u. Zimmerleute lieferte, die schon für Salomos Tempelbau Holz u. Steine bereiteten u. d. Tyriern Schiffe bauten. Adoniskultus. Während Palaeobyblus 1 M. landeinw. lag, war d. jüng. B. eine Hafenst. Erstere ist verschwund., die and. ist im h. Gbebil erhalten.

b. In Ps. 83, 8 ist G. — LXX u. Vulg. ebenso — ein Teil v. Edom, d. bei Jos. Gobolitis, b. Eus. Gebalene, b. E. u. H. Allud od. Allus, b. Steph. Byz. Gebala heisst. Jos. bezeichnet das Land zur Seite v. Petra als Wohnsitz d. Amalekiter. Vgl. Jud. 1, 36. H. Ghebal.

c. s. Ebal.
Gebath s. Gibbethon.
Gebena u. **Gebin** s. Gaba.
Gebim — גֵּבִים in Jes. 10, 31; b. LXX Gibbeir, Vulg. Gabim; E. u. H. verweisen auf Geba 5 r. M. n. v. Gophna — war ein kl. Ort in Benjamin; h. Ghibija nw. v. Ghifna.

Gebul — גְּבוּל im Talm. — ein Ort in Galil., h. Ghabbul od. Ghebbul zw. Bēsan u. Kaukab el Hawa.

Geder — גֶּדֶר in Jos. 12, 13;

LXX u. Vulg. Gader — war eine kananit. Königst. zw. Debir u. Horma gen. Man vermut. in ihm Beth-Geder od. Migdal-Gad. Vgl. Kh. el Mogh im W. el Milh. b. s. Gadara.
Gedera — הגדרה in Jos. 15, 36; b. LXX Gadera, Vulg. Gedera; b. Jos. Gadara, b. Strabo Gadaris; b. Eus. Gadira, Hier. Gaddera, circa Terebinthum — war eine St. auf d. Whang des Gebirges Juda. Sie heisst auch Gederoth u. Gederothaim. Vgl. Kh. Ghedireh $1^{1}/_{2}$ M. sö. v. Liddi.
b. In 1. Chr. 12, 4 eine St. in Benjamin. Cond. vgl. Ghedireh 1 M. nw. v. Jerus.
c. In Jerus. 49, 3 ist גדרות nicht als Ortsname zu fassen, sondern besser mit Vulg. per sepes zu übersetzen.
Gederoth und Gederothaim s. Gedera.
Gedor — גדר od. גדור in Jos. 15, 58, ebenso b. LXX u. Vulg.; 1 Makk. 15, 39—40 weist auf einen Ort bei Jamnia; E. u. H. kennen ein Kedus od. Gedrus 10 r. M. sö. v. Diospolis, wo h. Tell Ghezer — war eine St. auf d. Gebirge Juda. Vgl. Kh. Ghedur n. v. Hebron.
b. In 1 Chr. 4, 39 ist G. ein Ort in Simeon.
c. Der Talm. kennt ein G. bei הר בכי d. i. Machaerus.
Gedud — גדד im Talm. — ein Ort in Asser, verm. gl. Jedut. Vgl. Migdal-G.
Geharasim — גי חרשים in Neh.

11, 35; b. LXX γη ἀρασειμ, Vulg. vallis artificum — war ein Ort in Benjamin, der früher zu Juda gehörte. Vgl. Kh. Hirschah sö. v. Jalo.
Geenna s. Jerus.
Gelil — קצרא דגליל in Talm. — soll ein Ort in Galil. gewesen sein, h. Kh. Ghelil ö. v. ez Zib. Besser: Kazara in Galilaea.
b. Im Chron. Sam. ein Ort an d. Grenze v. Samaria, h. Ghelil 2 M. n. v. Jafa.
Geliloth — גלילות in Jos. 18, 17; LXX Galiloth, Vulg. tumuli — war ein Ort in Benj. b. Adummim.
Gella s. Hilen.
Gelmon s. Gilo.
b. s. Almon.
Gemas b. Jos. b. j. II, 12, 3 ein Df in d. Ebene v. Jesreel.
Gemelah — גיאבלה in 2 Sam. 8, 13; LXX Gemelach; Vulg. vallis salinarum; Eus. u. H. Gemela — bez. n. Einigen d. südl. seichten u. sumpfartigen Teil d. t. M., der nur bei bes. hohem Wasserstand überschwemmt wird. Wie es damit zu Davids Zeiten stand, davon wissen wir gar nichts. Vgl. el Sebkha.
Besser sucht man d. Salztal in ein. westl. Seitental d. t. M., wo es an Steinsalz nicht fehlt, od. in d. W. Garandel. Vgl. 2 Reg. 14, 7.
Gemmaruris b. Ptolem. ein Ort in Idumaea. Vgl. Kh. Ghemrura.
Geneth — in d. Listen v. Kar-

nak — wird erkannt in Kafr Ghinnis, einem Kh. n. v. Ludd.

Genezareth u. Gennesar s. Kinnereth.

Gephar s. Epha.

Gephrys b. Polyb. eine St. in Peraea, w. Ant. Ep. 218 a. Chr. eroberte, nachdem er zuvor Pella u. Kamon eingenommen.

Gerar — גְרָר in Gen. 10, 19 u. a.; b. LXX u. Vulg. ebenso; in 2 Makk. 13, 24 Gerra; b. Ptolem. Gerassa; n. E. u. H. 25 r. M. s. v. Eleutheropolis; im Talm. גְדִיקִי u. גְדִין; b. Sozom. Geras — war eine philist. St., Land u. Tal — נחל גְּרָר — wo Abraham seine Heerden weidete, wo Isaak ihm geboren wd.

Von Gaza führte d. Weg nach Aegypten über Gerra (Strabo). In chr. Zeit wurde G. oder Saltus Gerariticus Sitz ein. chr. B. Auch eines Klosters gedenkt Sozom. Vgl. Kh. Umm Gherar od. Gharrar am W. el Gazze.

Geras s. Gerar.

b. s. Gilead.

Gerasa — in Mark. 5, 1 u. Luk. 8, 26 bei mehreren Codd.; b. Plin. Galasa; b. Ptol. u. Steph. Byz. eine St. v. Coelesyrien; b. Hier. ist Gadora chr. Bst. v. Pal. 1 — eine St. d. Dekapolis, wurde frühe schon mit Gadara verwechselt. Vgl. Gherasch am W. Kerwân, einem Nebenfl. d. N. Zerka.

b. s. Gergesa.

Gerassa s. Gerar.

Gerba s. Gaba.

Geres — גֵרֶשׁ in 1 Sam. 27, 8 Ketib; LXX u. Vulg. Gessur; Hier. hält G. gl. Gerra od. Gerar — war eine St. u. Landschaft im S. d. gel. Landes. Schw. vgl. Bēt Ghirzi od. Bēt Ghargha nö. v. Gazze.

Gergesa — in Matth. 8, 28, besser Gerasa; zur Zeit d. Hier. ein viculus — war eine heidn. St. am Ostufer d. galil. M. Vgl. Kh. Kersa od. Kursi s. v. d. Mündg d. W. es Semak u. Kh. es Sur.

Geroda — im Itin. Ant. zw. Eumari u. Thelseae, in Not. eccl. Kuradorum eccl. gen. — war eine chr. St. im O. d. Antilibanon. Vgl. Gherûd.

Gerophna — גְרוּבְנָא im Talm. — ein Berg in Pal., auf welchem das 3. Zeichen d. eingetretenen Neumondes gegeben wurde.

Gerra s. Gerar.

b. s. Geser.

Gerrha — b. Polyb; später Angaria gen. — eine a. St. am Marsyas, d. h. in Coelesyrien inmitten vieler Sümpfe. Vgl. 'Anghar u. Meghdel 'Anghar mit Neb'a A.; n. Andd. Raschêja.

b. B. Ptolem. eine St. in Batanaea in gleichen Breiten wie Edera u. Nelexa.

Gerufna s. Gerophna.

Geruth Kimham — גֵרוּת כִּמְהָם, Ketib גברות in Jer. 41, 17; b. LXX Geberothchamaam; Vulg. peregrinantes in Chamaam; b. Eus. Chamoar; b. Hier. Chamoan — war eine ländl. Besitzung b. Bethlehem.

Geser — גֶזֶר in Jos. 10, 33 u. a.; b. LXX u. Vulg. Gazer; b. Makk. u. Jos. Gazara; b. Ptol. Gazorus; E. u. H. kennen Eser od. Gazer od. Gazara 4 r. M. n. v. Nikopolis; im Talm. גוּדְיָא — war eine phoenik.-kananit. Königst., die den Leviten zufiel. Später nahm sie Salomo als Mitgift der Tochter eines Pharao v. Aeg. u. baute sie auf. Der Syrer Bacchides befestigte sie. Vgl. Tell el Ghezer 5 r. M. nw. v. Nikopolis.

b. Das Keri in 1 Sam. 27, 8 — b. LXX u. Vulg. Gessur — weist auf ein Geser in S. v. Pal. hin.

Gesur — גְשׁוּר in Jos. 13, 13; b. LXX Gesur; b. Vulg. Gessur; b. Hier. Gesom — bezeichnet n. Etl. d. Land zu beid. Seit. d. Jordan zw. Hermon u. galil. M., welches Manasse zufiel, h. el Khait im W., el Gholan im O.

b. In 2 Sam. 3, 3 u. a. ist G. ein syr. Königreich, wohin Absalom zu seinem Schwiegervater Thalmai floh. Vgl. Ghisra in d. Legha.

c. In Jos. 13, 2 eine Ggd im S. v. Pal. Aber Schw. vergl. Aghur b. Dēr Dubban.

Geth u. Geththa s. Gath.

b. s. Hepher.

c. In 1 Sam. 30, 29 nennen etl. Codd. d. LXX Geth als eine St. in Juda.

Gethla s. Gallim.

Gethor s. Jathir u. Ether.

Gethremmon s. Gath Rimmon.

Gethsemane — in Matth. 26, 36, hebr. גַּת שְׁמָנִים — war ein Garten od. Gehöft am Ölberg, dahin Jesus gern Seine Jünger versammelte.

Getta b. Plin. ein Bg zw. Karmel u. Belus. Rel. will dafür Gaba od. Geba lesen.

Gezer s. Geser.

Gezeron s. Hezron.

Gezib s. Achsib.

Giah — גִיחַ in 2 Sam. 2, 24; b. LXX Gie, b. Vulg. vallis — war ein Ort auf dem Wege zur Wüste Gibeon.

Gibbethon — גִבְּתוֹן in Jos. 19, 44; LXX Gebethon; Vulg. Gebbethon; b. Jos. Gabatha; b. Eus. Gabathon; im Talm. Gibthon od. Gebath. Er sagt: מִגִּבְתָּה וְעַד אַנְטִיפַּטְרִיס שִׁשִּׁים רִבֵּי עֲיָרוֹת — war eine St. in Dan, welche von Leviten, dann von Philistern besetzt wurde. Während Nadab, Jerobeams Sohn, diese St. belagerte, wd er v. Baesa ermordet. Cond. vergl. Kibbieh nö. v. Ghimsu.

Gibea — גִבְעָה in Jos. 15, 57; b. LXX u. Vulg. Gabaa — war eine St. im Geb. Juda. H. Gheba sw. v. Bethlehem.

b. In Jos. 24, 33; b. LXX u. Vulg. Gabaath; b. Jos. Ant. Gabatha; E. u. H. kennen G. 12 r. M. v. Eleutheropolis; auch G. d. Pinehas gen. — war der Begräbnisplatz d. Hohenpr. Eleasar auf dem Geb. Ephraim zw. Gilgal u. Baal Hazor. Vgl. Awarta. Man vgl. entw. Ghibia b. Ghifna od. Gheba zw. Sannur u. Sebastijeh.

c. Gibea Sauls — in 1 Sam. 11, 4; b. LXX u. Vulg. ebenso —

od. Gibea Gottes — 1 Sam. 10, 5; b. LXX βουνος του θεου; Vulg. collis Dei; bei Jos. Gaba od. Gabathsaule — war eine St. in Benj., Geburtsort d. König Saul. Durch eine Greueltat kam sie dem Untergang nahe (Jud. 19 u. 20). Rob. vgl. Tell el Fûl n. v. Jerus. mit Kh. el Kutha.

Gibeath — גבעת in Jos. 18, 28; b. LXX u. Vulg. Gabaath; verm. gl. Geba — war eine St. in Juda, die später an Benj. fiel.
b. G-Amma — גבעת־אמה in 2 Sam. 2, 24; b. LXX βουνος 'Αμμα; Vulg. collis aquaeductus — war ein Hügel nahe der Wüste Gibeon.
c. G-Gareb — גבעת in Jer. 31, 39; b. LXX βουνοι Γαρεβ; Vulg. collis Gareb; b. Jos. Bezetha; b. E. u. H. Garen u. Gareb — war ein Hügel, n. v. Jerus.
d. G-Hachila — גבעת־החכילה in 1 Sam. 23, 19; b. LXX βουνος του 'Εχελα; Vulg. collis Hachila — ein Hügel im S. d. Wüste Siph.
e. G-Haaraloth — גבעת־הערלות in Jos. 5, 3; b. LXX βουνος των ἀκροβυστιων; Vulg. collis praeputiorum — war eine Anhöhe b. Gilgal, wo Josua d. Beschneidung vollziehen liess.
f. G-Pinehas — גבעת־פנחס in Jos. 24, 33; b. LXX u. Vulg. Gabaath Phinees; b. Eus. Gabatha; im Talm. wie in d. Schrift — ein Berg od. Wohnstätte in Ephraim, gleich Gibea, b.

Gibeon — גבעון in Jos. 9, 17; b. LXX u. Vulg., auch Jos. Gabaon, 50 Stad. v. Jerus.; n. Eus. 4 r. M. w. v. Bethel, n. Hier. 4 r. M. ö. v. Bethel — war d. Hauptst. der Hewiter, die im Bund mit Beeroth, Kaphira u. Kirjath Jearim durch List dem Bann Israels entgieng, aber dem Heiligtum Dienste leisten musste (נתינים Jos. 9, 27). N. Jos. 21, 17 wd G. eine Priesterst. in Benjamin; aber 1 Chron. 6 ist sie nicht erwähnt. Hierher kamen Stiftshütte und Brandopferaltar (1 Chron. 21, 29); hier stand noch in späterer Zeit ein Heiligtum (במה in 1 Reg. 3, 4); hier opferte u. betete Salomo (1 Reg. 9, 2). Hier, wo Josua d. Kananiter geschlagen, siegten d. Juden über d. Legionen d. Cestius Gallus. Vgl. el Ghib am W. Suleman.

b. D. Wüste Gibeon — מדבר גבעון in 2 Sam. 2, 24; LXX ἐρημον Gabaon; Vulg. desertum in Gabaon — ist ebenso unbekannt wie Giah und Gibeath Amma.

Gibethon s. Gibbethon.

Gideom — גדעם in Jud. 20, 45 b. LXX Gedam; Vulg. cum ultra tenderent — ein Ort am Rand der Wüste, wo d. Verfolgung der Benjaminiten aufhörte.

Gidgad — גדגד in Num. 32, 33; b. LXX u. Vulg., E. u. H. Gadgad; auch Gudgod gen. — war eine Lagerst. Israels nicht weit v. Ezeon Geber. Hier war eine Höhle (חר־); h. Ghudhaghidh.

Gigarta — b. Plin. V, 17 — war ein Räubernest des Libanon, das

Pompejus zerstörte. Hernach wied. aufgebaut wurde es chr. Bst. in Phoenikien. Vgl. Zägarta am W. Raschain.

Gihon — גִּיחוֹן in 1 Reg. 1, 33; LXX Gion; Vulg. Gihon — ist d. Tal im W. u. SW. v. Jerus., wo Salomo zum König gesalbt wurde. Hier befand sich nach Neh. 2, 3 עֵין תִּנִּין. S. Jerus.

Gilboa — גִּלְבֹּעַ in 1 Sam. 28, 4; b. LXX Gelbue, Vulg. Gelboe; E. u. H. Gelbus — war eine St. in Isaschar, h. Ghelbou zw. Ghennin u. Bēsan.

b. Der Berg G. — הַר בּ׳ in 1 Sam. 31, 1 — ist bekannter als d. St., die ihm d. Namen gab. Hier fiel König Saul mit seinen Söhnen. An seinem Westhang lag Jesreel, Ahabs Residenz. H. im N. Gh. Fukûa, im S. Gh. Ghelbon.

Gilead — גִּלְעָד in Gen. 31, 47 erklärt als Gal-ed; LXX βουνος μαρτυς; Vulg. tumulus testis; b. Jos. Galed u. Galada — war urspr. ein Steinhaufe als Zeuge des Bundes zw. Laban u. Jakob. Er gab später St. u. Gebirg d. Namen, das auf beiden Seiten d. Jabbok lag — אֶרֶץ ג׳ u. הַר ג׳ in Jos. 12, 2; LXX ἥμισυ της Γαλααδ, Vulg. dimidiae Galaad. Später wd G. d. Name für d. ganze Land jens. d. Jord., soweit es v. Israel besetzt war (1 Sam. 11).

Unter den Herodianern war G. ein blühendes Land mit grossen Städten, b. Jos. Galaaditis u. Galadene gen. Später wd es in Peraea einbegriffen. H. Gh. Gil ad. Berühmt war d. Balsam v. Gilead (Jer. 8, 22).

b. In Hos. 6, 8 — b. LXX, Vulg., Eus. Galaad; im Talm. גְּרִי eine St. in Gilead, h. Kh. Ghil'ad.

Gilgal — גִּלְגָּל in Jos. 5, 10; LXX u. Vulg. Galgala; u. Jos. zw. Jericho u. Jord., n. Eus. u. Hier. 2 r. M. ö. v. Jericho — lag בְּעַרְבוֹת יְרִיחוֹ, ein Ort b. Jericho, bezeichnet durch 12 Denksteine (Steinkreis). Hier feierte Israel das erste Passah im gel. Land. Vgl. Tell Ghelghul u. Birket Ghilghulia ½ M. sö. v. er Riha.

b. In Jos. 12, 23 — b. LXX Gilgal; b. Vulg. Galgal; b. Eus. u. Hier. Gelgel u. Galgulae, 6 r. M. n. v. Antipatris — ein Ort in Benj. Vgl. Ghilghilie 3 r. M. s. v. Kafr Saba.

c. In Jos. 15, 7 u. 18, 17 — die LXX hab. Galgala, Vulg. aber Galgala u. tumuli; E. u. H. Galiloth od. Baloth u. Beliloth — verm. ders. Ort wie Jos. 5, 10.

d. In 1 Sam. 7, 16 — b. LXX u. Vulg. Galgala — ist G. der Ort einer Prophetenschule in Ephraim, welche zu Zeiten eines Elia u. Elisa in Blüte stand. Hier wd Saul zum König eingesetzt, hier hatte Samuel gerichtet. Vergl. Ghilghilie 1½ M. n. v. Bētin.

Gilo — גִּלֹה in Jos. 15, 51; LXX u. Vulg. ebenso; in 2 Sam. 15, 12 גִּילֹנִי, b. LXX Gelo; b. Jos. Gelmon — war ein Ort in Juda, d. Heimat

Ahitophels. Vgl. entw. Bēt Ghala b. Bethlehem od. Kh. Ghala ³/₄ M. nw. v. Hulhul.

Gimso — גמזו in 2 Chr. 28, 18; b. LXX Gamaizai, Vulg. Gamzo; n. d. Talm. pflegte R. Nahum zu sagen: גם זו לטובה — war eine St. in Dan, sö. v. Lydda, welche die Philister wieder gewannen. H. Ghimsu od. Gh. Fellahin, 1 M. ö. v. Ramleh.

Ginaea s. En Gannim.

Ginglymota nennt Steph. Byz. n. Hekat. eine St. in Phoenikien. Th. de Pinedo liest Gingrymota u. deutet d. Namen „Tod d. Adonis".

Ginnabris b. Jos. b. j. IV, 8, 2 ein Df im Jordantal; verm. verschrieben für Sennabris.

Ginosar s. Kinnereth.

Girsi s. Geres.

Giskala — b. Jos. b. j. 11, 20, 6; vita 6 Γισχαλα; im Talm. Gosch Heleb od. Gusch Halab, zw. Meron u. Kaphar Anan erwähnt, Begräbnisstätte v. Rabbi Semaja u. Abtalion — war d. letzte Festung Galilaeas, welche die Römer eroberten. N. Hier. hatten hier d. Eltern d. Ap. Paulus gewohnt, ehe sie nach Tarsus zogen. H. el Ghisch nö. v. Gh. Ghermak.

Githaim — גתים in Neh. 11, 33; b. LXX u. Vulg. Gethaim; n. E. u. H. liegt Githam zw. Antipatris u. Jamnia — war eine St. in Benj. b. In 2 Sam. 4, 3 scheint ein and. G. gemeint zu sein, wo Einw. von Beeroth eine Zufluchtstätte fanden.

c. In Gen. 36, 35 haben d. LXX Getthaim für עוית.

Gittha od. Gitta — Ghethu in d. Listen Thothmes III; sonst b. Polyb.; Akt. 8, 9; Just. Mart., Epiph., Steph. Byz. — war d. Heimat d. Simon Magus, mitten zw. Samaria u. Caesarea gel. H. Ghett od. Karjet Gh. üb. d. W. en När.

b. Eine Burg G. in d. Ggd v. Machaerus erwähnt Jos. b. j. I, 17, 2.

Goa — גוה in Jer. 31, 39; b. LXX κυκλος ἐξ ἐκλεκτων λιθων; Vulg. Goatha — im O. v. Jerus., n. Einig. ברכת עייתא, n. Andd. der Bg, auf dem d. Burg Baris stand.

Gob — גוב in 2 Sam. 21, 18; d. LXX hab. Gob od. Nob; Vulg. Gob; 1 Chr. 20, 4 steht dafür גזר b. LXX u. Vulg. Gazer — wird als eine St. der Philister genannt.

Gobolitis s. Gebal.

Gola s. Alwa.

Golan — גולן in Deut. 4, 43; b. LXX Gaulon; Vulg. Golan: b. Jos. Gaulana — war eine Leviten- u. Freist. in Manasse, noch zu Eus. Zeit ein sehr gr. Df, h. verm. Salem el Ghōlān zw. d. N. el 'Allān u. W. el Ehrēr.

b. Das Land ö. v. Galilaea erhielt d. Namen d. St., b. Jos. Ant. XVIII, 1, 1; b. j. IV, 1, 1 Gaulanitis, h. Ghōlan. Vergl. Basan.

Hierher wird auch d. Gaulanis od. Gaulame Klima zu beziehen sein, das in Not. eccl. als ein Bistum gen. wd, das unter dem Archiepisc. v. Bethsean stand.

Golgatha — גלגלתא gl. גלגלת — in Matth. 27 u. a. hiess ein Hügel vor Jerus., auf dem d. Kreuz unseres Heilandes stand. Vgl. Jerus.

Gomoha in Not. dign. eine Stat. röm. Soldaten in Arabien, neben Auatha gen.

Gomorrha — עמרה in Gen. 13, 10 u. a.; b. LXX u. Vulg. ebenso — und die andd. St. im Siddimtale wurden von Kananitern bewohnt, die sich besonderer Greueltaten schuldig gemacht hatten. Ihr plötzlicher Untergang, der durch Erdbeben mit Entzündung zahlreicher Naphthaquellen und Erdsenkungen erfolgte, führte zu einer Vergrösserung des Salzmeeres. Wilson u. Palmer meinen, Gom. u. d. andd. St. hätten d. nördl. Teil d. t. M. eingenommen, weil Abraham u. Lot diese Ggd v. d. Bergen zw. Ai u. Bethel sahen; aber tatsächl. sieht man von hier fast d. ganze t. M., sicher nicht nur d. nördl. Teil.

Strabo nennt diese Ggd Moasada; vgl. Mosada. Schneller kennt ein Gamura bei Gh. Usdum u. berichtet die Meinung der Araber, Gom. habe in d. jetzigen Mitte des t. M. gelegen. Bei starken Stürmen würden die Reste der St. sichtbar.

Gonias κωμη in Not. eccl. ein Bsitz der arabischen Eparchie.

Gopatata s. Jephthah-El.

Gophna s. Aphen.

Gophnith — גופנית im Talm. — eine St. in Pal.

Goren haatad — גרן האטד in Gen. 50, 10; LXX ἅλων Ἀταδ; Vulg. area Atad; b. Hier. locus trans Jordanem, qui nunc vocatur Bethagla, 3 r. M. v. Jericho, 2 r. M. v. Jordan — heisst ein Ort jens. d. Jordan, gegenüber Jericho.

Gosch Heleb s. Giskala.

Gosen — גשן in Jos. 10, 41; b. LXX Gosom, Vulg. Gosen — bez. ein Land zw. Gaza u. Gibeon. b. In Jos. 15, 51; b. LXX u. Vulg. wie sub a — bedeutet G. eine St. im südl. Gebirg Juda.

Graena s. Karniou.

Grundtor s. Jerus.

Gub — גוב im Talm. — ein Ort b. Askalon.

Gubatha s. Gath Hepher.

Gudgod s. Gidgad.

Gulloth — גלת in Jos. 15, 19; b. LXX Golathmaim; ebenso b. E. u. H.; Vulg. irriguum — bezeichnen Quellorte im südl. Juda, כליות u. התחית, welche Kaleb seinem Schwiegersohn Athniel gab.

Gur — כעלה גיר in 2 Reg. 9, 27; b. LXX Gur; Vulg. Gaver — ein Ort in d. Nähe von Jibleam, wo Ahasja, d. König v. Juda, getötet wd. Cond. vgl. Kh. Kara w. v. Jebla.

Gurbaal — גיר בעל in 2 Chr. 26, 7; b. LXX ἡ πετρα; Hier. Gurbaal — war eine St. an d. Südgr. v. Pal., welche d. König Usia bekriegte.

Gusch Haleb s. Giskala.

Gynaekopolis b. Steph. Byz. eine St. der Phoenikier; ob in Phoenikien?

II.

Haatad s. Goren H.

Haberim — הברים in 2 Sam. 20, 14; b. LXX παντες ἐν Χαρρι od. ausgelassen; b. Vulg. viri electi, d. i. הבחורים; im Talm. auch ein Ortsname, n. Schw. gl. Biri u. Birja — ist immer noch zweifelhaft. Bedeutet es einen Ortsnamen, so kann man Birja n. v. Safed vergleichen.

Hachila — חכילה in 1 Sam. 23, 19; b. LXX, Eus. u. Hier. Echela; Vulg. Hachila; b. Jos. Sekela; n. E. u. H. 7 r. M. v. Eleutheropolis — war ein Hügel im S. d. Wüste Siph, wo König Saul von David im Schlafe überrascht u. verschont wurde. Schw. vgl. Bēt Khakhal d. i. Bēt-Iskahil; Cond. Dahmet el Kolah sö. v. el Khalil.

Hadadrimmon — הדד רמון in Sach. 12, 11; b. LXX Roon; Vulg. Adad Remmon; als Bsitz v. Pal. II Maximinianopolis, im Itin. Hier. Maxianopolis — war eine St. im Tale Megiddo, wo man d. Königs Josia frühen Tod beklagte. Eine Klage Judas u. Jerus. über dieses traurige Ereignis bezeugen 2 Chr. 35, 24—25, dazu d. Klage d. Proph. Jeremia u. der Sänger, so dass „eine Gewohnheit daraus ward in Israel". Es ist sehr witzig, wenn man d. Proph. Sach. unterschiebt, er habe den Bürgern zu Jerus. d. Nachahmung der Adonisklage anempfohlen. Vgl. Rummāneh sö. v. Leghūn.

Hadasa — חדשה in Jos. 15, 37; in 1 Makk. 7, 40 u. b. LXX Adasa; Vulg. Hadasa; n. Jos. 30 Stad. v. Bethhoron; n. E. u. H. nicht weit v. Gophna — war ein Flecken in Benj., wo Judas Makk. erschlagen wd. Vgl. entw. Kh. Adasch im W. Binar od. Kh. Adasch zw. Schāfat u. Hizmeh od. mit SV. Kh. Abu Adas zw. er Ras u. Bittir od. mit N. a. Pl. Ebdis od. Eddis nicht weit v. Gaza. Vgl. Jagur.

Haderwasser s. Me Meriba.

Hadid — חדיד in Neh. 11, 34; b. LXX Adod; in 1 Makk. 13, 13 Addus; b. Jos. Addida; in Vulg. Hadid — war eine St. in Benj., nahe b. Lydda; b. el Haditeh zw. Ghimsu u. Bēt Nebāla. Vgl. Adithaim.

Hadrach — הדרך in Sach. 9, 1; LXX u. E. u. H. Sedrach; KS. Hadarakka; Vulg. Hadrach — war ein Land am Libanon u. bei Damaskus. Ein Ort Hadhra liegt nahe b. Dam.

Hadsi — חדשי in 2 Sam. 24, 6; LXX Adasai im Lande Χεττιειμ d. i. ארץ התחים; Vulg. Hodsi — war eine St. d. Ebene neben Sidon, Dan-Jaan u. a. Hierher war der Zug Joabs gerichtet.

Hakeldama s. Blutacker.

Halamis — הלמיש im Talm. — ein Ort b. Newe, der die in N.

wohnenden Juden anfeindete; nach Einig. gl. Zanamin d. i. Sannamēn.
Halascola s. Hazar Sual.
Halhul — חלחל in Jos. 15, 58; LXX Alul: Vulg. Halhul; Hier. kennt ein Df Alula; n. jüd. Übrlfg ist hier d. Proph. Gad begraben, dessen Schriften mit denen Nathans verloren scheinen (1. Chr. 29, 29) — war eine St. im Geb. Juda, h. Kh. Hulhul od. Halhul ½ M. n. v. Hebron.
Hali — חלי in Jos. 19, 25; b. LXX Ali, Vulg. Chali; Eus. Oli, Hier. Ooli; Schw. vgl. Helmon — war eine St. an d. Grenze v. Asser. N. a. Pl. weisen auf Kh. 'Alia 3 M. nö. v. Akko hin.
Halson s. Porphyreon.
Ham — חם in Gen. 14, 5; b. LXX בהם ἅμα αὐτοις; Vulg. cum iis — war die Heimat der Susim od. Riesen. Man vgl. Hemēmāt ½ M. n. v. Rabba.
Hamath — חמה in Jud. 3, 3; b. LXX Laboemath d. i. לביא חמי; Vulg. introitus Emath; Am. 6, 2 חדרבה; LXX Aimathrabba, Vulg. Emath magna; in d. KS. Ir Hamathi; in Ez. 47, 16 b. LXX Μαωσϑηρας; b. Jos. Amatha, ibre Umgebung Amathitis, ebenso 1 Makk. 12, 25, aber auch Epiphania, ein Name aus d. makedon. Zeit; b. E. u. H. Emath; n. d. Itin. Ant. 32 r. M. n. v. Emesa; im Talm. אפמיא u. אנטוביא — war eine Königst. d. hamit. Hethiter auf beiden Seiten d. mittl. Orontes. Ihr König Jochulena stritt mit elf and. Königen gegen Salmanassar II u. wurde unterworfen. H. wieder Hamā gen.

b. In Jos. 19, 35 חמת רקת; b. LXX Amath u. Rakath; Vulg. Emath et Reccath; in Jos. 21, 32 eine Levitenst. הר-ראי; b. LXX Amathdor, Vulg. Hamoth Dor, w. in Chr. 6, 61 Hammon, b. LXX Chamon, Vulg. Hamon heisst; in d. KS. Hamatav; b. Jos. bald Thermae, bald Ammaus gen.; im Talm. Hamatha od. Hemthan — war eine Levitenst. in Naphthali nahe der Stelle, wo später Tiberias gebaut wurde, näml. ¼ M. n. v. d. heissen Schwefelquellen, w. d. St. d. N. gaben. H. **Hammam Ibrahim Bascha**.

c. In Num. 13, 21 — LXX Aimath, Vulg. Emath — wird H. ein Ort zw. Rehob u. Hebron sein, indem d. 12 Kundschafter nur den Süden v. Pal. u. seine Berge erforschen sollten (Num. 13, 17); auch eine Fussreise v. d. Wüste Paran bis Hamath, a. schwerlich in 40 Tagen hin und zurück auszuführen ist.

d. E. u. H. kennen noch ein Hamath 21 r. M. s. v. Pella. S. **Amathus**.

e. Hamath Rabba s. Hamath, a.

Hamez s. Emesa.
Hammon — חמין in Jos. 19, 28; LXX Amon; Vulg. Hamon; im Talm. ביה כול — eine Levitenst. zw. Asser u. Naphthali. Nicht Hammana im Libanon, auch nicht Hamūl sö. v. Iskanderūneh

ist zu vergleichen, sondern Kh. Umm el Amūd; denn hier wurde eine Inschrift gefunden: למלך עשׂרה אל חבן.

Hammoth Dor s. Hamath, b.

Hamon — הביו in Ez. 39, 11; LXX πολυανδρων; Vulg. multitudo — wird keine geographische, sondern symbol. Bezeichnung des Ortes sein, wo Gog u. Hamon sollen begraben werden.

Hanana s. Beth-Rehob.

Hananel — הננאל in Sach. 14, 10; LXX Anameel, Vulg. Hanameel, E. u. H. gl. LXX — ist kein Turm, sondern Erbauer eines Turmes. Vgl. Jerus.

Hanathon — חנתון in Jos. 19, 14; LXX Annathon, Vulg. Hanathon, b. Eus. Anathoth, Hier. Anathon; vgl. Anatha; im Talm. כפר־חנן od. כ־חבינא od. כ־הנניה — war eine St. in Sebulon. Cond. vgl. Kafr Anēn sw. v. Safed.

Hanekeb s. Nekeb.

Hanotha — חניתא im Talm. — ist nicht mit Hanaweih zu vgl., sond. mit Kh. Hanuta bei Tell el Ful (geg. Neub.).

Hanuta — הנוכא im Talm. — war ein Ort in Galilaea, h. Kh. Hanuta nö. v. el Bassah.

Hapara — הפרה in Jos. 18, 23; LXX Phara; Vulg. Aphara; E. u. H. Chephri; vgl. aber Phara — war eine St. in Benjamin, die erst in chr. Zeit berühmt wurde. Im 5. Jahrh. p. Chr. gründete hier d. hl. Euthymius sein Pharan, eine gr. Laura, die aus vielen Höhlenzellen im W. Farah bestand. Seinen Namen trug ein Kloster, das ½ M. weiter östl. lag; andere den d. Theotokos u. Theoklistus.

Haparaim — חפרים in Jos. 19, 19; b. LXX Apheraim, Vulg. Hapharaim; E. u. H. kennen ein Aphraim od. Affarea 6 r. M. v. Legio; im Talm. עפרים berühmt durch seinen Weizen — war eine St. in Isaschar; vgl. Kh. Farrieh zw. Tell Kaimōn u. Khan Leghūn.

Harabba — הרבה in Jos. 15, 60; LXX h. Rabba; Vulg. Archba; Eus. Aremba — wird neben Kirjath-Jearim als eine St. in Juda gen. Vgl. Kh. Rabba od. Rubba ö. v. Bēt Ghibrīn.

Harbel — הרבל in Num. 34, 11 mit ה; in LXX ὅρια Βηλα; Vulg. in Rebla — war ein Ort an d. Ostgr. v. Kanaan. Vgl. 'Arbin nö. v. Damaskus.

Harem — חרם in Jos. 19, 38; b. LXX Horam, Vulg. Horem; b. E. u. H. Oram — war eine St. in Naphthali. Cond. vgl. Kh. Harah zw. Meghedel u. Ainita.

Harer — חרר in Jer. 17, 6; b. LXX ἅλιμα; Vulg. siccitas — heisst eine wellige Ebene ö. v. Haura, bedeckt mit scharfen Lavatrümmern, h. el Harrā.

Hareseth s. Kir Hareseth.

b. Hareseth Hagojim — חרשת הגוים in Jud. 4, 2; b. LXX 'Ἀρισωθ τῶν ἐθνῶν, b. Vulg. Haroseth gentium — war eine St. in גליל הגוים (Jes. 8, 23) d. i. in Galilaea. Schw. verweist auf ein untergegangenes Df Ghirsch über d. Ghisr benat Jakūb; Andd. auf Harothija am Karmel, Guér. auf Haris b. Tibnin.

Hareth — הרת in 1 Sam. 22, 5; b. LXX πολις Χαρηϑ, b. Vulg. saltus Haret; Eus. nennt ein Df Arith w. v. Jerus. — war ein Wald im Geb. Juda, dahin David vor Saul floh. Cond. vgl. Kharās nw. v. el Khalil.

Harim s. Zarathan.

Hariph od. Haruph — חריף in Neh. 7, 24; b. LXX Arim, Vulg. Hareph; חרי״ in 1 Chron. 12, 5; LXX Aruph, Vulg. Haruph — war ein Ort in Juda. Vgl. Kh. Kharūf nw. v. Hebron.

Harma — חרמה in Num. 14, 45; LXX Herma, Vulg. Horma; b. Eus. Ermane, Hier. Arma u. Erma; in 1 Sam. 30, 30 b. LXX Herma u. Jerimuth, Vulg. Arama — war eine kan. Königst. in Simeon, wo das eindringende Israel zurückgeschlagen wd. Früher hiess d. St. Zephath. Man vgl. den Pass es Sufat od. Kh. Esbaita od. Sebata. S. Ormiza.

Harmageddon s. Megiddo.

Harod — חרד in Jud. 7, 1; b. LXX Arod, b. Vulg. Harad; b. Eus. Areth? — war ein Ort in Jesreel, an dessen Quelle Gideon lagerte, ehe er die Midianiter angriff. Man sucht d. Q. in 'Ain Ghalud, Cond. in 'Ain el Ghem'ain b. Bēsan.

Haroseth s. Hareseth.

Harsusim s. Hazar Susa.

Haruph s. Hariph.

Hasmona — חשמנה in Num. 33, 29; LXX Assemona, Vulg. Hesmona; Eus. gl. LXX — war ein Rastort Israels in d. Wüste nahe d. Berg Hor.

Haspheja — חספיא im Talm. — das h. Hasbēja, eine St., die n. d. Talm. keine Steuern zu zahlen hatte.

Hasta in Not. dign. Standort einer röm. Besatzung. Vgl. Esthaol.

Hatita wird ein Ort im Gebiet Ammon genannt; vgl. Kal'at el Hasa. S. Adittha u. Lasa.

Hattolim s. Etulim.

Hauana od. Hauare in Not. dign. eine röm. Mil.-Stat., wo equites indigenae lagen. Rel. vgl. d. Avara d. Ptol.

Hauran — חורן in Ez. 47, 16; ebenso in d. KS., b. LXX u. andd. Griech. Auranitis, Hier. Aurau; das Gebg nannten d. Griech. später Alsadamus — war eine aram. Landschaft s. v. Damaskus, mit vielen Bergen. N. d. Talm. wurden auf einem Bg Horen od. Hauran die Neumonde angezeigt. Das Gebirg h. Hauran, d. vorliegende Ebene Ard el Betenijeh.

Hawran od. Averia od. Euria war eine chr. St. ö. v. Antilibanon, h. Hawarin nw. v. Karjatēn.

Hawoth Jair — חות יאיר in Num. 32, 41; LXX ἐπαυλεις Ἰαιρ; Vulg. villae Jair; b. Eus. wie im Text — war ein Teil d. Landschaft Argob in Basan. N. Jud. 10, 3—5 hatte

Jair 30 Söhne und gewann v. d. Syrern 30 Städte. Er empfing sein Erbteil in Manasse, obw. er v. Juda abstammte, u. soll daher sein Gebiet „Juda jens. d. Jord." heissen. Vgl. Jos. 19, 34 u. Matth. 19, 1. Thomson will dieses Land im Kh. Sejid Huda Ibn Jakûb gefunden haben.

Hazar in 1 Makk. 11, 67, b. Jos. Asor — war eine Ebene nahe am Galil. Meer.

Hazar-Adar — חצר־אדר in Num. 34, 4; b. LXX ἐπαυλις Ἀραδ, Vulg. villa Adar — war eine Ortschaft im südl. Juda.

Hazar-Enon — חצר־עינן in Num. 34, 9; b. LXX Asernain: Vulg. villa Enan; b. Eus. Henan ὁριον Δαμασκου; Hier. Eman — lag an d. Ngrenze Pal'. Einige vgl. Karjatēn: Cond. ʿAin el Asi, Schw. Dar Kanon d. i. Dēr Kanūn am W. Barada.

Hazar-Gadda — חצר־גדה in Jos. 15, 27; b. LXX u. Vulg. Asergadda; b. Eus. zwei Orte; Cler. vgl. Adada — war eine St. in Juda.

Hazar-Hathichon — חצר התיכן in Ez. 47, 16; b. LXX Εὐραυ και του Εὐραυ, daneb. viele Varianten, Vulg. domus Tichon — zw. Hazar-Enon u. Zedad, ein Grenzort Pal. im NO; etwa wo h. Mahin b. Hawarin.

Hazar-Sual — חצר־שועל in Jos. 15, 28; b. LXX Asarsula; Vulg. Hasersual — war eine St. im südl. Juda, neb. Beerseba gen.

Hazar Susa — חצר־סוסה in Jos. 19, 5; b. LXX Asersuzim; Vulg. Hasersusa; in 1 Chr. 4, 31 חצרסוסים; b. LXX ἡμισυ Σωσιμ; Vulg. Hasarsusim — war eine St. in Simeon; vgl. Kh. Susin s. v. Gaza od. Kh. Susijet sw. v. Hebron.

Hazerim — חצרים in Deut. 2, 23; b. LXX Aseroth, Vulg. Haserim; b. Onkelos Raphia — war ein alter Wohnort der Hevaeer am Mmeer.

Hazezoth — חצרות in Num. 11, 35; b. LXX Aseroth, Vulg. Haseroth — ein Ort d. Wüste Paran. Man vgl. ʿAin el Khadra od. Hudhera 9 M. nö. v. Sinai.

Hazezon Thamar — חצצן תמר in Gen. 14, 7; LXX u. Vulg. Asasonthamar; E. u. H. kennen ein Thamar mit röm. Besatzung s. v. Hebron; nach 2 Chron. 20, 2 d. alte Name v. Engedi — war ein emorit. Wohnplatz, w. v. t. M. Man vgl. Tell Milh od. Kurnub od. Husasa nahe b. ʿAin Ghiddi.

Hazor — חצור in Jos. 11, 1; b. LXX u. Vulg. Asor; 1 Makk. 11, 67 Nasor; b. Jos. Asor oder Adora, ein Ort über d. Samachonitis; Ant. XIII, 5, 7 Ἀσωρ πεδιον; im Talm. רפיח — war d. Res. d. kanan. Kön. Jabin, der am Merom v. Josua besiegt wurde. Die St. kam in Naphthalis Los, wd v. Barak noch einmal den Kananit. entrissen u. v. Salomo n. 1 Reg. 9, 15 zur Festung d. Nordens gemacht. Tiglath Pilesar führte seine Bew. in d. Gefangenschaft

(2 Reg. 15, 29). Vgl. Tell Hazur w. v. Safed od. Tell Khurēbeh s. v. Kades od. Mergh el Hadireh am Gh. d. N. od. Kh. Harra nahebei.

b. u. c. In Jos. 15, 23 u. 25; b. LXX Asor, Vulg. Asor u. A. nova, unterschieden als הדתה u. ישנה; in KS. Azuru; in Sanheribs Siegesber. Hazor; b. Eus. Esor, b. Hier. Esron juxta desertum — zwei St. in Juda, n. Eus. eine ö. v. Askalon, die andre gl. Hezron. Vgl. Jasur ö. v. Esdad.

d. In Neh. 11, 33 — LXX u. Vulg. haben Asor — eine St. in Benj., verm. gl. Baal-Hazor. Man vgl. Kh. Asur auf d. Gh. d. N. od. Kh. Hazrur zw. Nebi Samwil u. Bēt Hanina.

Hebel — הבל in Jos. 19, 29; b. LXX σχοινισμα, Vulg. funiculum — bestimmt mit Achsib zus. d. westl. Grenze v. Asser. Man hält es gl. Heleb u. Helba; vgl. Ahelab. Man sucht es am besten in d. Ggd von Athlit, aber nicht mitt. in Galilaea.

Hebron — חברון in Num. 13, 22 u. a.; LXX Chebron, Vulg. Hebron; in Gen. 23, 2 קרית ארבע; LXX πολις Arlok, Vulg. civitas Arbee; b. Eus. Arbo od. Arko; Itin. Hier. Cebron — wd sieben Jahre vor Zoan in Aeg. gebaut. N. Hier. n. d. Talm. hat die St. ihren zweit. Namen von d. vier Patriarchen Adam, Abraham, Isaak u. Jakob, die hier begraben sein sollen.

Hier wohnte Abraham im Hain Mamre, hier kaufte er d. Höhle Machpela zu seinem Erbbegräbnis. Bei d. Verteilung d. Landes fiel H. an Kaleb, wurde Freist. u. Priesterst. u. sieben Jahre lang Davids Residenz. Rehabeam befestigte d. St., die nach d. babyl. Gefangenschaft samt der Umggd v. Edomitern besetzt wd, bis Judas Makk. diese vertrieb. H. el Khalil gen., d. i. d. arab. Name Abrahams.

Helam — חילם in 2 Sam. 10, 17; LXX Ailam, Vulg. Helam; n. Jos. ein syr. König — war verm. eine St. jens. d. Jordan, dahin David zog, gegen die Syrer zu streiten.

Helba — חלבה in Jud. 1, 31; b. LXX Elba, Vulg. Helba; in Jes. 34, 6 חלב; b. LXX σιτωρ, Vulg. sanguis; verm. auch gl. Hebel; n. F. ders. Ort wie Giskala, weil dieses im Talm. Gusch Haleb heisst — war eine St. im Gebiet Asser, welche dieser Stamm nicht besetzte.

Helbon — חלבון in Ez. 27, 18; b. LXX Χελβων, Vulg. pinguis; in 2 Makk. 13, 4 Berea; b. d. Griech. Chalybon — war eine St. in Syrien, berühmt durch ihren Wein. H. Halbūn od. Helbūn zw. Damaskus u. Baalbek.

Heldua im Itin. Hier. eine St. zw. Berytus u. Porphyreon, h. el Khaldeh od. el Khulda 1½ M. s. v. Bērūt. Hier lag verm. d. Eläa d. Steph. Byz. od. d. Elias d. Dion., das Neub. bei Gaza sucht. S. Porphyreon.

Heleb s. Hebel.

Helenopolis, in Not. eccl. eine Bst. von Pal. II, soll v. Constant. d. Gr. gegründet sein.

Heleph — חֶלֶף in Jos. 19, 33; b. LXX Mooleph, Vulg. Heleph, Hier. wieder auch Meeleb, b. Eus. Methlem; im Talm. wie im Urt. — war eine St. in Naphthali, vill. Bētlif am W. Asijeh.

Heliopolis, d. berühmte St. v. Coelesyrien, nahe d. Wasserscheide v. Orontes u. Leontes gelegen, u. Sitz eines chr. B., wd im Talm. בלבק od. בעלבך gen., wie sie noch h. heisst. Die grossartigen Tempel wurden von Caesar Ant. Pius u. seiner Gattin Julia Domna, der Tochter eines Sonnenpriesters aus Emesa, den grossen Göttern von Heliopolis geweiht, nämlich dem Baal u. der Baaltis, zu einer Zeit, wo die Herrlichkeit dieser Götter im stärksten Niedergang begriffen war. Schw. macht Salomo zum Erbauer dieser בעלה.

Helkath Hazurim — חלקת הצורים in 2 Sam. 2, 16; LXX μερις των επιβουλων, Vulg. ager robustorum — hiess ein Ort in Gibeon, wo zwölf Krieger Isboseths u. zwölf Krieger Davids einander töteten. Drake erinn. an W. el Askar zw. Ghedireh u. el Ghib.

Helkath — חֶלְקָת in Jos. 19, 25; b. LXX Chelkath, Vulg. Halcath; in 1 Chron. 6, 60 חוקק, b. LXX Jakak, Vulg. Hucac; b. Eus. Ethae; b. H. Elehath — war eine St. in Asser, die den Leviten zugeteilt wurde. Van d. V. vgl. Jerka sö. v. Akko.

Hellus s. Kesil.

Helmon od. Chelmon in Judith 7, 3; b. LXX Kyamon gen. — war eine St. in d. Nähe v. Jesreel, vill. d. a. Jakneam od. d. a. Hali. Guér. vgl. Kumieh od. el Fuleh.

Helon s. Holon.

Helu s. Jordan.

Hemath s. Hamath.

Hepha — חיפה im Talm., aber auch שיקמונא; b. d. Griechen, auch Hier. Sykaminum; in d. Bibel nicht gen. — war eine Hafenstadt am Nfuss d. Karmel; h. Haifa.

Hepher — חֵפֶר in Jos. 12, 17; b. LXX Epher; Vulg. Opher; Talm. wie im Text — war eine kanan. Königst. Judas zw. Thappua u. Aphek.

b. In 2 Reg. 14, 25 zeigt d. Name Gath Hahepher, dass auch in Sebulon eine St. H. lag, n. d. Talm. 12 r. M. v. Sepphoris, nach Hier. 2 r. M. v. Sepph. Man vgl. Meschhed nö. v. Nazareth.

Heraklea b. Plin. eine St. am Mmeer ohnweit Laodicea.

b. s. Archelais.

Herenkaru, in d. griech. Bverz. auch Renokora, Konochora, Okurura, Konokola gen., war ein Bsitz ö. v. Antilibanou, auf einer Hochebene gelegen, h. Kara 7 M. s. v. Höms.

Heres — הר הרס in Jud. 1, 35; LXX οστρακωδις od. Μυρσινων; Vulg. mons Hares; in Jud. 2, 9 תמנת־הרס; b. LXX Thamnathsarach;

Vulg. Thanmatsare; in Jos. 19, 50 תִּמְנַת־סְרָה; LXX Thamnasarach: Vulg. Thamnath Saraa; in 1 Makk. 9, 50 u. b. Jos. Thamnatha; b. E. u. H. Thamna, Thamnastara, Thamu; später Kaphar Heres gen. — war Josuas Erbteil auf d. Geb. Ephraim, wo er auch begraben wd. N. Hier. sah Paula noch sein Grab. Man vgl. Kh. Tibneh nw. v. Ghifna od. Kafr Haris b. Haris od. mit Guér. Kefil Hares.

b. In Jud. 8, 13 — b. LXX Ares, in Vulg. sol — bezeichnet H. das Ende d. Verfolgung der Midianiter durch Gideon, der über Sukkoth gezogen war; demnach ist dieser Ort jens. d. Jord. zu suchen.

c. s. Kir Hareseth.

Herija — חוריה im Talm. — soll ein späterer Name für יראלה sein, b. Rel. יראלה.

Herma s. Harma.

Hermon — חרמן in Ps. 89, 13; LXX Ermon, Vulg. Hermon; in Deut. 4, 48 שיאן, ebenso LXX u. Vulg.; in Deut. 3, 9 שניר, b. LXX u. Vulg. Sanir; ebenda שדין, b. LXX u. Vulg. Sarion; d. beid. letzten Namen waren bei d. Amoritern u. Sidoniern gebräuchl.; in d. KS. Saniru u. Sirara; im Talm. טור תלגא, auch mit dem Zusatz דקיסרין — ist ein Einzelgebirge an d. Nordgr. v. Pal., vom Libanon durch d. Tal d. Jordan, vom Antilibanon durch d. Tal d. Amana getrennt.

Die Mehrheit des Namens — חרמנים in Ps. 42, 7; b. LXX u. Vulg. Hermoniim — deutet auf d. zahlreichen Gipfel d. Geb.

Betr. d. sog. „kl. Hermon" — הר מצער Ps. 42, 7; LXX ὄρος μικρόν, Vulg. mons modicus — waltet ein alter Misverstand; denn d. Gh. ed Dahi hat mit Gh. es Schēkh od. Gh. et Thelgh gar nichts gemein, weder in alter noch in neuer Zeit.

Herodium — betr. d. a. Nam. vgl. Beth-hakerem; n. Jos. b. j. I, 21, 10 von Jerus. 60 Stad. entf. — war eine ansehnl. Festung u. Zufluchtsort Herodes d. Gr., der hier auch sein Grab fand. Hauptort ein. röm. Toparchie. Die Angabe des Jos. führt auf d. Gh. Fransawi od. Gh. el Furēdis od. Gh. Ferdus.

Am Fuss d. B. stand einst d. Kloster Agathons. Vgl. auch Chariton.

b. Reland nimmt noch ein 2. Herodion jens. d. tot. M. an.

Heropotamus s. Cheropotamus.

Hesbon — חשבון in Num. 21, 26; LXX Esebon, Vulg. Hesebon; Jos. gl. LXX; Ptolem., E. u. H. Esbus, urbs insignis in montibus, 20 r. M. v. Jord. — war d. Hauptst. d. Sihon, Königs d. Amoriter. Sie fiel erst Ruben, dann Gad zu u. wd Levitenst. Später v. Moab eingenommen, war sie zu Jesajas Zeit bereits wüste (Jes. 16, 8): wieder aufgebaut wd sie v. Judas Makk. u. mit Judaea vereinigt (1 Makk. 5, 26). In chr. Zeit war H. Bsitz d. arab. Eparchie,

Vgl. Kh. Hesbân am W. H.
Hesmon — חשבון in Jos. 15, 27; LXX Asemon, Vulg. Hassemon; Jos. Asamon — eine St. in Juda, war d. Heimat der Makkabäer, daher diese auch Hasmonäer heissen. Ein Hesmonch soll an d. Grenze v. Edom liegen; aber die meisten Forscher wissen nichts davon.
Hethlon — התלון in Ez. 47, 15; LXX περιςχιζουση, Vulg. Hethalon — war ein Ort in Syrien. H. liegt ein Heitela zw. N. el Kebir u. N. 'Akkar, 1 M. v. d. Küste d. Mneeres.
Hetulim s. Etulim.
Hexakomias in Not. eccl. ein Bsitz unt. d. Metrop. Bostra.
Hezron — חצרון in Jos. 15, 4; b. LXX Asron, Vulg. Esron; in 1 Makk. 4, 15 Assaremoth u. Gazera; b. Eus. Aserna; b. H. Gezeron — war ein Ort im südl. Juda, der nach Jos. 15, 25 mit einem der Hazor zusammenfällt.
Hierapolis — Plin. V, 19; im Talm. Maphag מפג —, eine syr. St., enthielt d. vielbesuchten Tempel der syr. Derketo od. Atergatis. H. Mabbagh.
b. Ein Bsitz unt. d. Metrop. v. Pal. III.
Hieromax s. Jordan.
Hilen — חילן in 1 Chr. 6, 43; b. LXX ist dafür Nelon eingestellt, Vulg. Helon; in Jos. 15, 51 חלן, b. LXX Elon, Vulg. Olon; b. E. u. H. Chilon, Olo u. Ocho — war eine Priesterst. in Juda. Vgl. entw. 'Arak Hala b. Bêt Ghi-brin od. n. SV. Kh. Bêt Alam sö. v. Bêt Ghibrin.
Hilson s. Porphyreon.
Himyra s. Zemar.
Hinnom — גי בני חנם in Jos. 18, 16; LXX u. Vulg. Geennom; im N. T. Geenna; im Talm. wd d. Name v. חנם lärmen abgeleitet — ist h. abgesehen v. d. Teichen ein trocknes Tal. Vgl. Jerus.
Hier lief d. Grenze zw. Benj. u. Juda her. Hier wurden dem Moloch Kinder geopfert (2 Chr. 33, 6), daher d. Thopheth — הפת; d. Talm. leitet dies v. הפך trommeln ab — ein unreiner Ort und Richtstätte gemeiner Verbrecher wd. Blutacker. H. W. er Rabati, auch W. Gehennom.
Hion s. Ejon.
Hippodrom s. Chabratha.
Hippos — b. Ptol. ein Bg, b. Plin. eine St. d. Dekapolis, im Talm. סוסיתא, ביהח־, חיפה — lag n. Jos. Vita 65 genau 30 Stad. von Gadara u. ebensoweit v. Tiberias. Es beträgt aber die Luftlinie zw. Gad. u. Tib. mehr als 100 Stad. Pompejus gab d. eroberte St. ihren früheren Bewohnern, den Griechen, wieder zurück.
In chr. Zeit wd H. als Bsitz gen. Man vgl. Kh. Harib, Kh. Samra, Koaid, Duerban, Kal'at el Hösn, Kh. Susijeh.
Hire od. Hirieh — חידה im Talm. — soll gl. Jedeala in Sebulon sein. Schw. nennt ein Kal'at el Hireh b. Semunijeh, SV. vgl. Kh. Hawara b. Bêt Lahm.

Hitthim — אי״ן התים in Jos. 1, 4; b. LXX ausgelassen, b. Vulg. terra Hethaeorum — bezeichnet Pal. mit Phoenikien. Ob d. Hethaeer vor od. während od. nach d. Einwanderung Israels in Pal. nach Kypern zogen, ist bis h. noch nicht ausgemacht.

Hoba — חובה in Gen. 14, 15; b. LXX Choba, Vulg. Hoba; E. u. H. nennen Choba eine Wohnst. chr. Jud., w. alle Vorschriften d. jüd. Gesetzes beobachten — lag zur Linken v. Damaskus משמאל לדמשק, d. h. nicht nördl., sond. westl. Die v. Abraham verfolgten Könige werden ihre Zuflucht im Hermon od. Antilibanon gefunden haben. Die jüd. Überlfrg klebt an Ghobar n. v. Dam., d. arab. an d. nw. gelegenen Bazreh. Vgl. Kochaba.

Hochpflaster s. Gabbatha u. Jerus.

Hodsi s. Hadsi.

Holon s. Hilen. b. In Jer. 48, 21 חלן; b. LXX Chelon, Vulg. Helon; b. E. u. H. Chelon, Aelon u. Helon — war eine St. in Moab.

Homonaia lag n. Jos. Vita 54 dreissig Stad. s. v. Tiberias, w. v. dem gleichweit entf. Sennabris. Diese Bestimmungen führen auf Ard el Hamma; doch zieht Cond. Umm Ghurieh vor.

Hor — הר ההר in Num. 20, 22; LXX '$\Omega\varrho$ το ὄρος, Vulg. Mons Hor; n. Eus. Or, nahe d. St. Petra; verm. d. הר החלק in Jos. 11, 17; b. LXX ὄρος 'Ααλακ; Vulg. montis partem — heisst ein steiler Berg in Edom, wo Aaron starb. Seit Jos. wd er in d. Gh. Nebi Harun w. v. W. Musa erkannt; nur d. Talm. setzt ihn zw. Nebo u. Pisga. b. In Num. 34, 7 — LXX u. Vulg. haben den Namen ganz übergangen, dort nur ὄρος, hier mons altissimus — bez. Hor einen Bg an Palaestinas Ngr., etwa Gh. 'Akkar im Libanon. Schw. hat Rās es Schaka sich ersehn, wo Gh. Nuria u. ein Df Kaplaria.

c. Hor Gidgad s. Gidgad.

Horma s. Harma.

Horon — חורן im Talm. — die Heimat Sanballats, soll am Garizim gelegen haben.

Horonaim — חרנים in Jes. 15, 5; LXX 'Αρωνιειμ, Vulg. Oronaim; b. Jos. Oronae, eine St. d. Jud. neb. Zoar, zeitweilig v. Arabern besetzt; b. Eus. Aronnim od. Aigalim 8 r. M. s. v. Areopolis; b. Hier. Arnonim — eine St. in Moab, bestand verm. aus zwei Teilen, etwa einem oberen u. einem unteren. Cond. weist sie in d. W. Guwēr zw. Beth-hajesimoth u. Luhith.

Hosa — חסה in Jos. 19, 29; b. LXX Osa, Vulg. Hosa; Hier. Osa u. Susa; im Talm. findet sich ein עסיא u. עסיית — war eine St. in Asser. Man vgl. Burgh el Muschrefi auf Rās en Nakura; Cond. Kh. Essijet el foka s. v. Tyrus; Schw. el Busa nö. v. ez Zib.

Hotra — חיטרא im Talm. — war d. Heimat d. R. Jdi.

Hukkok — חקק in Jos. 19, 34; b. LXX Ikok; Vulg. Hucuca; b. Eus. Ikoe; Hier. wie d. LXX — war eine Levitenst. auf d. Grenze v. Naphthali u. Asser, wo die Gebiete von Sebulon u. Juda mit jenen zusammenstiessen. Vgl. Jākūk s. v. Safed. N. d. Überlfg ist hier d. Grab d. Proph. Habakuk. b. s. Helkoth.

Hul — חול in Gen. 10, 23; b. LXX Ul, b. Vulg. Hul — ist eine Gegend am Libanon, für die man d. Ulatha d. Jos. od. el Huleh vergleichen kann.

Hultha — יבא דחולתא im Talm. — ein Wasser in Pal.; für das nächstliegende zum Vergleich wd mit Neub. Bahr el Huleh zu achten sein.

Humta — חמטה in Jos. 15, 54; b. LXX Ammata, Vulg. Athmatha — war eine St. in Juda.

Hundsfluss s. Lykus.

Hus s. Uz.

Huzi s. Chusi.

Hyrkania, gen. n. d. älter. Hyrkanus, war eine Festung gegen d. Araber auf d. Ostgr. d. jüd. Landes, neben Alexandrinum u. Machaerus gen. Jos. Ant. XIII, 16, 3. Vgl. Kh. Jerka am W. Schaib.

Hysdata im Itin. Hier. ein Ort zw. Dafne u. Platanus, XI mil. v. Plat.

J.

Jabate s. Jateba.

Jabbok — יבק in Gen. 32, 22; b. LXX Jaboch, Vulg. Jaboc; b. Jos. Jobakchus; n. E. u. H. zw. Philadelphia u. Gerasa; im Talm. יבקא u. יבקא — hat seine Quellbäche b. Rabbath Ammon. Sein unteres Tal war d. Grenze zw. Ammonitern u. Amoritern, später zw. Gad u. Moab. Daher heisst er auch in 2 Sam. 24, 5 נחל הגד. Vgl. Jordan.

Jaben s. Jabneel.

Jabes — יבש in 1 Sam. 11, 1; b. LXX Jabis, Vulg. Jabes; b. Jos. Jabes od. Jabissa; b. Steph. Byz. wie LXX; b. E. u. H. Arsioth od. Jabis, ein sehr gr. Df 6 r. M. v. Pella auf d. Weg n. Gerasa; auch יבש גלעד gen. — eine St. in Gilead, verfiel d. Bann, wd durch Saul vor d. Ammonitern gerettet, bestattet aus Dankbarkeit seine u. seiner Söhne Gebeine nicht in Aruna — so Jos. Ant. VI, 14, 8; nach Rel. gl. Aroër — sondern unter einer Tamariske (1 Sam. 31, 13).

In chr. Zeit war J. d. Metrop. v. Galadene. Vgl. W. Jabis; ein Df Jabis nennt nur Schw.

Jabne — יבנה in 2 Chron. 26, 6; b. LXX Jabner, Vulg. Jabnia; in 1 Makk. Jamnia; n. 2 Makk. 12, 9 v. Jerus. 240 Stad. entf.; b. E. u. H. zw. Azotus u. Diospolis, 12 r. M. v. diesem — eine St. d. Philister, war $^3/_4$ M. v. Meer entfernt u. hatte eine Hafenst. gl. N. mit gutem Hafen. Bei d. Einwanderung Israels wd sie Dan zugeteilt, aber erst v. Usia eingenommen.

N. d. Zerstörung Jerus. durch

Titus wd d. unverletzte St. Sitz d. jüd. Hohenrates u. jüd. Schulen, wo R. Elieser, Tarphon u. Akiba lehrten. Später war J. ein Bsitz v. Pal. I.
Vgl. Jebna od. Ibna am W. Sarar.

Jabneel — יבנאל in Jos. 15, 11; b. LXX Jabnel, Vulg. Jebneel; b. Hier. Jamuel — soll in d. Nähe v. Jabne gelegen haben, mit dem es Mehrere gleich achten.
b. In Jos. 19, 33; b. LXX Jabiel, b. Vulg. Jebnael; b. Jos. Jamnia od. Jabnith; im Talm. כפר ימא — ist eine St. Naphthalis am Südufer d. galil. Meeres, n. Jos. aber in Obergalilaea. Vgl. b. j. II, 20, 6. Vgl. Kh. Jemma s. v. Tabarijeh.

Jabruda, in Not. eccl. auch Klima Jambrudon gen., war ein chr. Bsitz an d. syr. Wüste, ö. v. Antilib., 2 M. s. v. Kara. Die Erbauung seiner K. wird d. Kaiserin Helena zugeschrieben. H. Jabrud.

Jadela s. Jedeala.

Jadma — ידמא im Talm. — Heimat d. R. Kiris; sonst unbest.

Jaebez — יעבץ in 1 Chr. 2, 55; LXX Gabes, Vulg. Jabes — war eine St. in Juda, die v. d. Soferim od. Gelehrtengeschlechtern bewohnt wd. Vgl. Der Abu Kabūs.

Jaeser — יעזר in Num. 32, 1; b. LXX u. Vulg. Jazer, ebenso 1 Makk. 5, 8; b. Jos. Jazor; b. Ptolem. Gazoros; E. u. H. nennen ein Jessa u. Jassa unt. Bezug auf einen Fl. Jazer od. Azer 8 r. M. w. v. Philadelphia zw. Medaba u. Debus od. Doblatai 15 r. M. v. Esebon; im Talm. mit כזור erklärt — war eine St. in Gilead, die nach Besiegg. d. Ammoniter d. Stamm Gad zufiel. Sie wd Levitenst., aber von Moab eingenommen (Jes. 16, 8). Vgl. Kh. Sēr od. Sir am W. es Sir od. Kh. es Sar od. es Sur 2 M. w. v. Ammān. Cond. verweist auf Kh. Bēt Sarah n. v. Hesbān.

D. Meer Jaeser — ים יעזר in Jer. 48, 32; b. LXX πολεις 'I; b. Vulg mare J — ist zwar n. S. vorhanden, ein Teich so gross wie der v. Mzerib; dennoch ist zu erachten, dass hier ein Fehler der Abschreiber vorliegt, indem das vorhergehende ים wiederholt ist.

Jagbeha — יגבהה in Jud. 8, 11; b. LXX Jegebaa, Vulg. Jegbaa — war eine St. in Gad nahe b. Nobah. Hier siegte Gideon über d. Midianiter. H. Kh. el Aghbēhāt od. el Ghubēhāt ö. v. es Salt.

Jagre Hatam u. **Jagre Tab** — יגרי חטם u. יגרי טב im Talm. — zwei Grenzorte im N. v. Pal., die v. Zehnt. befreit waren.

Jagur — יגור in Jos. 15, 21; b. LXX u. Vulg. ebenso, LXX in etl. Codd. Asor — war eine St. in Juda an d. Grenze v. Edom.

b. D. Jagur d. Talm., ein Ort bei Askalon, wird in el Ghora erkannt, das Schw. Ghora di el Hadas nennt, sodass er auch den Namen Hadusa darin finden kann.

Jahaz — יהץ in Num. 21, 23 mit ה; in LXX Jassa, Vulg. Jasa; b. Eus. Jessa zw. Medaba u. Dibon; in Jos. 21, 36 יהצה; b. LXX Jassa, b. Vulg. Jethson u. Jaser u. Misor, wofür Kedemoth u. Jahza ausgelassen ist — war eine St. in Moab, die nach d. Niederlage d. Ammoniterkönigs Sihon von Ruben besetzt wurde, dann wieder von Moab, nachd. ein isr. König d. Ort befestigt. So d. Stein d. Mesa. Schw. vgl. Jazaza sw. v. Dhibân, Cond. Rughm el Makhzijeh nö. v. Hesbân.

Jair s. Hawwoth Jair.

Jakdeam — יקדעם in Jos. 15, 56; LXX Jekdaam, Vulg. Jukadam; b. Eus. Jekdaad, b. Hier. gl. d. LXX od. gl. Vulg. — war eine St. zw. Jesreel u. Sanoah gen.

Jakmeam — יקמעם in 1 Reg. 4, 12; b. LXX Jegmaam, Vulg. Jecmam, E. u. H. Jekmaan; in Jos. 21, 22 קבצים, b. LXX Kabzaim, Vulg. Cibsaim — war eine Freist. d. Leviten in Ephraim, etwa d. Mündung des Jabbok gegenüber.

Jakneam — יקנעם in 1 Jos. 12, 22; LXX Jekonam, Vulg. Jachanan; im Samar. Cod. Kaimun; b. Eus. Jeknael u. Jekomam, b. Hier. Jethonam — war eine Leviteust. in Sebulon, am Karmel gel., daher ולכרמל, wenn nicht diese näh. Bestimmung zwei St. gl. Nam. unterscheiden sollte. In 1 Chr. 6 fehlt Jakneam. Vgl. Tell Kaimûn b. Tell Schemmâm am nordö. Abhang d. Karmel,

wohin d. Kamon d. Eus. u. Cimana d. Hier., 6 r. M. n. v. Legio, zu beziehen ist.

Jakobsbrunnen, in Gen. 33, 18 u. f. nicht erwähnt, nur in Joh. 4, 6 wd im 4. Jahrh. mit einer K. geschmückt. Vgl. 'Ain Askar.

Jakthiel — יקתאל in Jos. 15, 38; LXX Jechthael, Vulg. Jecthel; Eus. wie LXX, Hier. Jethael — war eine St. in Juda. Cond. vgl. Kh. Katlâneh ö. v. Ekron.

b. Dens. Namen legt — 2 Reg. 14, 7; LXX Jekthael, Vulg. Jectehel — Kön. Amazja, nachdem er die Edomiter in d. Araba geschlagen, der St. Sela bei.

Jamnia s. Jabne u. Jabneel.

Jamnith s. Jabneel.

Janna s. Nebo.

b. Bei Eus. ein Df 3 r. M. s. v. Legio. Vgl. el Jamon sö. v. Leghûn.

Janoah — ינוח in Jos. 16, 6; LXX Janocha, Vulg. Janoe; b. Eus. Jano u. Janum, 12 r. M. ö. v. Neapolis — eine St. auf d. Grenze v. Ephraim u. Manasse. Vgl. Janûn mit Kh. J. im W. el Abêd.

b. In 2 Reg. 15, 29; LXX u. Vulg. wie vorhin — ist J. eine St. in Naphthali, deren Einw. durch Tiglath Pilesar weggeführt wurden. Vgl. Janûk od. Janûn od. Janûh am W. Ghiddin od. Janûh ö. v. es Sur.

Janum — Ketib ינים in Jos. 15, 53; b. LXX u. Vulg. schon Janum — war eine St. in

Juda. N. a. Pl. vergl. Beni Na'in.

Janun s. Janoah.

Japhia — יָפִיעַ in Jos. 19, 12; b. LXX u. Vulg. Japhie; b. Jos. Japha, eine Nachbarstadt v. Jotapata, wie Skythopolis γειτων von Tiberias, obw. beide Stpare 20 r. M. v. einand. entf. waren; b. Eus. Japheth, b. Hier. Japhik, mit Sykaminos erklärt — war eine St. in Sebulon, die Jos. befestigt hatte; sie wurde im jüd. Kriege zerstört. Vgl. Jafa sw. v. Nazareth.

Japhlet — gentil. יַפְלֵטִי in Jos. 16, 3; b. LXX Japheti, Vulg. Japhleti — war ein Ort an der Grenze v. Ephraim u. Benjamin. Vgl. Telfit b. Sēlūn.

Japho — יָפוֹ in Jos. 19, 46; b. LXX u. Vulg. Joppe; in KS. Japuu — ist eine uralte St., 6 M. wnw. v. Jerus. am Mmeer gelegen. Ein aeg. Papyrus erzählt, sie sei einst von aeg. Kriegern eingenommen worden, w. in Thongefässen in d. St. gebracht wurden. In d. That zeigen aeg. Bildwerke so grosse Thongefässe, welche zur Aufbewahrung v. Getreide dienten. Plin. sagt, J. habe schon vor der grossen Flut bestanden. Steph. B., ihr Name komme v. d. Tochter d. Aeolus. Nach Strabo war hier Andromeda dem Meertiere ausgesetzt, dessen 40 F. langes Knochengerüst M. Scaurus nach Rom bringen liess (Plin.). D. St. wd d. Stamm Dan zugeteilt, aber v. Philist. bewohnt. Hier landete König Hiram d. Cedern aus Libanon zu Salomos Bauten. Hier stieg d. Proph. Jona auf ein Tharsis-Schiff. Simon Makk. vereinigte J. mit Judaea (1 Makk. 14, 5). Dann ward J. Hauptort einer röm. Toparchie. Bei einem Gerber Simon wohnte d. Ap. Petrus (Akt. 9, 40), der d. Tabea ins Leben rief u. eine chr. Gem. stiftete. Sie wd ein Bsitz v. Pal. I. H. Jafa.

Japuu s. Japho.

Jaramoth s. Jarmuth.

Jarda nennt Jos. b. j. III, 3, 5 d. östlichste Df v. Judaea, Jardes aber in b. j. VII, 6, 5 ein. Wald, in welch. nach d. Erobrg v. Machaerus 3000 flüchtige Juden v. Lucilius Bessus erschlagen wurden.

Jarephel s. Jirpeel.

Jarhi — יַרְחִי im Talm. — war ein Ort in Asser; vgl. Jerka nö. v. Akko, b. Schw. Jarkhi.

Jarim s. Kirjath Jearim.

Jarmuth — יַרְמוּת in Jos. 10, 3; b. LXX Jerimuth, Vulg. Jerimoth; b. E. u. H. Jarimath 4 r. M. v. Eleutheropolis od. Jermucha 10 r. M. v. El. — war eine kanan. Königst. in der Ebene Juda nahe b. Esthaol. Kh. el Jarmūk, das auf ein. Bg liegt, ist nicht zu vgl.

b. J. in Jos. 21, 29; LXX w. o., Vulg. Jaramoth — war eine Levitenst. in Isaschar, die auch Ramoth u. Remeth heisst. Vgl. Rameh n. v. Sebastijeh.

Jasa s. Jahze.

Jaseb — יָשְׁבִי in Jos. 17, 7 wd

v. d. LXX als ein Ortsname verstanden — v. N. a. Pl. in Jasuf erkannt. Vgl. En Thappuah.

Jaser s. Jaeser.

Jason s. Azem.

Jateba — יטבה in 2 Reg. 21, 19; LXX Iteba, Vulg. Jeteba; b. Jos. Jabate; Hier. Jethaba — war eine St. in Juda, d. Heimat d. Mutt. d. Kön. Amon. Verm. gl. Jutta.

Jatbath — יטבה in Num. 33, 33; LXX u. Vulg. u. Eus. Jetebatha; Hier. auch Jebata — war eine Lagerst. Israels in d. Wüste, zw. Gidgad u. Ebrona gen.

Jathir — יתיר in Jos. 15, 48; b. LXX u. Vulg. Jether, ebenso in Jos. 21, 14 u. 1 Sam. 30, 27; in 1 Chr. 6, 42 יתר; b. LXX nur umgestellt — war eine Priesterst. in Juda.

Betr. ein. Ortes d. heut. Zeit vgl. Ether.

b. Im Talm. erscheint J. als ein Ort an d. Ostgrenze v. Pal. in כתרא דיתר. Vgl. Ja'ter am Fuss d. Rās Umm Kabr.

Jathma — יהמה im Talm. — ein Ort in Ephraim b. Bethhoron, noch h. so gen.

Jazer s. Jaeser.

Jazor s. Azor.

Idumaea s. Edom.

Jearim s. Kirjath J.

b. Har J. — הר יערים in Jos. 15, 10; b. LXX πολις 'I; Vulg. mons Jarim — ein Berg, auf dem Kesalon lag.

Jebalam s. Jebleam s. Jibleam.

Jebatha nennen LXX in Jos. 21, 25 eine St. in Manasse, wo d. hebr. Text, Vulg. u. a. zum zweit. Mal Gath-Rimmon haben.

Jebba od. Jeba b. Plin. eine phoenik. St. neben d. Berg Getta, zw. Karmel u. Belus.

Jebus s. Jerus.

Jechthael u. Jethael s. Jakthiel.

Jedeala — ידאלה in Jos. 19, 15; LXX Jadela, Vulg. Jedala; E. u. H. Judela u. wie LXX; im Talm. Hirie — war eine St. in Sebulon. Man vgl. Ghēda w. v. Nazareth od. d. nördl. liegende Kh. el Huwara od. Daliet el Kurmul od. mit Neub. el Khireh.

Jedna lag n. Eus. 6 r. M. ö. v. Eleutheropolis, Hier. aber schreibt für „in sexto" sc. lapide „in deserto". Vgl. Idna sö. v. Bēt Ghibrin.

Jedut — ידוט im Talm. — war ein Df in Asser. Vgl. el Ghudēdeh s. v. Dēr el Kamr u. Gedud.

Jegar Sahadutha — יגר שהדותא in Gen. 31, 47; b. LXX βουνος της μαρτυριας, Vulg. acervus testimonii — nannte d. Syrer Laban in seiner Sprache d. Zeichen d. Vereinigung mit Jakob, der גלעד od. כצפה sprach. Schw. erkennt d. Ort in Sūf b. Aghlan, während d. Talm. סכותה f. M. hält.

Jehud — יהוד in Dan. 2, 25; b. LXX 'Ιουδαια, Vulg. Juda; abgekürzter aram. Name für d. südl. Palaestina.

b. In Jos. 19, 45; b. LXX u. Vulg. Jud, — eine St. in Dan. Vgl. el Jehudijeh, ö. v. Dafa, nw. v. Lidd.

Jebybus in Not. dign. Standort einer röm. Cohorte in Pal.

Jekabzeel s. Kabzeel.

Jekeb — יקב in Jud. 7, 25; b. LXX Jakeb, Vulg. torcular; b. Eus. Eniomkaezem, Hier. Imakzeb — hiess ein Ort am Jordan, wo Seeb, König der Midianiter, getötet wd.

Jelon s. Ajalon.

Jemblaan s. Bileam.

Jenuam wird als ein Ort am recht. Ufer des Orontes gen. Vgl. Junin.

Jenysus b. Herod. III, 5 eine St. am Mmeer. Die Küstenstrecke von hier bis Kadylus od. Gaza wurde in d. Zeit d. Kambyses von d. Arabern d. i. Edomitern behauptet. Vgl. Khan Junûs.

Jeon s. Engannim.

Jephthah — יפתח in Jos. 15, 43; b. LXX u. Vulg. Jephtha — war eine St. in Juda.

Jephthah-El — יפתאל in Jos. 19, 14; b. LXX Jephthael, Vulg. Jepthahel; b. Jos. Jotape od. Jotapata; im Talm. יודפת od. יודפה od. יפתה od. בפתה — war eine St. in d. Tale d. Nam. zw. Asser u. Sebulon. Seine Burg verteidigte Jos. 63 - 65 p. Chr. gegen Vespasianus u. wurde hier nach hartnäckigem Widerstand d. Besatzung gefangen genommen.

Das Jotabe, das in Not. eccl. erscheint, wd ohne Gewissheit hierher gezogen.

Vgl. Tell Ghefat am W. Abilin.

Jerakon s. Mejarkon.

Jereon — יראן in Jos. 19, 38; b. LXX u. Vulg. Jeron — war ein Ort in Naphthali, w. v. See Marom; h. Jaron an d. Strasse v. Tiberias n. Tyrus.

Jericho — ירחו in Deut. 34, 3; Jos. 18, 21; b. LXX u. Vulg. ebenso; b. Ptol. Erikus — fiel trotz seiner starken Mauern, aber nicht durch Israels Tapferkeit (Jos. 6). Später gehörte d. St. zu Benjamin, dann zu Juda. Sie war berühmt als עיר התמרים und Sitz einer Prophetenschule (2 Reg. 2, 4—5). Dieses älteste Jericho lag verm. in d. Nähe der Elisaquelle, 'Ain es Sultan.

Nach d. Rückkehr aus d. babyl. Gefangenschaft wd d. St. auf einem südlicher gelegenen Platz aufgebaut, von d. Syrer Bacchides befestigt (Neh. 3, 2. 1 Makk. 9, 30), von Herodes d. Gr. als Hauptst. der hiericus. Toparchie mit Palästen u. Amphitheater, Hippodromen u. Wasserkünsten geschmückt. Hier beglückte er auch viele Menschen durch seinen Tod. Im jüd. Krieg zerstört, ward J. zum dritt. Male aufgebaut, an welcher Stelle ist ungewiss. D. St. war Sitz eines jüd. Synedriums u. jüd. Schulen (בית גדיא) u. Standort d. zehnt. röm. Legion, endl. auch Sitz eines chr. B. Justinian d. Gr. stellte d. K. der θεοτοκος wieder her. Diese St. wd v. Chosroes u. d. Sarazenen zerstört. Trümmer dieser St. mögen b. er Riha liegen.

Jerimuth s. Harma.
Jermucha, Jermuchos, Jermus b. E. u. H. 10 r. M. nö. v. Eleutheropolis, h. Kh. el Jarmuk am W. es Samt.
Jerpeel — ירפאל in Jos. 18, 27; LXX Jerphael, Vulg. Jarephel — war eine St. in Benj. Cond. erkennt sie in Rafāt b. el Ghib.
Jeruel — יראל in 2 Chron. 20, 16; LXX Jeriel, Vulg. Jeruel — hiess d. Forts. d. Wüste Thekoa, h. el Husāsah mit W. el H.
Jerusalem — in KS. Ursalimma; ירושלם in Jer. 26, 18; Vulg. wie d. LXX Jerusalem — d. Hauptst. der Reiche Juda u. Israel unter David u. Salomo, hiess n. jüd. Auslegg in ältester Zeit Zedek — צדק כלבי in Gen. 14, 18; dagegen hab. LXX richtig *Μελχισεδεκ βασιλευς Σαλημ*, und ist Salem als d. Name zu kananit. Zeit anzusehen. Dazu tritt Jebus — יבום in Jud. 19, 10; ebenso b. LXX u. Vulg. Der Talm. erklärt ירושלם durch Verbindg d. Nam., den Abraham gegeben, mit d. Namen unt. Melchisedeks Herrschaft — יראה-שלם.
In Ps. 46, 5 עיר אלהים, in Ps. 48, 9 עיר יהוה צבאות, in Neh. 11, 18 עיר הקדש, in Jes. 1, 21 קריה נאמנה, in Jes. 22, 2 קריה עליזה; in Jes. 29, 1 קריה חנה דוד Jes. 33, 20 קריה מועד; in Thren. 1, 1 שרתי במדינות, in Jes. 24, 10 קריה תהו; in Jes. 29, 1 אריאל; in Jer. 31, 40 שרמיה, in LXX, E. u. H. Aseremoth; Vulg. universa regio mortis.

In Matth. 5, 35 nennt uns. Heiland Jerus. „eines grossen Königs St." *πολις μεγαλου βασιλεως.*
Bis auf d. Zeiten Hadrians nannten d. Griechen u. Römer d. Hauptst. d. orinischen Toparchie (Plin. V, 15) Solyma od. Hierosolyma. Die unt. Hadrian neu erbaute heidn. St. erhielt d. Namen Colonia Aelia Capitolina, als Metrop. v. Pal. I kurz Aelia od. Elia gen. So auch im Itin. Ant. Doch bald kehrten d. chr. Abendländer zu einem der alt. Nam. zurück.
Im Talm. heisst Jerus. קרתא יקידתא od. עיר קדיתא קץ d. i. עיר קדושה, auch בית עולמים od. „Nabel d. Landes", „das grosse Jerus." u. s. w.
Die alte St. lag hart an der Sgrenze v. Benjamin, wo d. Gebirge Ephraim in mehreren Hügeln gegen O. S. u. W. steil abfiel, während es nach N. aufstieg. Diese Hügel sind:

1. **Moria** — ארץ מריה in Gen. 22, 2; b. LXX *γη υψηλη*, Vulg. terra visionis; in 2 Chr. 3, 1 הר המוריה; b. LXX *ὄρος τοῦ Ἀμορια*, Vulg. mons Moria; b. Jos. *τὸ Μωριον ὄρος*; im Talm. טור מוריה — wurde der Hügel gen., auf dem schon Abraham geopfert; wo verm. d. Tenne Arafnas od. Arnans stand u. schon David d. Haus d. Herrn zu bauen beschloss (1 Chr. 22 u. 23), Salomo aber wirklich baute. Seit dieser Zeit hiess d. Hügel auch הר הביתי Jes. 2, 2.

2. **Ophel** — עפל in Jes. 32, 14; b. LXX *ἀφησουσιν*, Vulg. tenebrae

in Mich. 4, 8 b. LXX αὐχμώδης, Vulg. Nebulosus; 2 Chr. 27, 3 b. LXX ’Οφλα, Vulg. Ophel; b. Jos. *Οφλα* — von Jotham befestigt, kann seiner Lage nach bis heute noch nicht sicher bestimmt werden. Am meisten Beifall hat d. Ansicht gewonnen, wonach O. im S. d. Tempelplatzes gelegen hat. So Jos. u. Talm. Er ward Wohnplatz der Tempeldiener (Neh. 3, 26).

3. Zion — ציון מצדת mit d. Zus. עיר דוד היא in 2 Sam. V, 7; so auch LXX u. Vulg.; n. 2 Chr. 5 niedriger als d. Tempelplatz; wo d. Herr Zebaoth wohnet Jes. 8, 18; in 1 Makk. 4, 60 d. Tempelberg — kann ebenso wenig wie d. Ophel sicher bestimmt werden. Nur d. altchr. Gem. hat mit ihrer ἁγια Σιων den südwestl. Hügel festgehalten.

4. Akra — b. Jos. Ant. VII, 3, 1; XII, 3, 3; b. j. VI, 8, 4; im Talm. חקרא — wird bald im N. od. NW. d. Tempelbergs, bald in Zion gesucht. Aristeos nennt d. Tempelbg A. Gemäss der Bedeutung d. Nam. konnten zu gl. Zeit mehrere Anhöhen d. St. diesen N. tragen.

5. Bezetha — in Jos. b. j. II, 15, 5; *Βηϑζηϑω* in Ant. XII, 10, 2 Bethzecha in 1 Makk. 7, 19; im Talm. בחרתא; Schw. verwirft d. bessere Erklärung durch ביה זיתא u. fällt auf בציא — war erst ein Flecken auf d. Hügel, der im N. d. St. allmählich aufstieg, wd aber später in d. St. einbezogen.

Die erste Mauer um Jerus. in histor. Zeit baute David um seine St. od. Burg (1 Chron. 12), wodurch die sog. Oberst., der spätere Zion, mit d. Unterst. verbunden wd. N. d. Beschreibung d. Jos. b. j. V, 4, 2 fieng diese Mauer am Turm Hippikus an u. lief in östl. Richtg zum Xystus hin, wo sie bald mit d. nördl. spät. Tempelmauer zusammentraf. Als Hippikus gilt fast allgem. d. sog. Davidsturm, d. h. Kal‘a. Von hier lief d. M. in südl. Richtung über d. Tal Hinnom her, dann östl. gewendet immer auf der Höhe des Hügels u. wieder nördl. im Tyropoeon bis zum Xystus. Das Tyropoeon, nach Jos. b. j. V, 4, 2 ein Tal zw. λοφος της ἀνω πολεως u. κατω λοφος, reichte bis zum Siloah; n. Gordon gl. עמק החרוץ in Joel 4, 14 — LXX *κοιλας της δικης*, Vulg. vallis concisionis.

Salomo u. seine Nachfolger umfassten den Tempelplatz mit einer hohen Mauer, welche weniger d. Befestigg dienen sollte; vielmehr war sie zur Erweiterung des Tempelpl. notwendig. Dass die hierher entstandenen hohlen Räume nicht sämmtl. mit Erde ausgefüllt wurden, zeigen die פרבר od. פרורים in 2 Reg. 23, 11; 1 Chr. 26, 13 an — b. LXX u. Vulg. *Φαρουριμ* od. *διαδεχομενοι*, Vulg. cellulae janitorum — sowie d. unterird. Wasserleitungen, die zum kleinen Teil nur bekannt, aber verm. sehr alt sind.

Am X. wurde d. Tyropoeon auf einer Brücke überschritten, jedenfalls innerhalb der Befestigung, und eine leichtere Verbindung d. St. mit d. Tempelbg hergestellt (Jos. b. j. II, 16, 3). Hier wd d. Stelle d. מלוא in 2. Sam. 5, 9, b. LXX ἄκρα, Vulg. Mello — gesucht; nach Jos. b. j. VI, 3, 2 stand hier d. Turm d. Johannes, der mit d. Xystus im jüd. Kr. verbrannte.

Die zweite Mauer bauten die Könige Usia, Jotham, Hiskia u. Manasse n. 2 Reg. 15—21; 2 Chr. 26—33. Sie nahm entw. auch am Hippikus ihren Anfang und gieng in einem nach N. erweitert. Bogen zum Tempelpl. hin, od. sie fieng erst etwa in der Mitte d. nördl. Mauer bei d. Thore Gennath an (Jos. b. j. V, 4, 2), lief etwa 800 Schr. n. N. u. bog darauf zu d. östl. Tempelmauer zurück. Wiederum legt d. neueste Prüfung d. Thor Gennath in d. Nähe d. Hippikus u. lässt d. zweite M. zw. Golgatha u. d. Teiche Hiskias v. W. n. O. laufen, dann in einem Bogen zum Tempelpl. hin (Schick).

Der Weg dieser zweit. M. ist entscheidend in d. Frage, ob d. ächte Golgatha in der hl. Grab- u. Auferstehungskirche bewahrt ist oder nicht? Für Rob., Raum. u. Tobler, welche die erste Auffassung vertreten, spricht jedenf. d. Beschreibung des Jos.

Nach d. Zerstörung d. St. durch Nebukadnezar u. d. Rückkehr aus d. babyl. Gefangenschaft wurd. d. Mauern unter Serubabel u. Nehemia wieder aufgebaut trotz d. Widerspruchs d. Samaritaner unter Sanballat, und zwar, wie wir annehmen dürfen, in ihrer vorigen Ausdehnung, in welcher auch in d. Zeit d. Makkabaeer keine wesentl. Änderung auftrat.

Durch d. Aufzeichnungen Nehemias werden wir mit zahlreichen Thoren u. Türmen in beiden Mauern d. a. St. bekannt gemacht.

Auf d. Thor Gennath (Jos. a. a. O.) folgte in d. Richtg n. N. מגדל התנורים folgte in d. Richtg n. N. in Neh. 3, 11 — LXX πυργος των Θαννουρειμ, Vulg. turris furnorum — und שער הפנה in 2 Reg. 14, 13 — LXX πυλη της γωνιας, Vulg. porta anguli; auch שהפנים und שהפינה gen. — dann d. שערים a. d. O. od. ש־בנימן in Jer. 37, 13 od. ש־העליון in Ez. 9, 2 — b. LXX πυλη ἡ ὑψηλη, Vulg. porta superior. Die Entfernung zw. diesen beiden Thoren betrug 400 jüd. Ellen. Es folgte weit. im N. שער הישנה in Neh. 3, 6 — LXX πυλη του Ἀισανα, Vulg. porta vetus — od. שדראשון in Zach. 14, 10 — LXX πυλη πρωτη, Vulg. porta prior, welches Rob. gl. d. Thor Ephr. hält; dann שדהדגים in Neh. 3, 3 — LXX πυλη ιχθυηρα, Vulg. porta piscium, welches Einige schon in d. östl. Teil d. zweit. M. setzen. Mit dem שער הצאן und מגדל הביאה, מגדל חננאל in Neh. 3, 1 — b. LXX πυλη προβατικη, Vulg. porta gregis LXX πυργος των ἑκατον, Vulg. turris centum cubitorum — erreichte d. zweite M.

ihr Ende an der nördl. Ecke des Tempelplatzes.

Hieran schloss sich שׁ־הַמְּטָרָה in Neh. 12, 39 mit חֲצַר הַמַּטָּרָה in Neh. 3, 25 — b. LXX πυλη und αὐλη της φυλακης; Vulg. porta custodiae und atrium carceris — aber am „Hause d. Königs"; zu d. Gewölben unter dem Tempelplatz führte verm. שׁ־הסוסים in Neh. 3, 31 — LXX πυλη των ἱππων, Vulg. porta equorum. Unbekannt ist d. Stelle des שׁ־המפקד in Neh. 3, 31; LXX πυλη του Μαφεκαδ, Vulg. porta judicialis — des שׁ־הגיא in Neh. 3, 26 — LXX π. του ὑδατος, Vulg. porta aquarum — u. des שׁ־היסוד in 2 Chr. 23, 5 — LXX πυλη ἡ μεση, Vulg. porta fundamenti — sowie d. שׁ־סוּר in 2 Reg. 11, 6 — LXX π. των ὁδων, Vulg. porta Sur — u. שׁ־הרצים in 2 Reg. 11, 19 — LXX πυλη των παρατρεχοντων, Vulg. porta scutariorum.

Der Talm. kennt am Tempel zwei Thore der Hulda im S., ein T. des Kiponos im W., ein T. Tadi im N., ein namenloses im O. (Neub.).

Derjenige Teil d. zweit. M., welcher den Ophel umschloss, enthielt an d. Eckturm der Tempelmauer d. שׁ־הגיא in Neh. 2, 13 — LXX πυλη του Γωληλα, Vulg. porta vallis — welches Rob. u. Schick in d. westl. Mauer d. Zion nach d. Gihon zu setzen. Dann folgte d. שׁ־האשׁפה a. a. O. — LXX πυλη της κοπριας, Vulg. porta stercoris — u. שׁ־העין in Neh. 2, 14 — LXX πυλη του Ἀιν, Vulg. porta fontis — welches in Reg. 25, 4 שׁ־ בין החמתים אשׁר על־גן המלך gen. wd. In der ersten M. öffnete sich nach S. שׁער התרסית in Jer. 19, 2 — LXX πυλη της χαρσειθ, Vulg. porta fictilis — bei Kimchi gleich einem שׁ־העורה.

Unbek. ist auch שׁ־יהושׁע in 2 Reg. 23, 8 — b. LXX πυλη Ἰησου, Vulg. ostium Josue.

Ein „Thor der Essener" befand sich nach Jos. b. j. V, 4, 2 in d. südl. Mauer v. Zion, das einzige Thor v. Jerus., dessen d. Talm. gedenkt; in d. Nähe befand sich d. Platz Bethso d. i. בית צאה.

Auch d. Makkabaeer bauten an den Mauern v. Jerus., aber ihre Arbeit war nur der Herstellung u. Ausbesserung gewidmet (1 Makk. 10).

Die sogen. dritte Mauer baute erst Herodes Agrippa I um 45 p. Chr. Sie begann wie d. zweite M. am Turm Hippikus u. zog in nordwestl. Richtg bis zum achteckigen Turm Psephinus, welcher 70 Ellen hoch war. Dann wandte sie sich n. NO., bis gegenüber den Königsgräbern die πυργοι γυναικειοι standen, wo Titus in Lebensgefahr kam, als er auf Kundschaft ausgeritten war (Jos. b. j. V, 2, 2). Endl. schloss sie sich, nach S. gewendet, der zweit. M. in d. Weise an, dass sie geg. O. mit ihr u. d. Tempelmauer eine grade Linie bildete. Durch sie wurde die Bethzetha od. Neustadt in d. Kreis der

Befestigung einbezogen. Der Umfang der St. betrug nun 33 Stad. So Jos. b. j. V, 4, 3.

Andere sind der Meinung, die dritte M. habe dens. Lauf gehabt, wie die im 16. Jahrh. v. d. Türken erbaute M., die h. noch steht.

Über d. Mauer, welche Kaiser Hadrian bauen liess, kann gar nichts Gewisses gesagt werden, als dass damals der südl. Teil der Altst. ausserhalb d. Mauern zu liegen kam. Hier siedelten sich neben Christen vornäml. Juden an, denen das Betreten ihrer St. verboten war.

Einen grossen Teil der eingeschlossenen Fläche nahm auch in d. alt. St. der Tempelplatz ein, näml. gegen 50000 □m; denn Jos. berechnet seinen Umfang zwar nur auf 4 Stad. od. 704 m, aber der Talm. weiss, dass er 500 jüd. Ellen od. 240 m lang u. breit war, also gegen 1000 m im Umfang hatte. Zieml. in d. Mitte d. Pl. lag sowohl der Salom., als der nachexil. u. herodian. Tempel, weil da d. gewachsene Felsen d. sicheren Fundamentierung diente. Demnach mussten, als Herodes den Tempel erweitern liess (Jos. Ant. XV, 11, 3), ungeheure Quadersteine, 25 Ellen l., 8 E. hoch, 12 E. breit, zur Aufführung neuer Grundmauern in d. Erde gelegt werden.

Dass der ansehnliche Kalkfelsen, welcher h. das Haupttheiligtum der Moslems bildet, bereits im Salomon Tempel gelegen habe, widerlegt sich schon durch seine für das Heilige wie Allerheiligste viel zu grossen Masse; denn er ist 18 m l, 15 m breit, 2—3 m dick. Im Itin. Hier. heisst er lapis pertusus, welchen d. Juden jedes Jahr unter Wehklagen salben. Er stand nicht weit von d. beiden Standbildern, welche Hadrian aufrichten liess. Ob d. Talm. mit sein. אבן השתיה diesen Stein im Sinn hat, ist zweifelhaft. Er soll nur 3 Finger breit über die Umgebung emporragen und daraus erhellen, dass der Tempelplatz einmal um 10 Fuss erniedrigt worden sei (Schw.). Noch Neub. hat das Märchen, auf diesem Stein habe im erst. Tempel d. Bundeslade gestanden, im zweit. Tempel habe hier d. Hohepriester am Versöhnungstage Weihrauch verbrannt. Die Schrift erwähnt ihn nie; also kann ihm keine Bedeutung für den ächten jüdischen Gottesdienst zugemessen werden.

Dass dieser Stein es war, auf dem Abraham seinen Sohn Isaak opfern wollte, oder dass hier die Tenne Arafnas war, wo David den Engel des Verderbens sah, sind Annahmen, deren Möglichkeit nicht notwendig zu leugnen ist; während die Fabeln, als sei auf ihm der unaussprechl. Name Gottes geschrieben, als sei dieses d. Mittelpunkt der Welt u. s. w. weder einen histor., noch religiösen Wert haben. Zur Zeit d. Eutychius lag er unter freiem Himmel, im Anf. des 7. Jahrh. mit Schmutz bedeckt.

Es ist zu vermuten, dass diese Felsenplatte, wenn sie den Gipfel des Moria einnahm, bei dessen Abtragung zur Seite geschoben wurde, um den Zugang zu den Wasserleitungen zu verdecken, die bis heute noch unvollständig bekannt sind. Hier wird die nördl. Grenze des Tempel-Vorhofes zu suchen sein.

Nicht weit davon, an d. NWestecke d. a. Tempelplatzes, erhob sich d. viertürmige Tempelburg Bira, — בירה in Neh. 2, 8; in LXX ausgelassen, in Vulg. turris; im Talm. בית הבירה — welche v. d. Makk. Hyrkanus I erneuert wurde. Antiochus eroberte und befestigte diese Höhe, die d. Tempelberg überragte (Jos. Ant. XII 5,4). Herodes baute hier zur Beherrschung des Tempels eine starke Festung, die er M. Antonius zu Ehren Antonia nannte (Tac. Hist. V, 11). Von d. südl. Bezetha (s. v.) war diese Feste durch einen künstlichen breiten u. tiefen Graben getrennt, der bei d. Belagerung durch Titus ausgefüllt wurde.

Hier war das Lager der röm. Cohorten — παρεμβολη in Akt. 21, 34 u. a. —, von wo eine Treppe zum Tempelplatz hinab führte. Ob hier auch das Praetorium stand, ist zweifelhaft. Verm. schlugen d. kaiserl. Statthalter ihre Residenz in dem Palast des Herodes auf, welcher durch eine viel stärkere Feste verteidigt war. Hier wäre dann d. Gabbatha od. Lithostroton von Joh. 19, 13 zu suchen, wo Jesus den Richterspruch des römischen Ritters vernahm, dass der König der Juden zu kreuzigen sei. Die Lage von Golgatha wird aber auch durch diese Annahme nicht gewisser. Dieselbe muss im Dunkeln bleiben, so lange nicht der Lauf der zweiten Mauer unzweifelhaft sicher gestellt ist.

Ebenso unsicher ist d. Lage d. Gräber der Könige, nach Ez. 43, 7—9 in d. Nähe des Tempels, nach 1 Reg. 2, 10; 11, 43; Neh. 3, 16; Akt. 2, 29 auf Zion, ausgen. d. Grabstätt. d. Königs Usia (2 Chr. 26, 23), Ahas (2 Chr. 28, 27), Manasse (2 Reg. 21, 18) u. Ammon (2 Reg. 21, 26). Nach d. Überlfrg befand sich d. Grab Davids dort, wo im 4. Jahrh. d. Kirche der Apostel stand, h. noch Nebi Daûd gen. Das sog. Grab Davids, aus welchem n. Jos. Ant. XIII, 8, 4 bereits Hyrkanus 3000 Tal., dann auch Herodes d. Gr. viele Kleinodien geraubt haben soll, liegt mit d. Grab Salomos angebl. unter diesem Gebäude.

Das Grab d. Königin Helena v. Adiabene u. ihres Sohnes Izates, deren Übertritt zum Judentum Jos. Ant. XX, 3, 4 erzählt, lag nach Jos. 3 Stad. v. d. St., wo dass. auch gefund. ist.

Die Gräber des Stammvaters Benjamin, n. קבר הישי gegenüber d. Jebusi (Schw.), Absaloms, Josaphats, d. Jungfrau Maria, d. Ap. Jakobus, d. Zacharias od. Hiskia, der Patriarchen u. Propheten haben im Gebrauch u. in der Überlfrg so mannigfache Veränderungen erfahren, dass weder ihre Ursprungszeit, noch ihre Bestimmung sicher ermittelt worden ist. Etwas mehr Gewissheit bieten die Reste der Wasserleitungen u. Teiche. Nach Jes. 6, 3 wurde zu Ahas' Zeit im Thale Gihon der בריכה העליונה — LXX κολυμβηϑρα, Vulg. piscina superior — angelegt und mit Wasserleitung gespeist — תעלה a. a. O., in Vulg. aquaeductus; h. Birket el Mamilla. Es ist verm. derselbe, welchen Jos. b. j. V, 3, 2 ὄφεως κολυμβηϑρα nennt. Seit d. Zeit Hiskias war er durch eine verdeckte Leitung mit d. Teich Hiskias verbunden (2 Chr. 32, 30), der n. Neh. 2, 14 auch ברכת הכילך — LXX κολυμβηϑρα του βασιλεως, Vulg. aquaeductus regis — hiess.

Eine zweite Leitung gieng aus d. obern Teich nach d. Oberstadt od. St. Davids (2 Chr. 32, 30).

Der untere Teich im Thale Gihon, in Jes. 22, 9 ברכה התחתנה — LXX ἀρχαια κολυμβηϑρα, Vulg. piscina inferior — in Neh. 3, 16 בריכה העשויה — LXX κολυμβ. ἡ γεγονυια, Vulg. piscina grandi opera constructa — gen., h. Birket es Sultan, aber ohne Wasser.

Um diesen Teich führte auf 9—12 hochgewölbten Bogen eine Wasserleitung aus den „Teichen Salomos" bei Etam nach d. Tempelplatz. Vgl. Tac. Hist. V, 12: fons perennis aquae, cavati sub terra montes, et piscinae cisternaeque servandis imbribus. Praeviderant conditores ex diversitate morum crebra bella. Inde cuncta quamvis adversus longum obsidium.

Der berühmte Teich Bethesda, der Joh. 5, 2 beschrieben ist, konnte bis h. nicht ermittelt werden; ebensowenig der Struthion b. Jos. b. j. V, 11, 3, mit welchen ihn Rob. gleich hält. Aber E. u. H. kennen noch einen zweit. Teich Bethesda probatica sui pecualis, wodurch die Ungewissheit noch vermehrt wird.

Aus d. Kidrontal führte eine Wasserleitg, als Tunnel durch d. ganzen Ophel gehauen, nach d. Teich Siloah hin; aber d. alte Inschrift, welche 1881 entdeckt wurde, sagt nichts v. d. Erbauer. Der Zweck eines zweiten Tunnels im Ophel ist noch dunkel.

Der obere Teich Siloah — בריכה השלה in Neh. 3, 15 — LXX κολ. των κωδιων, Vulg. p. Siloë — erhielt einen Teil seines Wassers aus einer schwachen Quelle Siloah im Tyropöon, in Jes. 8, 6 כי השלח ההלכים לאט — LXX ὑδωρ του Σιλοαμ το πορευομενον ἡσυχη; Vulg. aq. Sil. quae vadunt cum silentio — ein. and. Teil durch d. Leitung aus d. Kidrontal; einen dritten n. d. babyl. Talm. aus d. Raum unter d. Allerheiligsten des Tempels. In Verbindung mit d. Brunnen Rogel diente d. Wasser Siloah zur Bewässerung d. königl. Gärten am Südfusse des Ophel.

Der Brunnen Rogel — Jos. 15, 7 עין רגל, ebenso in LXX u. Vulg.; in 2 Makk. 1, 19 Brunnen des Nehemia, bei d. Jud. Brunnen des Joab gen. — bezeichnete d. a. Grenze zw. Benjamin und Juda. Hier warf sich Adonia zum Könige auf (1 Reg. 1, 9), hier wd Salomo gesalbt (1, 38).

Die Quelle Gihon — גיחן in 1 Reg. 1, 33; b. LXX u. Vulg. ebenso — sandte ihr Wasser in d. oberen Teich.

Der Talm. erwähnt einen Stein Hato'im, bei welchem verlorene Sachen angezeigt, gefundene gesammelt u. dem Eigentümer zugestellt wurden. Er stand verm. im Praetorium; Dr. Sepp will ihn gefunden haben.

Jesana — ישנה in 2. Chr. 13, 19; b. LXX Jesyna, b. Vulg. Jesana; b. Jos. Isana zw. Bethel u. Ephron gen. wie im Text — eine St. in Benjamin, h. 'Ain Sinia nw. v. 'Ain Jebrud.

Jesimon — ישימון in 1. Sam. 23, 24; LXX Jessemun, Vulg. Jesimon; b. E. u. H. Isimoth — ist kein nom. propr., sond. bedeutet „Wüste", wie schon L. übersetzt hat.

Jesimoth s. Beth Hajesimoth.

Jesreel — יזרעאל in Jos. 17, 16; LXX κοιλας Ἰεζραηλ, Vulg. vallis Jesrael; im Buche Judith u. d. Bb. d. Makk. Esdrelon; b. Jos. Azare, besser Izara, während er d. Ebene μεγα πεδιον nennt — war eine alte kanan. Königst. in Isaschar, welche Manasse besetzt hatte. Hier residierte Isboseth (2 Sam. 2, 8) u. Ahab, der Naboths Weinberg nahm (1 Reg. 18). Unter d. עמק יזרעאל in Jud. 6, 33 wird das Tal d. Nahr Ghalud zu verstehen sein, während μεγα πεδιον das viel grössere Tal des Kison bezeichnet, h. Mergh Ibn Amir.

b. In Jos. 15, 56 ein Ort in Juda, aus welchem Ahinoam, ein Weib Davids, stammte.

Jessa u. Jessaron s. Jahaz.

Jesua — ישוע in Neh. 11, 26; LXX Jesu, Vulg. Jesue — war ein Ort im S. v. Juda, neben Molada gen. Vgl. Tell u. Kh. Sawe nw. v. el Milh u. Sozusa.

Jeta u. Jethan s. Jutta.

Jether u. Jethira s. Ether.

Jetheth — יתת in Gen. 36, 40; LXX Jether, Vulg. Jetheth — war eine Landschaft in Edom.

Jethla — יתלה in Jos. 19, 42; LXX ebenso, Vulg. Jethela — war ein Ort in Dan, n. Drake Schilta ö. v. Liddi, n. Cond. Kh. Bēt Tsil nö. v. Jalo.

Jethnan s. Ithnan.

Jethonam s. Jakneam.

Jethson s. Jahaz.

Jettan s. Jutta.

Jetur — יטור in Gen. 25, 15; LXX Jetur, Vulg. Jethur; verm. d. יהור d. Talm. — eine Landschaft im O. d. oberen Jordan, von Ismaeliten bewohnt, dann von Manasse besetzt (1 Chr. 5, 20). Aber die vertriebenen Räuber kamen immer wieder, zumal nachdem d. 10 Stämme in d. assyr. Gefangenschaft geführt waren. Doch zwang sie Aristobulus 107 a. Chr. d. jüd. Gesetz anzunehmen, Pompejus unterwarf auch diese neuen Juden. Als röm. Provinz hiess d. Land Ituraea (Luk. 3, 1), eine Zeit lang dem Vierfürsten Philippus untergeben, welcher n. Jos. Trachonitis, Batanaea u. Auranitis beherrschte, d. spät. Ituraea nebst d. Hauran. Man kann d. h. Drusen als Nachkömmlinge der alt. Ituraeer betrachten; es sprechen dafür Namen, Wildheit der Sitten u. ihre eigentümliche Religionsmischung. Das h. Ghedur bezeichnet nur d. nördl. Teil d. a. Jetur.

Jezechel s. Asel.

Jibleam — יבלעם in Jos. 17, 11; LXX Jablaam, Vulg. Jeblaam; verm. Kaliimna in den Listen Thothmes' III; b. Eus. Jebalam — war eine St. in Manasse zw. Megiddo und Jesreel, in welcher d. Kananiter wohnen blieben. Man vgl. d. h. Ghelameh od. Kh. Belameh s. v. Zerin. Andd. denken an Kh. Jebla in d. Nähe v. Bēsan.

Ijim — עיים in Num. 21, 11; b. LXX Achalgai, Vulg. Jeabarim; E. u. Hier. hab. das eine u. d. andere, sie vergleichen Gaja dem Petra ihrer Zeit — war ein Lagerplatz Israels im Geb. Abarim. Man vgl. Errak od. Örak s. v. Ketherabba.

b. In Jos. 15, 29 — b. LXX Αλειμ, Vulg. Jim, Peschito Elim — ein Ort im sw. Juda.

Ijon s. Ejon.

Jirpael — ירפאל in Jos. 18, 27; LXX Jerphael, Vulg. Jarephel — war eine St. in Benjamin.

Jisub — ישוב im Talm. — ist verm. gar kein Ortsname. Neub. denkt an Arsuf.

Ikam s. Kina.

Ikasmon s. Michmethath.

Ikoe u. Ikok s. Hukkok.

Imyra s. Zemar.

Ina b. Ptol. eine St. d. Dekapolis. H. Hine od. Hini am östl. Abhang d. Hermon.

Inachim s. Bacha.

Induarea s. Vaeriaraca.

Jope u. Joppe s. Japho.

Jordan — ירדן in Gen. 32, 11; b. LXX u. Vulg. Jordanes; n. Jos. aus ןר u. ־ר, zwei Quellen, entstanden oder aus ה ר u. ר gleich יאר d. i. flumen Dan; nach d. Talm. ירד דן d. i. descendens de Dan; b. Plin. wie b. d. LXX — entspringt aus drei Hauptquellen, von welchen in a. Zeit nur zwei bekannt od. beachtet waren, nämlich die bei Dan u. die bei Caesaraea Philippi. Die Eigentümlichkeit dieses Flusstales, als einer Erdspalte unter d. Niveau d. M., war in a. Zeit unbek.

D. Tal v. galil. Meer bis zum toten Meer hiess ככר הירדן in Gen. 13, 10; LXX περιχωρος του Ιορδανου, Vulg. regio Jordanis; in Jos. 11, 16 ערבה, b. LXX γη προς δυςμαις, Vulg. plaga occidentalis; b. d. Griech. Aulon, b. d. Röm. campus magnus gen.

Als Nebenfluss d. J. kennen Griech. u. Römer den Hieromax od. Jarmuk, h. Scheriat el Mundhur od. Menadhire, der ganz Basan durchzieht. Ein and. Zufluss auf d. link. Seite ist d. Jabbok (s. d.). Wo d. Krith (s. d.) sich mit d. Jord. vereinigte, lässt sich nicht sicher bestimmen.

Josaphattal — עמק יהושפט in Joel 4, 2; עי הברכה in 2 Chr. 20, 26, LXX αὐλων της εὐλογιας, Vulg. vallis benedictionis, Jos. folgt d. LXX — hat seinen Nam. v. d. Sieg d. Kön. Josaphat üb. d. Ammoniter, Moabiter u. Meuniter. Vgl. W. el Berēkut w. v. Thekoa, einst ein Schilfbach, jetzt trocken.

b. Das Tal Kidron trägt dies. Namen zuerst b. Eus., verm. n. Joel (s. o.).

Jotabe b. Prok. bell. pers. eine Insel bei Aila, welche von Juden bewohnt war.

b. s. Jephthah-El.

Jotapata s. Jephthah-El.

Jotba s. Jateba.

Jotbath s. Jatbath.

Iram — עירם in Gen. 36, 43; LXX Ζαφωιν, Vulg. Hiram — war ein Ort in Edom, nach Jakut b. Aila.

Irhamelah — עיר המלח in Jos. 15, 62; b. LXX πολις των ἁλων, Vulg. civitas salis — hiess eine St. in d. Wüste Juda, wahrscheinl. in d. Nähe d. t. M. Man vgl. ez Zuwēra od. Zaira, auch Kh. el Milh.

Irheres s. Heres.

Irnahas s. Nahas.

Irpeel s. Jerpeel.

Irsemes s. Beth Semes.

Irta in d. Listen Thothmes' III, verm. d. h. Irtā am Whang d. Geb. Ephraim, nahe bei Faraun.

Isana s. Jesana.

Isaschar — יששכר in Gen. 30, 18 u. Jos. 19, 17; LXX* u. Vulg. ebenso — erhielt sein Gebiet im Tal d. Kison, konnte aber nicht alle Kananiter aus dieser fetten Gegend vertreiben. Vgl. Jud. 5, 15.

Iskaluna s. Askalon.

Israel — ישראל in Gen. 32, 29 ein Personenname; KS. hab. Bit Humri; in 2 Sam. 2, 9; LXX u. Vulg. ebenso — bezeichnet vor d. Exil das Reich der 10 Stämme, in d. Zeit n. d. Exil d. ganze jüdische Land (1 Chron. 12, 1).

b. הר ו in Jos. 11, 16 bezeichnet dasselbe wie Gebirg Ephraim.

Itabyrion s. Thabor.

Ithnan — יתן in Jos. 15, 23; LXX ebenso; Vulg. Jethnam; b. E. u. H. Ethnan od. Etna 6 r. M. ö. v. Hebron — war eine St. an d. südl. Grenze v. Juda.

Itliz im Talm. ein Ort bei Ammas.

Itloza im Talm. ein Markt bei Gaza (Neub.).

Itta s. Ethkazin.

Ituraea s. Jetur.

Juda — יהודה in Jos. 15, 1; in KS. Jahudu — od. d. Gebiet d. gleichn. Stammes zerfiel: 1. in d. Geb. Juda, הר י in Jos. 15, 48;

LXX ἐν τῇ ὀρεινῇ; im Talm. בּוּר בְּלְכָּא — reich an Wein, Honig, Milch, Öl; h. el Arkūb; 2. d. Wüste Juda — מדבר י׳ in Jos. 15, 61 — d. östl. Teil d. Geb. bis zum t. M.; 3. d. Süden d. L. — הנגב in Jos. 19, 8; LXX κατα λιβα, Vulg. contra australem plagam — an Edoms Grenze schloss Simeons Erbe ein; 4. d. Niederung im W. — השפלה in Jos. 9, 1; b. LXX ἡ πεδινή, Vulg. campestria — war v. Philistern und Kananitern bewohnt.
b. Juda am Jordan s. Hawwoth Jair.

Judaea bez. im N. T. bald einen Teil von Juda u. Benjamin, bald das ganze Palaestina (Luk. 1, 5 u. a.); denn nach d. babyl. Gefangenschaft gab der nunmehr bedeutendste Stamm dem Land seinen Namen, während der Süden von Edomitern, die Städte der Ebene von Philistern, die Mitte d. L. zum Teil von eingewanderten Heiden bewohnt ward.
Als Provinz d. Röm. grenzte J. im N. an Samaria, im S. an Idumaea, im O. an Peraea und umfasste n. Jos. 13 Toparchieen: Jerus., Gophna, Akrabatta, Thamna, Lydda, Ammaus, Pella, Idumaea, Engaddae, Herodion, Jericho, Jamnia u. Joppe.
Caesar Aug. gab Judaea und Samaria dem Archelaus, der nach zehn Jahren abgesetzt wd, worauf Judaea einen röm. Statthalter erhielt.

Her. Agr. war nur drei J. Herr d. ganzen jüd. Landes wie sein Grossvater Her. I.
Jukadam s. Jakdeam.
Jukrath s. Thukrath.
Julias s. Beth Haram.
b. s. Bethsaida.
Jurza in d. List. Thothmes' III verm. d. h. Kh. Jarzeh ö. v. Askalon.
Justinianopolis s. Adarin.
Jutta — יטה in Jos. 21, 16; b. LXX Jetta, Vulg. Jeta; b. E. u. H. ebenso, 18 r. M. s. v. Eleutheropolis — war eine Priesterst. in Juda, h. Jutta s. v. el Khalil.
Es wird vermutet, J. sei die Heimat Joh. d. T. gewesen (Luk. 1, 39), wogegen Andd. erinnern, dass d. Süd. Judaeas damals v. Edomitern besetzt war. Auch ist kaum denkbar, dass Abschreiber ט und ג verwechseln konnten.
Iwwa s. Awwa.
Izara s. Jesreel.

K.

Kabartha — כבּרתא im Talm. — eine Grenzst. d. jüd. Landes. Schw. vgl. ein sonst unbek. Habartha w. v. Schefa Omar.
Kabon — כּבוֹן in Jos. 15, 40; LXX Chabbon, Vulg. Chebbon — war eine St. in Juda, verm. gl. Machbena. Vgl. Kh. el Makhbijeh n. v. Bēt 'Alām od. mit SV. Kubēbeh es scharkijeh.
Kabul — כּבוּל in Jos. 19, 27; b. LXX Chabol, Vulg. Cabul; b. Jos. Chabolo, im Talm. Kabul — war

eine St. in Asser, die noch nach der Zerstörung Jerus.' erhalten blieb. Vgl. Kabûl 2 M. sö. v. Akko.

b. In 1 Reg. 9, 13 — b. LXX 'Ὅριον, b. Vulg. Chabul; b. Jos. Chabolo, a. phoenik. W. mit οὐκ ἀρεσκον übersetzt — ein sandig. Landstrich an d. Grenze v. Tyrus, den Salomo an Kön. Hiram abtrat. Es bleibt unerklärlich, wie in diesem unfruchtbaren Lande 20 Städte bestehen konnten?

c. Jos. Vita 43 erwähnt ein Dorf K. Man sucht es ö. v. Dammûn.

Kabzeel — קבצאל in Jos. 15, 21; LXX Καβσεηλ, ebenso Vulg.; im Talm. אבצאל, verm. ein Schreibfehl. — war ein Ort im südl. Juda, aus welchem Benaja, einer d. Helden Davids, stammte. Nach Eus. ruhte hier Elia auf seiner Reise zum Horeb. Man vgl. 'Ain Kesaba s. v. Khan Megas.

Kades — קדש in Num. 13, 26; b. LXX u. Vulg. ebenso bisw. mit ברנע verbund. (s. d.); vorher עין משפט nach Gen. 14, 7 gen., später כי מריבה u. Num. 20, 13 — war ein Ort in d. Wüste, wo das nomadisierende Israel sich längere Zeit aufhielt (Deut. 1, 46), wenn auch nicht ganze 37 Jahre. Hier wurden d. Amalekiter von Kedor Laomor u. seinen Verbündet. geschlagen, hier schaffte Moseh dem murrenden Volke Wasser aus dem Felsen (Num. 20, 8); hier starb Mirjam, deren Grab noch zu Hier.' Zeit gezeigt wd. Von hier giengen d. 12 Kundschaft. aus, hier wd d. Rotte Korah v. d. Erde verschlungen (Num. 16). Vgl. 'Ain u. W. Kadis nw. v. Gh. Makrah. Schw. erkennt Barnea in W. Birēn, einem Zufluss d. W. el Arisch.

b. s. Kedes.

Kadmoni Jam — ים קדמני in Sach. 1 4, 8; b. LXX θαλασσα ἡ πρωτη, Vulg. mare orientale — heisst d. t. M., weil es im O. v. Juda liegt.

Kadmoth s. Kedemoth.

Kadomi s. Kison.

Kadytis b. Herod. — b. Steph. Byz. in Kalytis u. Kanytis verdorb. — eine Küstenst. v. Pal., die er selbst besucht hat; denn er schätzt sie ebenso gross als Sardes. Da er sie d. südlichste Seest. v. Pal. nennt, muss sie für Gaza gehalt. werden. An Jerus. — קדיש — ist gar nicht zu denken, ebenso wenig an Kades, da diese beiden St. im Gebirg liegen.

Kaene b. Jos. Ant. VI, 13, 2 ein Ort in d. Wüste Siph, wo David sich aufhielt.

Kain — חקין in Jos. 15, 57; LXX 'Αχειν; Vulg. Accain — war ein Ort in Juda, neben Gibea u. Thimna gen. SV. vgl. Kh. Jukin sö. v. Hebron.

Kaina in d. Siegesber. v. Thothmes III, n. Cond. h. Kh. Kaaûn u. v. Berdeleh, w. v. Jordan.

Kaipha s. Achsaph.

Kaiza in d. KS. eine St. im nördl. Phoenikien (Schw.).

v. Starck, Palaestina u. Syrien.

Kalamonis Laura lag zwischen der Laura Pharan u. d. Laura turrium. Cyrillus kennt einen Berg Kalamon, der verm. auch in dieser Ggd zu suchen ist.

Kalamus nenn. Plin. u. Polyb. als eine St. am Mmeer, Not. dign. als röm. Mil.-Stat. in Phoenikien. Früh wd sie v. ein. syr. König zerstört, aber wieder aufgebaut. Vgl. el Kalmon sw. v. Tarabūlus.

b. N. Itin. Hieros. u. Not. dign. lag ein K. zw. Ptolemais u. Sykaminum, von diesem 3 r. M. entf. Vgl. Tell es Semak.

Kaleb — כלב in 1 Sam. 30, 14; b. LXX Χαλεβ, Vulg. Caleb — bedeutet einen Teil d. Gebietes v. Juda, verm. d. Ggd v. Bethlehem.

Kaliimna s. Jibleam.

Kalirrhoë s. Lasa.

b. s. Zerethhasahar.

Kalkai — קלפאי im Talm. — ein Ort im Libanon. Schw. vgl. ein Ard Akluk?

Kalno — כלנו in Jes. 10, 9; b. LXX Χαλανε, Vulg. Calano, in KS. Kullani — war eine St. in Syrien, d. v. d. Assyriern viel zu leiden hatte, bis sie von ihnen erobert wd. Vgl. Kh. Kullanhu b. Tell Erfad.

Kalytis s. Kadytis.

Kamon — קמון in Jud. 10, 5; LXX u. Vulg. ebenso — war ein Ort in Gilead, wo d. Richter Jair begrab. wd. 218 a. Chr. eroberte n. Polyb. Antiochus, nachdem er Pella eingenommen, auch K.-Schw. kennt ein Kumina sö. v. Bēsan.

b. s. Jakneam.

Kana — קנה in Jos. 19, 28; b. LXX u. Vulg. ebenso, b. Jos. Kanatha — war eine St. in Asser, sö. v. Tyrus. II. Kana mit d. Grab d. Kön. Hiram.

b. In Joh. 2 ein Ort in Galilaea, der in d. Pesch. Katne heisst. Hier tat Jesus sein erstes Wunderzeichen. Vgl. Kh. Kana od. Kana el Ghelil gen.; Andd. denk. an Kafr Kenna.

Kanaan — כנען in Ex, 3, 8; b. LXX u. Vulg. Chanan; in d. KS. Mat Mactu od. Mat Aharri od. Mat Hatti — bezeichnete d. Land zw. Mmeer u. Jordan, am Anfang verm. nur den Küstenstrich, den Philister u. Phoenikier bewohnten.

Kanat wird als eine St. d. Hauran genannt, die man zw. W. Sikake u. W. Talit sucht, wo h. d. Df Kerak liegt.

Kanatha s. Kenath.

b. s. Kana.

Kan Nisraja — קן נשריא im Talm. — d. nördl. Syrien, h. Kennisrin.

Kantir — גילפא דקנטיר im Talm. — ein Df am See v. Tiberias.

Kanytis s. Kadytis.

Kapernaum — verm. gl. כפר נחום im Talm. od. gl. כ־תנחים in dems., n. Matth. 4, 13 an d. Gr. v. Sebulon u. Naphthali; b. Jos. eine St. u. Quelle Kapharnome, w. d. Ebene Genezareth bewässerte — war eine St. am galil. Meer, mit röm. Besatzung (Matth. 8, 5) und

Zollstätte (Matth. 9, 9), Wohnort d. Jairus u. mehrerer Apostel, von Jesus als „seine St." bevorzugt, aber durch seinen Widerstand u. Unglauben unter den Fluch geraten (Matth. 11, 26). Auch d. Talm. nennt הימאים die בני כפר נחים. Vgl. Kaphar Achim.

Des Jos. Nachricht weist auf 'Ain et Tabigeh; Rob. erkennt K. in Tell Hum.

Kapharabis — b. Jos. ein Ort im ober. Judaea od. Idumaea, b. Ruf. Kapharis, im Talm. כ־אבוס od. כ־ביש — war n. d. Talm. eine St. ohne Gastlichkeit. Schw. nennt ein 'Ain Abiz im W. Sarar.

Kaphar Achim — כ־אחים im Talm. mit כרים gen. — war ein Ort in Galil., bekannt durch seinen guten Waizen. Vgl. Kapernaum.

Kaphar Agin — כ־אגן im Talm. ohne nähere Best. — als Wohnort d. R. Tanhum gen. Vgl. Kaphar Gun.

Kaphar Akabia — כ־עקביא im Talm. — ein Ort in Galil., wo R. Admon u. Akabia begraben sind; vgl. Kafr 'Akā od. mit Schw. Akbi s. v. Safed od. En Akabi zw. Tiberias u. Dam.

Kaphar Amiko s. Beth Haemek.

Kaphar Anan s. Hanathon.

Kaphar Anim — כ־ענים im Talm. — ein Ort in Juda; Schw. kennt ein Ben Emin.

Kaphar Aria — כ־א־רה im Talm.; in Tab. Peut. ein Ort zw. Askalon u. Jerusalem — war ein Ort in Judaea, den Neub. aber gl. Tarichaea hält. Vgl. Kapharorsa.

Kaphar Aziz — כ־עזיז in Mischna Kil. — ein Df in Judaea, wo R. Josua und R. Ismael zusammenkamen; vgl. Kh. Aziz b. Jutta.

Kaphar Baracha s. Nain, b.

Kaphar Barka s. Nain, b.

Kaphar Barkai s. Anuath B.

Kaphar Chobra b. Sozom. ein Df b. Gaza.

Kaphar Dagon s. Beth Dagon.

Kaphar Dakaria s. Beth Zacharia.

Kaphar Dama s. Adama.

Kaphar Dami — כ־דמי im Talm. — ein Df in Galilaea.

Kaphar Darom — כ־דרום im Talm. — d. Heimat d. R. Elieser, in d. Nähe v. Gaza. Vgl. Bab ed Daron.

Kaphar Datia — כ־דטיא im Talm. — ein Ort von unbest. Lage.

Kaphar Dikrin — כ־דיכרין im Talm. — soll n. d. Talm. nur männl. Kinder gesehen haben. Vgl. Dhikrin b. Bēt Ghibrin. Schw. nimmt d. Ort gl. K-Dakaria.

Kapharekcho — b. Jos. b. j. II, 20, 6; V. 37; im Talm. כ־עמו — war ein Ort in Galilaea, den Jos. befestigen liess. H. liegt ein Kh. Kafra od. Kefra in d. Ggd v. Akko.

Kaphar Ekos — כ־עיבוס im Talm. — vgl. mit Kapharekcho.

Kaphar Etaea — b. Justin. Apol. I, 26 — war ein Flecken in Samarien, d. Heimat d. Häret. Menander. Vgl. Kafr Atiz b. Ghurisch s. v. Akraba.

Kaphar Etam — כ־עיטם im Talm. — vgl. Etam.

Kaphar Farewa — כ־פרוא im Talm. ein Ort im oberen Galilaea; vgl. Kh. Fārā zw. Alma u. Jaron nw. v. Safed.

Kaphargamala war nach dem Bericht d. Presbyter Lucian ein Ort w. v. Jerus., 20 r. M. entf. Bis hierher soll d. Leichnam d. Märt. Stephanus gebracht worden sein.

Kaphar Genam — כ־גנם im Talm. — ein Df in Galilaea, h. Bēt Ghonn w. v. Safed.

Kaphar Gun — כ־גון im Talm. — ebenf. als Heimat d. R. Tanhum gen., daher verm. gl. K-Agin. Vgl. Ghauneh ö. v. Safed.

Kaphar Haamona — כפר העמונה in Jos. 18, 24; LXX ebenso; Vulg. villa Emona — war ein Ort in Benjamin, welchen Ammoniter bewohnt hatten. Vgl. Almon. H. liegt ein Kh. Kafr Ana ½ M. n. v. Bētin.

Kaphar Hanina — כ־חנינא oder כ־חנניה im Talm. — s. Hanathon.

Kaphar Harub — כ־חרוב oder מגדל ח־ im Talm.; nicht zu vgl. d. Achabara d. Jos. — war ein Ort in O. d. galil. Meeres, h. Kafr Harib.

Kaphar Hattia s. Ziddim.
Kaphar Hittia s. Kapharkotia.
Kaphar Heres s. Heres.
Kaphar Jama s. Jabneel.
Kaphar Jettma — כ־יהמא im Talm. — ein samarit. Df; h. Jetna s. v. Nablūs.

Kaphar Imra — כ־אימרא im Talm. — lag n. Schw. in Juda, h. Bēt Imra, sw. v. el Khalil;

Neub. aber weist es n. Galil. Von hier wurden Opfertauben n. Jerus. gebracht.

Kapharis s. Kapharabis.

Kapharkotia — b. Ptolem., im Talm. כ־חייטיא — eine St. u. Bsitz v. Pal. II zw. Caesarea u. Skythopolis, h. Kafr Kad od. Kud 1 M. w. v. Ghennin.

Kaphar Kurenis — כ־קורינים im Talm., wo Neub. כ־קינים lesen will, das bei Bethsean liegen soll — war ein Ort in der Ggd Abelim. Vgl. Kal. el Kurain od. Krēn.

Kaphar Lakitia — כ־לקיטיא im Talm. ein Ort Judaeas, wo Kaiser Hadrian wie in Bethel u. Hamath Wachtposten aufstellte.

b. N. Schw. auch ein Ort in Ober-Galilaea.

Kaphar Lodim — כ־לודים im Talm. — war ein Ort in d. Nähe v. Lydda, welchen d. Talm. wie andere Küstenorte nicht zu Pal. rechnet.

Kaphar Nahum s. Kapernaum.

Kaphar Neboria — כ־נבוריא im Talm. — die Heimat eines abtrünnigen Jakob, judenchr. Lehrers in Tyrus. Vgl. Neburia. Man vgl. Kafr Nabrakh od. mit Neub. Naburetēn od. Nebratēn n. v. Safed.

Kaphar Nimra — כ־נמרה im Talm. — war ein Df mit 300 Weberfamilien. Schw. kennt ein Bir Mumār n. v. Nablūs.

Kaphar Nome s. Kapernaum.

Kapharorsa b. Ptolem. ein Ort in Judaea, n. Rel. gl. Kaphar Aria.

Kaphar Pegasch — כ־פגוש od. כפר פגשא‎ im Talm. — neben K-Salama gen., verm. ein. Ort in Samarien.

Kaphar Pekiin — כ־פקיעין oder בפקיעין im Talm. — ein Ort zw. Jabne u. Lod.

Kaphar Ramin s. Beth Rimmon.

Kaphar Saba — b. Jos. u. im Talm. — ein untergegangener Ort n. v. Lydda. Vgl. Antipatris.

Kaphar Sahra — כ־שחרא im Talm. — ist mit Kaphar Zacharia nicht zu vergl.

Kaphar Salama — in 1 Makk. 7, 31; Jos XII, 10, 4; כ־שלמא im Talm. — war ein Ort in d. Nähe v. Bethel, wo n. 1 Makk. Judas Makk., n. Jos. aber Nikanor siegte. Vgl. Salameh od. Salamijeh. Smith denkt an Silman, Neub. an d. neut. Salem., Cond. an Selmeh b. Jafa.

Kaphar Sami — כ־סמי od. כ־סמא im Talm. — ein Df b. Sepphoris, Heimat eines Jakobus, welcher den von einer Schlange gebissenen Elieser im Namen Jesu heilen wollte; aber R. Ismael erlaubte es nicht. H. Simai? Vgl. K-Simai.

Kaphar Sekanja — כ־סכניא im Talm. — Heimat eines Christen Jakobus. Vgl. K-Neboria u. K-Sami.

Kaphar Semelia wd v. Lucian mit K-Gamala zusammen gen.

Kaphar Signa s. Sogane.

Kaphar Sihalim — כ־שיחלים im Talm. — ein Df des südwestl. Judaeas m. „ebensoviel Einwohnern, als Israeliten aus Aegypten zogen". D. Nam. erkl. Neub. mit „Unkraut, das sich stark vermehrt". S. Silhim.

Kaphar Sihia u. K-Sihon s. Asochis.

Kaphar Simai, im Talm. ein Ort nö. v. Akko, wird gl. K-Sama sein, h. Kafr Sumēa.

Kaphar Siphoria — im Talm., im Chron. Sam. Kafr Siporia — ein Ort b. Lydda, h. Safirijeh. Vgl. Sariphaea u. Zephirin.

Kaphar Sobthi od. Kaph.Subethi im Talm. ein Ort in Galilaea, h. Kafr Sabt nö. v. Thabor.

Kaphar Sorech b. Hier. ein Ort n. v. Eleutheropolis; vgl. Sorek.

Kaphar Tabi — כ־טבי im Talm. — ein Ort in Judaea, ö. v. Lydda, h. Kh. Kafr Tab im Mergh Ibn Omēr.

Kaphar Tanhum s. Kapernaum.

Kaphar Teruba — כ־טרובא im Talm. — die Heimat von zwei Helden, die sich im Krieg gegen die Römer auszeichneten.

Kaphar Thamratha — כ־תמרתא Talm. — verm. in Juda gelegen. Schw. vgl. Bēt-tamra d. i. Bēt-taamar.

b. Ein Ort in Isaschar, h. Tamrā bei Endūr.

Kaphartoba — b. Jos. b. j. IV, 5, 1 — ein Ort mitten in Idumaea.

Kaphar Uthani — כ־עיתנאי im Talm. — ein Ort an d. Südgrenze v. Galil., verm. d. h. Kafr Adān nw. v. Ghennin. Vgl. Anuath.

Kaphar Uziel — כ־עוזיאל im

Talm. — ein Ort, d. von Priestern bewohnt war.

Kaphar Zacharia b. Sozom. ein Ort in d. Ggd v. Eleutheropolis. Vgl. Tell Sakarijeh ö. v. Tell es Safieh.

Kaphar Zemah — כ־צמח im Talm. ein Ort, der vom Zehnten befreit war. Vgl. Kh. Sammakh nö. v. ez Zib, n. Schl. Samakh am See v. Tib.

Kaphar Zumeria — כ־צוכריא im Talm. — ein Ort ohne nähere Best.; doch vgl. Simron.

Kaphethra — b. Jos. b. j. IV, 9, 9; ebenso b. Rufinus — ein Ort im oberen Idumaea.

Kaphira — כפירה in Jos. 9, 17; LXX Κεφιρα, Vulg. Caphira — eine St. der Hewaeer, wd v. Benjamin eingenommen. Sie war mit Gibeon, Beeroth u. Kirjath Jearim verbündet. Vgl. Kh. Kefira od. Keferrat nicht fern v. el Bireh.

Kaphnata — d. i. כף נטא — in 1 Makk. 12, 27 — bezeichnet ein. Teil der östl. Mauer v. Jerus., welchen Jonathan Makk. bestellte. Andere verstehen Kaphn. als den Namen einer Schlucht zw. Tempelplatz u. Bethzetha.

Kaphra — כפרה im Talm. — Ort in Galilaea, wo R. Elieser u. Bar Kaphra ihr Grab gefunden; h. verm. Kh. Kafra n. v. Bēsan.

Kappareae im Itin. Ant. eine St. v. Coelesyrien, 23 r. M. v. Arra. S. fand hier Latmin in fruchtbarer Ebene.

Kapron κωμη in d. Not. episc. ein Bsitz d. arab. Eparchie.

Kara in d. Not. ep. ein Bsitz der arab. Eparchie, h. Karr an d. Grenze v. Ghebal.

Karatea in d. B-Verz. ein chr. Bsitz zw. Damaskus u. Palmyra, h. Karjatēn. Vgl. Hazar-Enon.

Karem nennen einige Codd. d. LXX in Jos. 15, 60 eine St. in Juda; ihnen folgt Hieronymus. Als Wohnort d. Zach. u. d. Elis. nennt d. Überlfg bald Jutta, bald Karem, wo ein Kloster d. hl. Johannes stand. H. ʻAin Karim.

Kariada s. Kirjathaim.

Karioth — קריות in Jos. 15, 25; LXX πολεις, Vulg. Carioth, ebenso d. Talm. — war eine St. d. südl. Juda, die Heimat d. Verräters Judas (Matth. 10, 4). Vgl. Kh. Karjetēn od. Kerētin, sö. v. Semūa.

b. In Jer. 48, 24; Am. 2, 2 — LXX u. Vulg. w. d. Text; n. d. Stein d. Mesa mit einem Heiligtum des Kamos ausgezeichnet — eine St. in Moab, h. Kh Kurēat od. Karjatēn am W. el Franghi.

Karka — קרקע in Jos. 15, 3; b. LXX Akkarka, Vulg. Carcaa; b. Eus. Akarkas, Hier. Accara — war ein Ort d. südl. Juda b. Azmon.

b. D. Talm. kennt ein כרכה דבר הוד od. כ־דבר זנרא, welches Schw. in Kh. es Sani erkennt. Vergl. Senigora.

c. Das כרכה דבר חרב d. Talm. war eine St. an d. Ngrenze von Palaest., die keinen Zehnten entrichtete.

Karkaru nennen d. KS. ein. Ort in d. Ggd v. Hamath, wo Ahab v. Israel und Benhadad v. Dam. dem König v. Assur unterlagen.

Karkisch wird als eine St. am Orontes gegenüb. Arethusa genannt h. Ghirghijeh.

Karkor — קַרְקֹר in Jos. 8, 10; LXX *Καρκαρ*, Vulg. requiescebant; b. E. u. H. ein röm. Kastell eine Tagereise v. Petra, dem Seeck Veterocaria vergl. — war ein Ort jens. d. Jord., wo die v. Gideon geschlagen. Midianiter durch ihre Könige gesammelt wurden. Cond. vgl. el Kerēk.

Karmel — כַּרְמֶל in Jos. 19, 26; LXX u. Vulg. Carmelus — ein Ausläufer des samarit. Gebirges, reich an Wald, Weiden u. Wild, dass Karmels Gefilde sprichwörtl. waren wie d. Cedern Libanons (Jes. 35, 2). Hier stand Elias Altar (1 Reg. 18, 30 ff.), hier auch ein Altar heidnischer Götter, welchen Vespasianus opferte, als er durch R. Johanan ben Zakai die Vorhersagung seiner Erhebung empfieng. Tac. hist. 2, 78: Carmelus — ita vocant montem deumque. Hier lag Ekbatana — b. Plin. — eine St., die später d. Nam. Carmel erhielt.

b. In Jos. 15, 55 — LXX *Χερμελ*, Vulg. Carmel; in Not. Dign. Chermula, eine Stat. illyr. Truppen; b. Eus. u. Hier. Chalmer, Cheimalla od. Karmelia 10 r. M. n. od. s. v. Hebron — ist K. eine Bergst. im südl. Juda, die in röm. Zeit eine Besatzung hatte. Hier begegnete Saul dem Pr. Samuel (1 Sam. 15, 22); hier weideten Nabals Heerden (a. a. O. 25, 2).

Karmiun s. Amena u. Chorseus.

Karnaea s. Astaroth Karnaim.

b. N. Eus. ein Ort bei Jerus.

Karmaim in 1 Makk. 5, 39 eine St. in Golan wird bald gleich Astaroth Karn, bald gl. Karnion, bald gl. Capitolias gehalten. Die St. lag in ein. tiefen Tal, verm. d. Hieromax.

Karne — b. Plin. u. Steph. Byz.; nach Forbiger gl. Antaradus — war eine St. am Mittelmeer, die später Constantia hiess. Vgl. Tortosa.

Karnion — in 2 Makk. 12, 21 — war ein Ort jens. d. Jord., in den griech. Inschriften Agraena und Graena gen., h. Krēn od. Ghrēn, Ghurēn in d. südw. Legha.

Karnus wird eine St. am Mittelmeer genannt, wo d. Bürger v. Aradus ihre Besitzungen hatten; h. Karaun. Vgl. Karne.

Kartha — קַרְתָּה in Jos. 21, 34; LXX *Καρθαν*, Vulg. Cartha; fehlt in 1 Chron. 6 — war eine Levitenst. in Sebulon, w. v. Karmel.

Karthan s. Kiriathaim.

Karuhim — קְרוּחִים im Talm. — ein Ort Judaeas mit gutem Wein. Vgl. Etulim u. Koreae.

Kasama s. Kesama.

Kasbon — b. Vulg. Chasphor, in 1 Makk. 5, 26; b. Jos. Chasphoma — war eine feste St. in Gilead. Man vgl. Kassuēh am

W. Kanuat od. es **Sbān** od. **Khisfin.**

Kasla s. Kesalon.

Kaspin od. Chaspin — in 2 Makk. 12, 13; d. Talm. kennt ein חספיה — war eine feste St. jens. d. Jord. Man denkt an Hesbān, besser an Khisfin.

Kassius — b. Plin. V, 12 Casius, ein Berg an der Ngrenze v. Phoenikien.

Kastellion wird als ein Kloster in der Nähe von Mar Saba u. dem alten Kloster d. hl. Euthymius genannt.

Kastera — קסטרא im Talm. — ein Ort in Galilaea, nicht weit von Hepha. Vgl. Legio od. mit Schw. Castrum peregrinorum.

Kato s. Manahath.

Kattath — קטת in Jos. 19, 15; LXX ebenso, Vulg. Catheth; im Talm. קטונית — war ein Ort in Sebulon. Vgl. Kitron. N. a. Pl. erkennen ihn im h. Kh. Koteneh im nordw. Karmel, Schw. in Kafr Kenna u. in Kana el Ghelil.

Kazin s. Ethkazin.

Kazira — קצירא דגלילא im Talm. — eine St. v. Galilaea. Vgl. Kasra s. v. Ghurisch bei Akraba.

Kazra — קצרה od. נסטרה im Talm. — ein Ort in Galilaea. Schw. sucht diesen Ort bald n. d. T. in d. Nähe v. Sepphoris bald auf einem Bg zw. Meghdel und Kal'at ibn Ma'un nw. v. Tabarijeh.

Kear nennt d. Talm. einen Ort in Pal., der auf seinen Bergen Feuerzeichen gab. Vgl. Gh. Kaijara u. Zarthan.

Kebatuān eine St. des jüd. Landes, gen. in d. Siegesberichten Thothmes' III.

Kedemoth — קדמות in Deut. 2, 26; LXX Κεδμωθ, Vulg. Cademoth — war eine Wüste im späteren Gebiet Ruben. Von hier sandte Moseh Boten an den Ammoniterkönig Sihon.

b. In Jos. 13, 18 — LXX Κεδημωθ, Vulg. Cedimoth — eine St. in Ruben, welche v. Amoritern bewohnt war, hernach an Levi fiel. Man vgl. ein Kh. Sufa ö. v. Baal-Meon ohne weiteren Anhalt.

Kedes — קדש od. קדש נפתלי od. ק־ בגליל in Jos. 21, 32; Kades in Galilaea in 1 Makk. 11, 63; LXX Καδες ἐν τῇ Γαλιλαιᾳ, Vulg. Cedes in Gal.; Jos. Κυδισα od. Κεδασα; E. u. H. Κυδισσος, 8 r. M. v. Tyrus, so v. Paneas, b. Eus. auch Ereminthia (?) gen. — war eine kananit. Königst., die in Naphthalis Erbe fiel, d. Heimat Baraks, auch Priester- u. Levitenst. Später wurden ihre Einw. n. Assyrien gebracht, die St. v. Tyriern besetzt.

Vergl. nicht d. Tell Nebi Mendeh bei Hŏms, sond. d. Df Kedes od. Kades w. v. Bahr el Huleh.

b. In 1 Chron. 6, 57 eine St. in Isaschar, die mit Dabrath, Ramoth u. Anem den Leviten gegeben wd. Dieselbe heisst in Jos. 19, 20; 21, 28 Kisjon.

c. In Jos. 15, 23 — LXX Κεδες, Vulg. Cades — eine St. in Juda.
Kedron — in 1 Makk. 15, 39; vgl. Gedera — war eine St. am Wrand des jüd. Gebirges, welche Antiochus durch Kendebaeus befestigen liess. Vgl. Katrah ö. v. Jebnah od. mit Schw. Kadrum, d. vorhergen. verm. gl.
Kedumim s. Kison.
Kegila — קעילה in Jos. 15, 44; b. LXX Κεϊλα, Vulg. Ceila; b. Jos. Cilla; Eus. u. H. wie LXX, n. Eus. 17, n. Hier. 8 r. M. ö. v. Eleutheropolis, zu ihrer Zeit Echela gen. — war eine St. in d. Ebene Juda. Das Kila d. Eus. u. H., wo man zu ihrer Zeit d. Grab Habakuks zeigte, lag im Geb. Juda u. kann hier nicht in Betracht kommen. So noch N. a. Pl.
Kehelatha — קהלתה in Num. 33, 22; LXX Μακελλαθ, Vulg. Ceelatha — war eine Lagerstätte Israels in d. Wüste.
Keila s. Kegila.
Kelanbo — קלנבו im Talm. — ein Ort in Pal. ohne nähere Best.
Kemaaterija — קמטריא im Talm., verm. gl. κοιμητηριον — ein Ort ohne gew. Lage.
Kenas — קנז in Jos. 15, 17; in Num. 32, 12 hab. d. LXX für קניז διακεχωρισμενος, Vulg. Cenezaeus; b. Eus. Kenex — war ein edomit. Stamm u. Landschaft, woher Kalebs Vorfahren herkamen. Ein Kastell bei Petra soll den Namen noch h. tragen.
Kenath — קנת in Num. 32, 42;

LXX Κανaθ, Vulg. Chanath; später נבח gen. (Jud. 8, 11), n. E. u. H. lag ein Naban 8 r. M. s. v. Esbus, d. i. Hesbon — war eine St. in Manasse, welche schon frühe die Syrer einnahmen. Sie mag also an d. äussersten Ostgrenze gelegen haben, später Kanatha od. Kanotha, ein chr. Bsitz am westl. Abhang d. Alsadamus, h. Kanuat.
Kerasin s. Chorazin.
Keroba — קרובה im Talm. — Heimat d. R. Alexandri, ohne nähere Angabe.
Kesalon — כסלון in Jos. 15, 10; LXX Χασαλων, Vulg. Cheslon; b. Eus. Chalason — war ein Ort an der nordw. Grenze v. Juda, h. Kasla od. Kesla, 2 M. w. v. Jerus. Vgl. Kesil.
Kesama b. Ptolem. ein Ort in d. Ggd v. Palmyra, vill. d. Casama d. Not. dign., wo eine röm. Milit.-Stat. war.
Kesib — כזיב in Gen. 38, 5; b. LXX Χασβι, Vulg. parere cessavit; E. u. H. wie LXX — war ein Ort im späteren Juda, wo dieser Sohn Jakobs sich aufhielt. SV. vgl. 'Ain Kesbeh b. Bēt Nettif. b. Vgl. Achsib, b.
Kesil — כסיל in Jos. 15, 30; b. LXX Χεσιλ, b. Vulg. Cesil; auch כסלון in Jos. 15, 10 wd verglichen; in Judith 1, 8 Chellus; verm. gl. Lysa od. Lyssa bei Jos.; E. u. H. nennen Allus eine edomit. Ggd b. Petra; Rel. vgl. Bethul in Jos. 19, 4 — war ein Ort im südl. Juda, verm. d. spätere Elusa b. Beerseba,

das durch den Venusdienst seiner barbar. Bewohner, d. heidn. Sarazenen, berühmt war (Hier.). In chr. Zeit gehörte sein B. zu Pal. III. Wie B. war auch Elusa eine Stat. d. alten Römerstr. v. Aila u. Jerus., b. Ptolem. in Idumaea gel. Vgl. Kh. Khalasa einige Meilen v. Gazze od. Kh. Lussan am W. d. N.

Kesion s. Kiseon.

Kesis od. Keziz s. Emek K.

Kesulloth — כסלות in Jos. 19, 18; LXX Χασελωϑ, Vulg. Casaloth — war ein Ort auf d. Grenze v. Isaschar u. Sebulon, zu Isaschar gehörig. S. Kisloth Thabor. Vgl. Iksâl zw. Thabor u. Nazareth.

Kibzaim — קבצים in Jos. 21, 22; LXX Καβσαιμ, Vulg. Cibsaim, wofür in 1 Reg. 4, 12 Jakmeam steht — war eine Leviten- u. Freist. in Ephraim. Cond. vgl. Tell el Kabûs zw. Jerus. u. Michmas, also in Benj. geleg.

Kidon — כידן in 1 Chron. 13, 9; LXX Χειδων, Vulg. Chidon, wie auch Jos.; in 2 Sam. 6, 6 נכן, b. LXX Ναχων, ebenso Vulg. — war eine Tenne zw. Jerus. u. Kirjath Jearim, wo Ussa starb. Vergl. Perez U.

Kidron — קדרון in 2 Sam. 15, 23; LXX Κεδρων, Vulg. Cedron; b. Theodos. Πυρινος — ein wasserloses Thal ö. v. Jerus.

Kila, b. E. u. H. unter Kegila gen., war ein Ort im jüd. Gebirge, wie h. Kh. Kilâ ö. v. Bêt Ghibrin.

Kimath nennen etl. Codd. d. LXX in 1 Sam. 30 unt. d. Städten, an welche David von seiner amalekit. Beute sandte.

Kimham s. Geruth K.

Kina — קינה in Jos. 15, 22; b. LXX u. Vulg. ebenso — war ein Ort im südl. Juda zw. Jagur u. Dimona.

Kini — קיני im Talm. — sucht Neub. in W. Kana in Samarien, Schw. b. Lydda.

Kinnereth — כנרות in Jos. 11, 2; LXX Χενερωϑ, Vulg. Ceneroth od. כנרה in Jos. 19, 35; LXX Χενερεϑ, Vulg. Cenereth; in Matth. 14, 34 und Jos. Genezareth; im Talm. גניסר od. גנוסר neb. Beth-Jerah u. Sennabris eine Feste bei Tiberias — bezeichnete ursprüngl. eine St. am See d. N., später ihre Umgebung, endlich d. See, ימא של טבריא im Talm. gen., nach Jos. 100 Stad. l., 40 Stad. breit. Nach jüd. Sage liegt in seinem Grund der heilkräftige Brunnen der Mirjam, der das Volk Israel durch d. Wüste geleitet hatte.

Der Weg d. Meeres in Matth. 4, 15 kommt aus Judaea, führt am Thabor u. d. westl. Ufer d. galil. Meeres hin, um auf d. Jakobsbrücke den Jordan zu überschreiten.

Kir Hareseth — קיר חרשת in 2 Reg. 3, 25; LXX geben ק mit τοιχος u. lassen ה bei Seite, Vulg. muri fictiles; ק־חרש in Jes. 16, 11; LXX τειχος ὁ ἐνεκαινισας; Vulg. murus cocti lateris; ק־מואב in Jer.

15, 1; LXX τεῖχος τῆς Μωαβίτιδος, Vulg. murus Moab; in 2 Makk. 12, 17 Charaka; b. Ptolem. Charakmoba; im Talm. כ־בא u. רכם; b. Eus. u. H. Desek u. Deseth — war eine feste St. in Moab, welche den Angriffen der verbünd. Könige Joram u. Josaphat widerstand. Als aber ihr König Mesa seinen Sohn d. Götzen Kamosch opferte, liessen sie von d. Belagerung ab u. zogen in ihre Länder (2 Reg. 3). Der Stein d. Mesa wurde 1868 b. Dhibān gefunden, beschrieben mit alt-hebr. Schriftzeichen.

In chr. Zeit war Petra od. Charakmoba d. Metropole v. Pal. III. Ein zweites Petra war d. alte Ar Moab.

Vgl. Kerāk am W. el Kerāk od. Kh. Krejāt n. v. W. Waleh.

Kir Heres s. Kir Hareseth.

Kirjath — קריה in Jos. 18, 28; LXX hab. richtig noch קרעים gelesen, daher πόλις 'Ιαρειμ; Vulg. Cariath — ist gl. Kirjath Jearim.

Kirjath Arba s. Hebron.

Kirjath Arim s. Baala.

Kirjath Baal s. Baala.

Kirjath Huzzoth — קריה חצות in Num. 22, 39; LXX πόλεις ἐπαύλεων, Vulg. urbs in extremis regni finibus — war eine St. in Moab. Man vgl. auch für sie d. Kh. Krejāt n. v. W. Waleh.

Kirjath-Jearim — קרית־יערים in Jos. 15, 60 u. a. s. Baala.

Kirjath Sanua s. Debir.

Kirjath Sepher s. Debir.

Kirjath Zekatha s. Chusi.

Kirjathaim — קריתים in Gen. 14, 5; LXX fassen שוה als nom.-propr. u. übers. ἐν Σαυη τῇ πόλει, Vulg. Save Cariathaim; b. Eus. Kariathier od. Kariada, 10 r. M. w. v. Madeba, ἐπὶ τοῦ Βαρου; b. Hier. Cariatha — eine St. in fruchtb. Hochebene, war urspr. von Emitern bewohnt, fiel dann an Gad (vgl. d. Stein d. Mesa), endl. v. Moab besetzt.

N. Eus. u. H. war zu ihrer Zeit K. ganz von Christen bewohnt; ihre Ortsbestg führt auf d. Gh. 'Anaza. Andd. suchen K. in Krejāt, Kurējāt od. Karjatēn; S. vgl. el Kūra, Gesen. Kh. et Tuēmch.

b. In 1 Chr. 6, 61 — b. LXX u. Vulg. Kariathaim — eine Levitenst. in Naphthali, wofür in Jos. 21, 32 קרתן — b. LXX u. Vulg. ebenso — gesetzt ist.

Kirjawa — קריוא im Talm. — d. Heimat d. Abu Hilkija (b. Neub.). Vgl. Karioth.

Kir Moab s. Kir Hareseth.

Kirzejo s. Zereth Hasahar.

Kiseon — קשיון in Jos. 19, 20; LXX u. Vulg. Kesion; in 1 Chr. 6, 57 Kedes; b. E. u. H. gl. LXX — war eine Levitenst. in Isaschar. Vgl. Tell Kēsan od. Kison sö. v. Akka od. u. SV. Kh. Tell Abu Kudēs sö. v. Leghun od. mit Schw. Schēkh Abrēk.

Kisloth Thabor — כסלת תבר in Jos. 19, 12; LXX Χασαλωθθαβωρ, Vulg. Ceseleth Thabor; in Jos. 19, 22 nur תבר; b. Jos. Xaloth; b. Eus. Aksaphod, Exadus od. Chealus;

b. **Hier.** Achaselath u. Chasalus, 8 r. M. v. Diocaesarea — war ein Ort in Sebulon. D. Hier. Angabe führt in d. Ggd v. Iksal. N. Eus. müsste d. Bstadt v. Pal. II Exadus od. Exalus hier gesucht werden. Vgl. Kesulloth.

Kison — קישון in 1 Reg. 18, 40; LXX u. Vulg. ebenso; in Jud. 5, 19 מי כזדו; in Jud. 5, 21 נחל קדומים; b. Hier. Cadomi — ein Fluss der Ebene Jesreel, der am Nfuss d. Karmel mündet. H. el Mukatta.

Kisseron — b. Prokop. de aedif. — ein Berg in Palaest., auf w. Justinian ein. Brunn. anleg. liess.

Kithlis — כתליש in Jos. 15, 40; LXX Χαθαλεις, Vulg. Cethlis; b. E. u. H. Chaphthis — eine St. in Juda, s. v. Eglon, wo h. Tell el Hasi u. Tell en Neghil.

Kitron — קטרון in Jud. 1, 30; LXX u. Vulg. Ketron — war eine St. in Sebulon, welche von Kananitern besetzt blieb. Vgl. Kattath in Jos. 19, 15. D. Talm. hält Sepphoris für Ketron.

Klageeiche s. Thabor, c.

Kletharo b. Ptol. eine St. in Arabia.

Klima και Δυσμων ein Bsitz in Arabia unter dem Metropolit von Bostra.

Klima Jambrudon s. Jabruda.

Klima Orientale ein Bsitz von Phoenikien.

b. Ein Bsitz in Arabien.

Klysma s. Baal Zephon.

Koabis in Tab. Penting. eine St. auf d. Weg v. Skythopolis n. Archelais. Vgl. 'Arak el Khubbi u. Kh. Mekhubbi, fast 2 M. w. v. d. Mündg d. W. el Maleh in d. Jordan.

Kobe od. Kubi — קובי im Talm. — ein Df auf d. Grenze v. Juda u. Philistaea. Vgl. el Kubēbeh.

Kochaba nennt Epiph. einen Ort b. Edrei, woher nach ihm d. Ebioniten stammen. Man vgl. d. a. Choba und das h. Kokab. K. soll auch d. Heimat Barkochbas sein (Rel.).

Kokeba — כוכבא im Talm. — Heimat d. R. Dositai, eines d. vielen Kaukab.

Kolpites s. Phoenikien.

Komis, Komogeros, Komogonias, Komostanes werden als Bsitze unt. dem Metrop. Bostra genannt und können nicht nachgewiesen werden, zumal d. Lesarten in d. Not. episc. recht unsich. scheinen. Κομη wd d. Übertrgg v. כפר sein.

Komokoreathes s. Korsathes.

Konaachon ein Bsitz unt. dem Metrop. v. Bostra.

Königsberg — הר הבלך im Talm. — d. Gebirg b. Jerus.; eine St. in dieser Ggd טור שמעון, d. Burg d. erst. Fürsten aus d. Hause d. Makk. Aber dieser Königsbg hatte 10000 Städte; 1000 von diesen besass Eleasar. Der König Jannaeus hatte 6 Mill. Städte, u. jede St. so viele Einw., als Kinder Israels aus Aeg. zogen (Neub.).

Königsgrund s. Emek Sawe.

Konochora u. Konokola s. Herenkaru.

Konstantine ein Bsitz in Arabia unter d. Metrop. v. Bostra.

Korace — wird als eine St. in Peraea genannt. Lage unbekannt.

Kor Asan — כור עשן in 1 Sam. 30, 30; LXX Barasan, Vulg. lacus Asan — mag gl. Asan gehalten werden. In etl. Codd. hab. d. LXX Βηρσαβεε.

Koreae — b. Jos. Ant. XIV, 3, 4 u. a. — ein Ort an d. Ngrenze d. jüd. Landes, wo Pompejus mit sein. Heere rastete u. Gesandte an Aristobulus schickte, der sich auf seine Festung Alexandrinum zurückgezogen hatte. Vgl. mit Rob. Karijût od. Karāwa, eine Oase d. Gor.

ʽ**Koreathes** od. Komokoreathes in Not. ep. eine alte Bstadt in Arabia unt. d. Metrop. v. Bostra, war im Hauran gelegen, h. Kerāta od. Kirāta 1½ M. n. v. Ezra am westl. Rand d. Legha.

Korraea s. Beth-Kar.

Koseba — כובא im 1 Chr. 4, 22; LXX Χωζηβα, Vulg. viri mendacii — wird bald in Achsib erkannt u. in d. Sephela v. Juda gesucht, od. mit Tobler in d. Klost. Chuzoba od. Chuziba, welches Johannes, spät. B. v. Caesarea, gestiftet. Vgl. Phara u. seine Lauren. H. Kh. Khuwēziba, 1¼ M. nnö. von el Khalil. F. vermutet, בר כוכבא sei aus d. urspr. בר כובא im Wortspiel entstanden.

Kosiana b. Steph. Byz. eine Burg am Ufer d. Mittelm.

Kosmos b. Ptol. eine St. jens. d. Jordan.

Kotulae s. Kutila.

Kreuzkloster, h. Dēr el Musallabeh, ¼ M. w. v. Jerus., wurde n. Ein. v. d. Kaiserin Helena, n. And. v. Tatian, d. König v. Georgien, n. And. v. Kaiser Justinian gegründet.

Krith — כרית in 1 Reg. 17, 3; LXX Χεριϑ, Vulg. Carith; b. E. u. H. Chorath od. Chorra — ein Nebenfluss d. Jordan, an welchem Elia durch Raben gespeist wurde. Man vgl. W. Aghlun am Kh. Mar Elia od. d. W. Raghib od. W. Jabis od. W. Fasail od. W. Kilt. SV. aber erinnern an Karijût.

Krokodilon b. Plin. ein Fluss Pal., der sich in's Mittelm. ergiesst. Man vgl. Nahr Zerka od. W. Akhdar. Vgl. Chorsaeus.

b. Bei Plin. u. Strabo eine Stadt zw. Caesarea und Akko. Guér. vgl. Kh. Abu Tantura.

Kubeaja — קוביעא im Talm. — ein Ort in Galilaea, h. el Kubaa n. v. Safed.

Kubi s. Kobe.

Kulon nennen einige Codd. d. LXX als eine St. in Juda zu Jos. 15, 59. Ihnen folgt Hier.

Kuma in Not. dign. eine röm. Milit.-Station in Phoenikien.

Kun — כין in 1 Chr. 18, 8; b. LXX ἐκλεκται, Vulg. Chun; Not. dign. Cunna, ebenso Itin. Ant. — eine Stadt in Aram Zoba zwischen Laodicea u. d. syrischen

Heliopolis; vergl. d. h. Käs Baalbek.

Kunia b. Ptol. eine St. in Phoenikien.

Kuphra — כופרא im Talm. — ein Ort in Galil. Seine Einw. besassen eine Synagoge in Tiberias. Neub. vgl. Kufēr.

Kurenis nennt d. Talm. ein Df in Galilaea. Vgl. Kal. el Kurēn.

Kusta — קושטא im Talm. — ein Df in Judaea, h. el Kastineh, ö. v. Jasur.

Kutila od. Kotulae b. Theodos. ein Ort w. v. tot. M.

Kyamon s. Helmon.

Kydisa s. Kedes.

Kypros — b. Jos. Ant. XVI, 5, 2; b. j. II, 18, 6; im Talm. ein Fluss b. Beth Rimmon — eine Feste über Jericho, welche Herodes d. Gr. erbaute u. nach sein. Mutter nannte. SV. vgl. Kh. Bēt Ghabr od. Ghebr über d. W. el Kelt.

L.

Laban — לבן in Deut. 1, 1; LXX Λοβον, Vulg. Laban — war ein Rastort Israels in der Wüste, neb. Hazeroth gen. Vgl. Libna.

Labanath s. Libnath.

Labatha s. Lodabar.

Labina s. Libna.

Lablabi — לבלבי im Talm. — ein Ort b. Akko (Neub.).

Lachis — לכיש in Jos. 10, 3; LXX u. Vulg. ebenso; u. E. u. H. 7 r. M. s. v. Eleutheropolis — eine kananit. Königst., wurde nach d. Schlacht b. Gibeon erobert u. fiel Juda zu. Den Angriffen eines Sanherib widerstand d. St. (Jes. 31, 8), im zweiten Krieg wd sie erobert (2 Reg. 18, 14). Wenn Micha 1, 13 Lachis „Anfang d. Sünde für d. Tochter Zion" nennt u. sie auffordert, Rennpferde an ihre Wagen zu spannen, so ist damit nicht gesagt, dass sich hier der Kultus der Sonnenrosse erhalten habe; näher liegt die Annahme, dass hier die Streitrosse, welche Israel aus Aegypten bezog, ihre Ställe und Weiden hatten. Vgl. Umm Lakis zw. Gazze u. Bēt Ghibrin. Die Angabe d. Eus. führt n. Kh. Bēt Amwā od. Kh. Hazzāneh.

Ladica s. Laodicea.

Lahem — לחם in 1 Chron. 4, 22; LXX lasen להם, da sie αὐτοὺς gaben; Vulg. Lahem — ist eine Abkürzung für Bethlehem.

Lahmes — לחמס in Jos. 15, 40; LXX Lamas, Vulg. Leheman — war ein Ort in d. Ebene v. Juda. Vgl. Kasr Bir el Lemūn od. mit Cond. Kh. el Lahm b. Bēt Ghibrin.

Lais — ליש in Jud. 18, 7; b. LXX Laisa, Vulg. Lais; in Jos. 19, 47 לשם, b. LXX u. Vulg. Lesem — war eine sidon. St. an d. Quelle d. kleinen Jordan, welche n. d. Eroberung durch d. Daniten Dan gen. wd. H. Tell el Kadi n. v. Ard el Huleh.

Laisa — לישה in Jes. 10, 30; b. LXX u. Vulg. ebenso; in 1 Makk. 9, 5 Elessa — war ein Ort b.

Gibea Benjamin. Vgl. mit Cond. Kh. Il'asa zw. beiden Bētūr.
Lakis s. Lachis.
Lakkum — לקום in Jos. 19, 33; LXX Lakum, Vulg. Lecum; im Talm. Lukim od. Lukis — war eine St. in Naphthali, in der Einige Kapernaum erkennen wollen.
Laodikea — b. allen Griech. bek., u. Steph. Byz. u. Philo vorher Ramithe od. Ramantha gen.; im Itin. Hier. Ladika; im Talm. לודקיא — eine St. am Mmeer, baute Seleukus Nikanor 290 a. Chr. u. nannte d. St. n. s. Mutter Laodike. Justinus M. baute hier eine K. d. hl. Johannes. H. Latakiah. b. L. scabiosa od. ad Libanum b. Plin. u. Andd. war ebenf. ein a. chr. Bsitz d. Libanon, dessen Reste man in d. Tell Nebi Mindhu b. Höms erkennt.
Larissa — b. Ptol. u. Plin., n. Steph. Byz. bei d. Eingeborenen Sirara gen. — war eine syr. Bst. zw. Apamea u. Epiphania. Vgl. d. Festg Schēzar od. Saighar über d. Orontes.
Lasa — לשע in Gen. 10, 19; b. LXX Lasa, b. Vulg. Lesa; b. Jos., Plin. u. Hier. Callirrhoë, im Talm. קלדהא; in Tab. Peut. Therma od. Thorma — wird mit d. vier St. d. Siddimtales als Grenze d. Wohnsitzes d. Kananit. gen. Dieser Umstand beweist nicht, dass L. im O. d. t. M. gelegen war. Heisse Quellen giebt es ferner nicht nur am W. Zerka Main, sond. auch im W. el Ahsi u. im S. d. t. M., ja rings umher an allen seinen Gestaden.
Lasaron — לשרון in Jos. 12, 18; LXX Lesaron, Vulg. Saron — war eine kananit. Königst., zw. Aphek u. Madon gen. Diese Verbindung führt in d. Osten d. hl. Landes, also nicht nach Sarona b. Jafa, sond. in d. Ggd v. Fik im O. d. galil. Meeres, wo ein Kafr Lahja. Vgl. Saron, c.
Latarum in Not. dign. eine Stat. illyr. Reiter in Phoenikien.
Lathyrus s. Seph.
Lebaoth s. Beth-lebaoth.
Lebna s. Libna.
Lebona — לבנה in Jud. 21, 19; LXX u. Vulg. ebenso, im Talm. בית לבן — war ein Ort in Ephraim nahe bei Silo. Vgl. Lubban nw. v. Sēlūn.
Lecha — לכה in 1 Chr. 4, 21; LXX Ληχαδ, Vulg. Lecha; a. a. O. 4, 12 רכה, b. LXX 'Ρηφα, Vulg. Recha — war eine St. in Juda. Vgl. Dēr Rafāt w. v. Sar'a od. Khirbet Rafāt im S. v. el Khalil.
Legio s. Megiddo.
Lehi — לחי in Jud. 15, 9; b. LXX u. Vulg. Lechi; b. Aquila, Symm. u. Jos. Σιαγων; im Jud. 15, 17 רמת לחי, b. LXX αναιρεσις σιαγονος, Vulg. Ramathlethi, quod interpretatur elevatio maxillae — war ein Ort im Geb. Juda, wo aus einer Felsenspalte die Quelle עין הקרא, b. LXX Πηγη του επικαλουμενου, Vulg. Fons invocantis — hervorsprudelte, die noch Hier.

bekannt war. Bei Bethlehem soll ein Kh. 'Ain el Lekhi vorhanden sein. Auch vgl. man d. Kh. es Siag od. Sijjag u. Kh. Marmita im W. Ismain nahe bei Keslā.
b. In Gen. 16, 14 — באר לחי ראי
b. LXX φρεαρ οὗ ἐνώπιον εἶδον; Vulg. puteus viventis videntis me — eine Quelle zw. Kades u. Bered.

Lehija — לחיה in 2 Sam. 23, 11; LXX Σιαγον, Vulg. in statione; Jos. fasst L. als ein nom. propr. auf, d. Mass. aber schrieben Lahaja — ist noch dunkel.
b. Im Targum steht L. für Ar Moab.

Lemba — b. Jos. Ant. XIII, 15, 4 — ein Ort verm. in Gilead, den Alexander Jannaeus in Besitz hatte.

Leontopolis — b. Strabo und Plin. — eine St. am Mittelmeer, hat ihren Nam. verm. v. d. Fl. Leontos, scil. εἰσβολαι, die Ptolem. zw. Sidon u. Berytus legt. Dann wäre dieser Fl. gleich d. Magorus od. Tamyras h. N. Damur. Plin. aber setzt d. St. L. n. v. Berytus. So versteh. Andere d. N. el Auwali, Rén. aber u. Guérin nehmen ein. Schreibfehler in d. Reihenfolge der St. b. Ptol. an u. erkenn. L. in Burgh el Hawā am unt. N. el Kasimijeh. Andere halten L. gleich Platanus.

Lesem s. Lais.

Libanon — לבנון in Jos. 13, 5; LXX u. Vulg. ebenso; in d. KS. Labnana; b. Jos. u. Plin. Libanns — ist d. 20 M. lange Geb. zw. d. Mittelm. u. d. Thälern d. Flusses Orontes u. Leontes od. Coelesyrien. Östl. v. dies. erhebt sich d. niedrige Bergkette d. Antilibanon (b. Plin. V, 17). Der L. gilt bald a. d. Grenze d. gel. Landes, bald wird er in dasselbe einbezogen.

Seine Cedern beschrieb Salomo (1 Reg. 5, 13), Cedern u. Tannen lieferte ihm Hiram (ebenda 5, 24).

Libisia s. Livias.

Libna — לבנה in Jos. 10, 29; b. LXX u. Vulg. Lebna; b. Jos. Labina; b. E. u. H. gl. d. LXX, doch vgl. sie ein Lobana b. Eleutheropolis — war eine kananit. Königst., wurde Priesterst. in Juda, fiel v. Juda ab, als Edom sich einen eigenen König wählte (2 Reg. 8, 22) u. wd v. Sanherib belagert (2 Reg. 19, 8). Die Meisten vgl. Tell es Safieh am W. es Samt, Andd. denken an Bêt Ghibrin od. Kh. Dawaimeh s. v. Bêt Ghibrin.

b. In Num. 33, 20 — b. LXX Lebona, Vulg. Lebna — ein Wüstenort, wo Israel lagerte. Vgl. Laban u. Libona, wo n. Not. dign. eine römische Militär-Stat. v. Arabien war.

Libnath — שיחור לבנת in Jos. 19, 26; b. LXX Σιωρ και Λαβαναϑ, ebenso Vulg.; b. Plin. Belus od. Pagida; im Talm. verm. פגא, dessen trüb. Wasser nicht bei d. Opfern gebraucht werden durfte; E. u. H. folgen d. LXX — ein langsam fliessender Bach, aus dessen Sand, wie Plin. berichtet, die Phoenikier

Glas bereitet haben. Sie nannten ihn נהר בעל, woraus d. Griech. Belus machten. H. Nahr Na'man; n. Andd. N. Zerka od. N. Karagheh od. Abu Zabūra.

Libo im Itin. Ant. eine St. zw. Laodicea u. Heliopolis, h. **Lobweh** 4 M. s. v. **Baalbek**.

Libona in Not. dign. wird bald mit Libna, b. verglichen; bald vermutet man einen Schreibfehler anst. Dibon.

Lidbar s. Lodabar.

Liebris nennt Steph. Byz. eine St. d. Phoenikier (n. Herodian).

Livias — Jos. Ant XIV, 1, 4 Libias; b. Plin. vallis gen., b. Strabo mit Machaerus verb.; ebenso in d. act. sanct.; n. Theodos. gl. d. Thermen Mosis, die M. aus dem Felsen geschlagen — erbaute Herodes d. Gr. 1 M. v. Nrand d. t. M., nahe d. Mündg. eines Baches von O. her, und nannte d. St. zu Ehren d. Livia, Mutter d. Caes. Tiberius. In chr. Zeit war L. ein Bsitz d. arab. Eparchie, auch Libisia gen.

Man sucht ihre Stelle im Tell er Rameh od. Tell el Hammam. Vgl. Bethharam u. Bethpeor.

Lobana s. Libna.

Lobetal s. Josaphat.

Lod — לד in Neh. 7, 37; b. LXX mit d. folgend. חדיד zusammengez. Lodadid, Vulg. Lod; b. d. Griech. Diospolis; b. Jos., Plin. und im N. T. Lydda; im Talm. לוד oder שנקמ גיר — gründete d. Benjaminite Samed (1 Chr. 8, 12), Ben-jaminiten besetzten den Ort n. d. babyl. Gefangenschaft. Spät. geh. L. bald zu Samaria, bald zu Judaea, war Residenz d. Jonathan Makkab. (1 Makk. 10, 30), d. Sitz jüd. Gelehrten חכמי דרים wie R. Elieser u. Tarphon; Hauptort einer röm. Toparchie; Wohnort d. Aeneas, w. Petrus heilte, im jüd. Krieg gänzlich zerstört (Jos. b. j. II., 19, 1). Als d. St. wieder aufgebaut war, wd sie Sitz ein. B. v. Pal. I; n. d. Zeugnis d. Talm. feierte hier Kaiserin Helena d. Laubhüttenfest in ihrer eigen. סוכה.

D. Kirche St. Georg, dessen Märtyrertod in d. 3. od. 4. Jahrh. fällt, soll K. Justinian gebaut haben. H. el Lidd od. Liddi od. Ludd.

Lodabar — לאדבר in 2 Sam. 17, 27; LXX u. Vulg. ebenso; לודבר in 2 Sam. 9, 4; לדבר Ketib in Jos. 13, 26; b. LXX. u. Vulg. Debir; bei Jos. Labatha — war einer d. Orte jens. d. Jordan, welche Davids Heer mit Speise versorgten, als er gegen Absalom kämpfte, in d. Ggd v. Mahanaim.

Lorea in Not. episc. ein Bsitz unt. d. Metrop. Bostra; verm. für Zorea verschrieben.

Luhith — לוחית in Jes. 15, 5; b. LXX *Λουειθ*, Vulg. Luith; לחות ketib in Jer. 48, 5; b. LXX *Ἀλαωθ*, Vulg. w. o.; E. u. H. kennen d. Ort zw. Ar und Zoar — war ein hochgelegner Ort in Moab. Cond. weist auf Tal'at el Hēsah oder el Hētha s. v. Gb. Nebo hin.

Lukim s. Lakkum.

Lus — לוּז in Gen. 28, 19; b. LXX Οὐλαμλουζ, Vulg. Luza; E. u. H. Ulamaus, nach Eus. später Zabula gen. — eine kananit. Wohnstätte, nannte Jacob Bethel. Man vgl. Tell Losa.

b. In Jud. 1, 26 — b. LXX u. Vulg. Laza — eine St. im Land d. Hethiter, die von ein. Bürger d. alten Lus erbaut wd. N. E. u. H. vgl. Einige Citium auf Kypern, Schw. denkt an W. Lusan (Elusa), Cond. an Kh. Luwēsijeh w. v. Banias.

c. Eus. kennt ein Lusa oder Luza 9 r. M., Hier. 3 r. M. v. Neapolis. Auch d. Samaritan. Chron. nennt ein Lus, w. v. Ebal. H. liegt Kh. Luzeh nur ¼ M. s. v. Nablūs, ein Tallusa aber 1 M. n. v. N.

d. Der Talm. nennt L. als einen Ort, den weder Sanherib noch Nebukadnezar erobern konnten. In ihm hatte d. Engel d. Todes keine Macht, sodass die Lebensmüden nur vor den Thoren sterben konnten.

Lybo s. Libo.

Lydda s. Lod.

Lykus b. d. Griechen ein Fluss, der auf d. Libanon entspringt u. ohnweit Berūt ins Mmeer fällt, h. N. el Kelb. Rénan berichtet v. ein. maronit. Überlfg., wonach hier in alten Zeiten eine Sphinx angebetet worden sei. Durch seine Uferfelsen liess Caes. M. Aurel. Anton. Pius eine neue Strasse brechen. D. obere u. ältere zeigt 3 aegypt. u. 6 assyr. Inschriften-Tafeln, auf welchen die Grosstaten Ramses' II und Sanheribs verkündigt werden.

Lysa od. Lyssa — Jos. Ant. XIV, 1, 4 — eine St. d. südl. Pal., entriss Alex. Jannacus denArabern. Übrig. vgl. Kesil.

M.

Maab s. Moab.

Maabartha — מעברתא im Talm. s. Sichem.

b. M. Lod wird nur eine Brücke od. Übergang b. Lydda bezeichnen.

Maacha — מעכה in Gen. 22, 24, LXXMocha,Vulg. w. o. מעכה in Jos. 13, 13; LXX u. Vulg. Machath; in 1 Makk. 5, 26 Mageth u. Maked; b. Eus. eine St. in Peraea, n. Hier. an d. Quellen d. Jordan — war eine St. u. Landschaft im. N. v. Basan, welche mit Gesur, Gilead u. Basan Manasse zufiel, aber wie Gesur seine ursprüngl. Bewohner behielt. Vgl. Beth-Maacha. Man zieht hierher Mahagheh am Rand der Legha od. Kh. Makata od. Mukatta nicht weit v. d. Vereinigung d. N. Rukkad mit d. Scheriat el Mandhur.

Maarath — מערת in Jos. 15, 59; LXX Maaroth, Vulg. Maroth; b. E. u. H. Maroth — war eine St. auf d. Geb. Juda. Rel. vgl. d. spätere Marda, Cond. Bēt Ammar od. Ummar n. v. el Khalil.

Mabortha s. Sichem.

Machhida s. Makeda.

Machaberos κώμη ein Bsitz d. arab. Eparchie.

Machallab in d. KS. eine St. n. v. Gebal. Schrad. vgl. Achlab od. Hebel, das aber am Karmel zu suchen ist.

Machaerus — b. Jos. Ant. XIII, 16, 3 u. a., προς τοις Ἀραβιοις ὄρεσι; im Talm הר מכור — eine Bergfeste am Ostufer d. t. M., erbaute Alexander Jann. Nachdem sie im Kriege d. Triumvirn zerstört war, wd sie v. Herodes d. Gr. wieder hergestellt. Vill. hies auch diese Feste Herodium (vgl. Ant. XIV, 25 mit XV, 9; XVI, 3 u. a.) Hier. berichtet, dass hier Johannes d. T. gefangen gehalten wurde; dasselbe berichtet er aber auch von Samarien. H. Kh. Mkaur hoch über d. Zerka Main.

N. d. Talm. wurden auch hier Feuerzeichen gegeben, d. Neumond anzuzeigen.

Machbena — כבנה in 1 Chr. 2, 49; LXX Machamena, Vulg. wie o. — war eine St. in Juda; vgl. Kabon.

Machmas s. Michmas.

Machon b. Jos. Ant. VII, 5, 3 eine der schönsten Städte v. Syrien.

Machoth u. Machtoth. s. Michmethath.

Machpela — מכפלה in Gen. 23, 17; LXX διπλουν σπηλαιον; Vulg. spelunca duplex — eine Höhle gegenüber Mamre, kaufte Abraham für sich und sein Haus zu ein. Erbbegräbnis von d. Hethitern. In chr. Zeit wurde hier d. Kathedrale des Bistums St. Abraham gegründet.

Machthes — מכתש in Zeph. 1, 11; LXX κατακεκομμενη; Vulg. Pila — bez. ein. Stadtteil v. Jerus., wo tyrische Kaufleute wohnten.

Machwar s. Jaeser u. Machaerus.

Maddi s. Middin.

Madiama s. Midian.

Madiel s. Migdal-El.

Madman — מדמן in Jer. 48, 2; LXX παυσισ, Vulg. silens; מדמנה in Jes. 25, 10; LXX ἄμαξαι, Vulg. plaustrum; u. N. a. Pl. h. Umm Dēneh nö. v. Dhibān.

Madmanna — מדמנה in Jos. 15, 31: LXX Medemena, ebenso Vulg.; in Not. dign. Menachia; b. Eus. Menebena, Hier. Mademena, vgl. mit Menois b. Gaza — war eine St. in Juda, vill. d. spätere Monois, Menois, Minois od. Meivias in d. Concil-Acten als Sitz eines chr. Bisch. v. Pal. I gen. Man vgl. Ma'an Janus bei Kh. J. od. 'Arak el Menschijeh od. mit N. a. Pl. Kh. Umm Demneh nö. v. Beerseba. Schw. hält dafür, M. sei an die Stelle v. Jutta getreten, die in Jos. 15 nicht genannt ist.

Madmena — מדמנה in Jes. 10, 31; LXX Madebena, Vulg. Medemena — war eine St. in Benjamin, nahe b. Jerus.

b. In Jes. 25, 10 gl. Madman.

Madon — מדון in Jos. 11, 1; LXX u. Vulg. ebenso; im Talm. בב כנדין od. מידא — war eine phoenik. Königst. im N. Palästinas. Vgl. Baal-Gad und Dan. Man vgl.

Kafr Menda od. **Kh. Madin** w. v. See v. Tiberias.

Maeber — מֵעֵבֶר in 1 Reg. 4, 12; b. E. u. H. Meebra — halten d. LXX für ein nom. pr., während Aquila u. Symm. u. Vulg. übersetzen.

Magadan — haben mehrere Codd. d. N. T. in Matth. 15, 39 für Magdala. E. u. H. suchen den Ort im O. d. galil. Meeres, wo zu ihrer Zeit eine Ggd Magedena war. Man vergleicht Kh. Khan Maghēdeh.

Magbis — מַגְבִּישׁ in Esra 2, 30; LXX Magebis. Vulg. Megbis — wird neben Bethel, Nebo u. Elam aber genannt.

Magdal od. Migdal Senna b. Eus., b. Hier. Senna, 8 r. M. v. Jericho. Diese Angabe führt nach Kh. el Augheh. Ein Meghdel Beni Fadeh liegt 1 M. nö. v. Selūn.

Magdala in Matth 15, 39 war d. Geburtsort einer Maria, die daher Magdalena hiess. Die Rabbin. kennzeichn. d. Ort als ein anderes Sodoma. Im Talm. מִגְדַּל דִּצְבַעְיָא od. מִגְדַּל נוּנַיָּא gen. Man hält ihn gl. Migdal-El in Naphthali od. gl. Tarichaea od. verweist ihn jens. d. Jordan. H. el Meghdel i. W. d. Sees v. Tiberias. Vgl. auch Beth Jerach u. Tarichaea.

Magdiel — מַגְדִּיאֵל in Gen. 36, 44; LXX Magediel, Vulg. w. o. — entw. Name eines Fürsten od. Ortes in Moab. Man vgl. d. Stat. d. alt. Römerstr. ad Dianam, welche b. Peuting. gen. wd.

b. D. Magdiel d. Eus. mag d. **Kh. Malha** s. v. **Athlit** sein.

Magdolon u. Magedo s. Megiddo.

Mageth u. Maked in 1. Makk. 5, 26 eine St. jens. d. Jord., vill. d. a. Maacha. Judus Makk. eroberte d. St. Man vergleicht auch Meghed n. v. Ammān.

Magluda od. Klima Magludon war ein chr. Bsitz im. O. d. Antilibanon, h. Malūla 2 M. s. v. Jabrud.

Magoras, b. Plin. ein Fluss Phoenikiens, entspringt auf d. Libanon und mündet ö. v. Bērūt als N. Bērūt in d. Mmeer.

Maguza, b. Ptolem. eine St. in Arabia, nach sein. Gradbestimmg in d. Ggd v. Medeba.

Mahadaron ein Bsitz. unt. d. Metrop. Bostra.

Mahalol s. Nahalal.

Mahanaim — מַחֲנַיִם in Gen. 32, 3; LXX παρεμβολαι; Vulg. Mahanaim i. e. castra; in Jos. 13, 26 haben d. LXX Maanaim, Vulg. Manaim; b. Jos. Manabis od. παρεμβολαι; E. u. H. Manaim; im Talm. רִיכְמָשׁ od. רִימָשׁ n. Neub. — war eine Levitenst. auf d. Grenze v. Gad u. Manasse. Hier war Isboseths Residenz, später ein Zufluchtsort Davids.

In mehreren Concilakten erscheint ein B. των παρεμβολων. H. liegt ein Kh. Mahneh nicht weit v. Aghlūn am W. d. Nam.

Mahane Dan — מַחֲנֵה דָן in Jud. 13, 25; b. LXX παρεμβολη Δαν, Vulg. castra Dan — war ein Ort zw. Zarea u. Esthaol, wo einst die Daniten ihr Lager aufgeschlagen hatten.

Majumas, aus מים abgeleitet, heissen bei Griechen u. Röm. die Hafenorte der landeinwärts liegenden Städte v. Palaest., wie Askalon, Azotus, Gaza, Jamnia.

Maiza in d. KS. eine St. im nördl. Phoenikien.

Makaz — מקץ in 1 Reg. 4, 9; LXX Makes, Vulg. Macces; E. u. H. wie LXX — war ein Ort in Dan, wo Salomo einen Amtmann hielt.

Maked s. Mageth.

Makeda — מקדה in Jos. 10, 10; LXX u. Vulg. ebenso; b. Jos. Macchida; n. E. u. H. 8 r. M. ö. v. Eleutheropolis — war eine St. in Juda, vorher v. Phoeniciern bewohnt. Vgl. Kh. Bēt Makdūm od. mit Warren el Mugār, mit Guér. el Merharah sö. v. Jebna.

Makhaloth — מקהלות in Num. 33, 25; LXX u. Vulg. Makeloth, ebenso Eus. — war eine Lagerstätte Israels in d. Wüste.

Makra hiess b. d. Griechen der Hauptteil v. Coelesyrien.

Malatha s. Molada.

Maleph s. Heleph.

Malkaja — מלכיא im Talm. — eine St. Pal'. Neub. sucht sie b. Caes. Phil. Vgl. lieber d. h. Malka od. Malkha od. Malība od. Malekh sw. v. Jerus.

Malle s. Maspha.

Mamapson s. Mamopsora.

Mamaugas b. Ptolem. ein Ort in der Ggd von Kal. es Hösn. Vgl. Anaugas.

Mamistra wird als eine St. in Syrien genannt.

Mamopsora od. Mamapson od. Mamo ein chr. Bsitz v. Palaestina III.

Mamortha s. Sichem.

Mampsis od. Mapse eine Bstadt v. Pal. III.

Mamre — ממרא in Gen. 13, 18; LXX Mambre, Vulg. ebenso, dsgl. Jos. — u. seine Eichenhaine schenkte d. Amoriter Mamre seinem Freund Abraham, der hier einen Altar d. unsichtbaren Gottes baute. Jos. nennt die Eiche M. eine Ogygeseiche d. i. einen uralten Baum. O. war ein sagenhafter phoenik. Einwanderer in Attika. Konstantin d. Gr. soll hier eine Kirche gebaut haben. Vgl. Ramet el Khalil.

b. Ein Bach M., in manchen Codd. Abrona gen., wird Judith 2, 14 erwähnt.

Manahath — מנחת in 1 Chr. 8, 6; LXX Manachathi, Vulg. w. o. — ein Ort in Benjamin. Vgl. Tell Manasif.

b. In 1. Chr. 2, 54 — LXX Μαναδ; Vulg. requietio; in 1 Chr. 2, 52 מנחית; LXX Ammanith, Vulg. w. o. — eine St. in Juda. Cond. denkt an Malha od. Malkha sw. v. Jerus.

Manaim s. Mahanaim.

Manasse — מנשה in Jos. 13, 8; ebenso LXX u. Vulg. — hatte sein Gebiet w. u. ö. vom mittl. Jord., sodass d. Jabbok d. Grenze bildete.

Sebulon lag im N., Ephraim im S. Von M. stammte Gideon.

Mandra b. Jos. Ant. X, 9, 5 hält Rel. für Geruth Kimham, während es in d. Ggd v. Hebron zu such. ist.

Manganaea s. Negiel.

Maniathe s. Minnith.

Manocho s. Manahath, b.

Maon — מעין in Jos. 15, 55; LXX u. Vulg. ebenso; b. Eus. Moan im Südost. Judaeas — war eine St. in Juda nahe b. Karmel. Vgl. Kh. Main sö. v. el Khalil. b. In Jud. 10, 12, b. LXX u. Vulg. Χαναάν; in 1 Chr. 4, 41 הכינים Keri, LXX Μιναιοι, Vulg. habitatores — eine St. b. Sela od. Petra. Vgl. Ma'an ö. v. W. Musa am Derb el Hagh.

Maostheras s. Hamath.

Mapse — b. Ptol. u. Not. eccl. — eine St. v. Idumaea od. Pal. III, die auch Mapsis u. Napsis genannt wird.

Maraagabe haben d. LXX in Jud. 20, 33 für גבע כיערה.

Maraccas im Itin. Hier. eine St. zw. Balaneae u. Aradus.

Marala — מרעלה in Jos. 19, 11; LXX ebenso, Vulg. Merala — war eine St. in Sebulon, w. v. Sarid. Cond. vgl. Mal'ul w. v. Nazareth.

Maraphis s. Marathus.

Marass s. Maresa.

Marathus — b. Strabo, Dionys. u. a., auch Maraphis — war eine phoenik. St. am Mmeer, wo d. Bürger von Aradus Besitzungen hatten. Seine Reste liegen am N. el 'Amrit.

Mardocho — heisst eine alte Stadt im Hauran; h. Murduk am Südrand d. Legha.

Maresa — מראשה in Jos. 15, 44; LXX u. Vulg. ebenso; in 2 Makk. 12, 35 Marasa, LXX Bathesar; b. Jos. Marassa od. Marissa; n. Eus. u. H. nur 2 r. M. v. Eleutheropolis; im Talm. מרחשת — war eine feste St. auf d. westl. Vorhügeln d. Geb. Juda. Später kam sie in Edoms Gewalt, durch Alex. Jann. wieder an d. Juden. Rel. meint, Eleuth. sei aus d. Trümm. v. M. erbaut worden.

Vgl. Kh. Merasch sw. v. Bēt Ghibrin.

Mariamme — b. Plin. u. Arrian; Steph. Byz. hat Mariammia — war eine feste St. im N. d. Libanon; h. Burgh Safita.

Markianus, ein Klost. in d. Nähe von Bethlehem, wd im ? Jahrh. erbaut.

Marme nennt Steph. Byz. eine St. in Phoenikien.

Marom u. **Maroth** s. Simron.

Maronae s. Meron.

Maroth — מרות in Mich. 1, 12; LXX ὀδύνη, Vulg. amaritudo — ein Ort in Juda. b. s. Maarath.

Marsippus b. Steph. Byz. eine St. in Phoenikien.

Marsyas — b. Polyb.; Steph. nennt M. u. Alexander u. Philo eine St. in Phoenikien — ist d. nördl. Teil v. Coelesyrien. Vgl. Makra.

Masada — oft b. Jos.; b. Strabo

Moasada; b. Ptolem. Mesada, b. Plin. Masada castellum in rupe, haud procul Asphaltite — eine starke Bergfeste am t. M., erbaute d. Hohepr. Jonathan Makk., Her. d. Gr. erweiterte sie. Hier belagerte Flavius Silva n. d. Zerstörg von Jerus. d. Reste d. berüchtigt. Sikarier, welche auf Anstiften ihres Führers Eleasar sich u. alle Ihrigen ermordeten. In chr. Zeit wd d. Ort wied. bewohnt. H. Sebbeh a.W.S.

Masagan s. Misgab.

Masal — משל in 1 Chr. 6, 59; LXX u. Vulg. ebenso; in Jos. 19, 36 מישאל; LXX Misala, Vulg. Messal, L. Miscal; b. E. u. H. Masan u. Messel, n. Eus. am Karmel gelegen — war eine Levitenstadt in Asser. Vgl. Misalli w. v. Gh. Mar Elia od. mit Cond. Kh. Maʻisleh 2 M. nö. v. Akko.

Masera s. Maresa.

Masereth haben LXX in einigen Codd. in 1 Sam. 23, 14, wo d. Text במצדית hat; den LXX folgen E. u. H.

Mashith — הר כשחית in Jes. 51, 25; b. LXX ὄρος τὸ διεφθαρμένον, Vulg. mons pestifer; in 2 Reg. 23, 13 haben LXX ὄρος τοῦ Μοσχιθ; Vulg. mons offensionis — hiess ein Berg b. Jerus., auf welchem d. Astarte, Chamos u. Milkom geopfert ward. H. Baten el Hawa. Vgl. Ölberg.

Masi — כסי im Talm. — ein Ort im mittl. od. nördl. Pal. Vgl Kh. Mazi b. Rās en Nakura od. Masi üb. d. W. Jafūfeh.

Maspha — in 1 Mak. 5, 35; b. Jos. Malle — eine St. in Gilead, eroberte Judas Makk. nach seinem Sieg über Timotheus. Vgl. ein Mizpe u. Mzērib.

b. In 1 Makk. 3, 46 ein Ort in Benjamin, gegenüber Jerus.; Guér. vgl. d. h. Schafat.

Masreka — משרקה in Gen. 36, 36; LXX Massekka, Vulg. Masreca — war ein Ort in Edom, wo Samla regierte. Schw. kennt ein Dfʻ A in Mafrak s. v. W. Musa.

Massa — משא in Gen. 25, 14; b. LXX Masse, Vulg. Massa; in d. KS. Masai — war eine von Ismaelit. bewohnte Landschaft, deren Lage ungewiss ist.

Masthera — Jos. Ant. VI, 13, 4 — ein Engpass mit einem Ort im jüd. Geb. Vgl. Masereth.

Masurith s. Moser.

Mathana — מתנה in Num. 21, 17; LXX Μανθαναιν, Vulg. Matthana; n. Eus. u. H. 12 r. M. ö. v. Medeba — war ein Lagerort Israels vor Nahaliel zw. d. Wüste u. d. Gebg Moab.

Matsaba — מצבה im Talm. — war ein Ort in Galilaea. Vgl. Kh. Masūb ö. v. el Bassa.

Maun — מעון im Talm. — ein Ort in Unter-Gal. Vgl. Kalʻat Ibn Maan b. Meghdel. Vgl. auch Arbela.

Mauronensis archiep. s. Myrum.

Maximinianopolis od. Maximopolis od. Maxianopolis s. Hadad-Rimmon.

b. s. Kenath.

Mazaba — מִצְבֶּה im Talm. — ein Ort in Galilaea. Vgl. Matsaba.

Mazaena b. Steph. Byz. eine St. in Pal., ohne nähere Best. d. Lage.

Mea s. Jerus.

Meara — מְעָרָה in Jos. 13, 4; LXX lasen מֵעַזָּה ἀπὸ Γάζης; Vulg. Maara — war eine St. ö. v. Sidon, w. Israel nicht einnehmen konnte. Vgl. Magar od. mit Cond. Mogerijeh.

Mechanum s. Mechona.

Mechera — כְּבִירָה in 1 Chron. 11, 36; LXX Mechura, Vulg. w. o. — ein Ort des jüd. Landes, dessen Lage unbekannt ist.

Mechola s. Choba.

Mechona — מְכֹנָה in Neh. 11, 28; LXX Μαβνη, Vulg. Mochona; n. Hier. 8 r. M. v. Eleutheropolis auf d. Wege n. Jerus. — war ein Ort in Juda, der auch n. d. Exil von Kindern Judas besetzt wd. Vgl. Kh. Id el Ma od. mit Cond. Kh. Mekenna.

Medabe s. Medeba.

Meddim s. Middin.

Medeba — מֵידְבָא in Num. 21, 30; LXX Moab, Vulg. Medaba; in 1 Makk. 9, 36; b. Jos., E. u. H. Medabe; b. Ptol. Medyna; im Talm. Medeba; in Bverz. Medane u. Medavera — eine St. in Ruben, welche bald von Moab, bald von Israel besetzt war. In chr. Zeit war sie ein Bsitz v. Pal. III. H. Madeba s. v. Hesbān.

Medemanna s. Madmanna.

Medyna s. Medeba.

Meebra s. Maeber.

Mefa s. Mephaath.

Megiddo — מְגִדּוֹ in Jos. 12, 21; LXX u. Vulg. Mageddo; in KS. Magidun; b. Jos. Magedo; b. Herod. Magdolon; b. Eus. Masa, b. Hier. Magao; im Talm. לְגִיוֹנִים und auch לְגִיוֹנוּת, woraus deutlich ist, dass d. Name Legio schon in alter Zeit aufgekommen; auf d. Tafeln v. Karnak findet sich ein Maketa — war eine kananit. St. im Gebiet Isaschar, die Manasse zugeteilt wd. Salomo baute sie aus. Vgl. Leghūn mit Rob. od. mit Cond. Kh. Mughedd'a sw. v. Bēsan.

b. Die Ebene M. — בִּקְעַת מְ־ in Sach. 12, 11; b. LXX πεδίον ἐκκοπτομένον, Vulg. campus Mageddon; b. Jos. μέγα πεδίον — wird d. Ebene Jesreel gleich sein, h. Mergh Ibn Amir.

c. Wasser M. s. Kison.

d. Berg von M. in Apok. 16, 16 Harmageddon hält Hier. für d. Bg Thabor, indem er sich auf Jud. 5, 19 beruft, wo d. Wasser M. genannt sind. Betr. d. Klage über Josia vgl. Hadadrimmon.

Meheleph s. Heleph.

Mehola s. Abel M.

Mehusal s. Usal.

Mejarkon — מֵי יַרְקוֹן in Jos. 19, 46; LXX θαλάσση Ἰαρακων; Vulg. Mejarcon od. aquae Hiercon — war eine St. in Dan, an deren Stelle Antipatris erbaut word. sein soll.

Membra haben einige Codd. d. LXX in Jos. 15, 35 zw. Socho u.

Azeka als eine St. in der Ebene Juda.

Mende — b. Jos. Ant. X, 5, 1; im Talm. כנדא — eine St. in Galil., geg. welche Pharao Necho anrückte, als er Josia den Frieden anbot. Hier sollen Mosehs Gattin u. Stammeshäupter v. Israel begraben sein. Vgl. Kafr Menda s. v. Gh. Kaukab.

Mennith in Not. episc. ein chr. Bsitz v. Pal. II.
b. s. Minnith.

Menochia u. Menois s. Madmanna.

Menuha — במנוחה in Jud. 20, 43; LXX καταπαυσις, Vulg. requies — war ein Ort in Benjamin b. Gibea. Vgl. Manahath.

Mephaath — מיפעת in Jos. 21, 37, מפעת in Jos. 13, 18; b. LXX u. Vulg. ebenso, b. Not. dign. Mefa, Eus. Mephat, Hier. Mophath — war eine Levitenst. in Ruben, w. später v. Moab besetzt wd (Jer. 48, 21). Noch zu Hier. Zeit stand hier eine röm. Wache. Als chr. Bsitz hiess d. St. Merom. Ihre Reste sucht man im Kh. Umm er Rasas od. Ressas od. Orsas b. Dhibān.

Merala s. Marala.

Merda — im Chron. Sam. — ein Ort in Samarien, auch h. Merda s. v. Ghemmain.

Merom — מרום in Jos. 11, 5; b. LXX u. Vulg. ebenso; die כי מי heissen schon im Talm. כי סמכי u. יבא דכיכבו; b. E. u. H. Merrus 12 r. M. n. v. Sebaste — war ein hochgelegener Ort im N. v. Pal., der dem östl. See d. Nam. gab. D. h. Maron ist über 2 M. v. dies. See entfernt u. kann nicht vergl. werden. Einige erkennen d. Wasser M. in dem W. Maron b. Safed.
b. s. Mephaath.

Meron — מראין in Jos. 12, 20; LXX Amaron, Vulg. Semeron; מרינה in Neh. 3, 7; b. LXX u. Vulg. ebenso; auch שמרון מראין gen. Jos. 12, 20; b. Jos. Meroth; im Talm. Miron, Bethmeron u. Maronae — war ein phoenik. Ort im N. v. Palaestina, der später an Sebulon fiel. Vgl. Meron od. Marūn b. Safed.

Meronoth s. Meron.

Meros — מרוז in Jud. 5, 23; LXX u. Vulg. Meroz; Schw. vgl. d. Talm. מרישה — war ein Ort bei Kades Naphthali, also in der Nähe v. Merom oder diesem gl. Seine Einw. weigerten sich, ihren Brüdern gegen Sissera beizustehen. Ein Murussus liegt n. v. Bēsan; ein Kafr Masr od. Misr am Thabor ist ein ganz junger Ort u. gar nicht heranzuziehen.

Meroth s. Meron.
b. In b. j. II, 20, 6 nennt Jos. M. d. westl. Grenzst. v. Obergal. So muss dieser Ort in d. Nähe d. Meeres gesucht werden.

Merrus s. Merom.

Mesada s. Masada.

Mesilla s. Silla.

Mesonecha — מזניחה im Talm. — ein Ort v. Pal., der den besten Waizen hervorbrachte.

Methlem s. Heleph.

Metopa in d. Act. Sanct. ein Wüstenort, wo nach Cyrillus ein Kloster v. Marinus gebaut wurde. Vgl. Umm Tuba sö. v. Jerus.

Mezi — כיצי דעברה im Talm. — ein Ort in Gilead. Vgl. Mzērib od. Muzērib an d. Derb el Hagh.

Mezobaja — כצביה in 1 Chr. 11, 47; LXX Mesobia, Vulg. Masobia — war die Heimat dreier Helden Davids.

Mia — b. Jos. Ant. XX, 1, 1; b. Eus. u. Hier. Zia — ein Df b. Philadelphia.

Mibzar — מבצר in Gen. 36, 42; LXX Mazar, Vulg. Mabsar; n. E. u. H. b. Petra — eine St. in Edom; vgl. Mabsara im Ghebal. b. In Jos. 19, 29 — כיצר mit besond. עיר gekennzeichnet, b. LXX ὀχύρωμα τῶν Τυρίων, Vulg. civitas munitissima Tyrus — ist eine jüd. St. in Asser zu verstehen, die mit d. phoenik. St. Zor nichts weiter gemein hat.

Michmas — מכמש in 1 Sam. 13, 5; LXX u. Vulg. u. 1 Makk. 9, 73 Machmas; b. Jos., E. u. H. Machma; im Talm. wd מכמס seines Waizens wegen gerühmt — war ein Ort in Benjamin, n. E. u. H. 9 r. M. v. Jerus. Zw. Geba u. Rama wd מכבץ מכמש in 1 Sam. 13, 23 — b. LXX τὸ πέραν M., Vulg. ut transcenderet in M. — zu suchen sein, wo zw. d. Felsen Bozez u. Sene eine wilde Schlucht, h. W. Suwēnit mit Mikhwas

od. Mukhmas, d. Übergang erschwerte.

Michmethath — מכמתת in Jos. 16, 6; b. LXX Machthoth od. Macho, Vulg. Machmethath — auf d. Grenze v. Ephraim u. Manasse, ist eine ungew. Örtlichkeit geblieben, vill. d. h. Sahel el Makhna. Doch vgl. man d. samarit. Kakon od. Kakūn od. Ghett.

Middin — מדין in Jos. 15, 61; b. LXX Maddin, Vulg. Meddin, ebenso E. u. H. — war ein Ort in d. Wüste Juda. Vgl. h. Middin ö. v. el Khalil, SV. unbek.

Midian — מדין in Gen. 25, 2; b. LXX Madiam, Vulg. Madian; b. Jos. Madiene; Ptolem. Modiana; Hier. setzt eine zerstörte St. Madian in d. Nähe v. Areopolis — war ein Sohn Abrahams n. d. Ketura. Das Volk seines Namens wd von Osten her den Stämmen Israels gefährlich. Vgl. Jud. 6 ff.

Migdal de Jo — מגדל דיו im Talm. — war ein Ort in Syrien; Neub. vgl. d. h. Meghdel Jon nö. v. Sidon.

Migdal Eder s. Eder.

Migdal-El — מגדל אל in Jos. 19, 38; b. LXX Magdaliel, Vulg. Magdalel; b. Eus. Madiel, H. Magdiel; n. Eus. 9, n. H. 5 r. M. n. v. Naphoth Dor — war eine St. v. Naphthali, das nicht an's Meer reichte, da die Küste noch lange von Phoenikiern besetzt blieb. Vgl. Meghedel nö. v. Athlit od. mit Cond. Mughēdil.

Migdal Gad — מגדל גד in Jos.

15, 37: b. LXX u. Vulg. Magdalgad; b. Eus. Magdala — war eine St. in Juda nahe bei Zenan an Ephraims Grenze od. in d. Niederung. Das Magdala am See v. Tiberias kann nicht in Betracht kommen, eher ein Geder im südl. Juda. Vgl. el Meghdel nö. v. Askalon.

Migdal-Gader — כי־גדר od. כי־גדוד od. כי־עדר im Talm. — ein sonst unbek. Ort in Pal.

Migdal Harub — כי־חרוב im Talm. — nehmen Einige gl. Achabara od. Kaphar H. Vgl. Khurēbeh an d. Via Maris od. Tell Khurēbeh in Galil.

Migdal Nunija — כי־נוניא im Talm. — lag nur 1 r. M. v. Tiberias.

Migdal Roi — כי־רוי im Talm. — vgl. Schw. d. Burgh et Rin zw. Sidon und Zarpath (?).

Migdal Sid s. Caesarea Pal.

Migdal-Zebaja — כי־צביא im Talm. — wird als ein Teil von Magdala angesehn od. bezeichnet diesen Ort selbst. Rel. setzt diese weg. ihrer Unzucht zerstörte St. zw. Hebron u. Beerseba.

Migron — מגרון in 1 Sam. 14, 2; b. LXX Magdon, Vulg. Magron; gewiss nicht d. Amkarruna d. KS, das als Sitz eines Fürsten gen. wd, wie Schr. — war ein kl. Ort in Benjamin, wo Saul nur weilte, da er im Streit mit d. Philistern lag. Vgl. Kh. Burgh Makrūn am W. Suwēnit od. mit Guér. Kh. el Migram b. Schafat.

Millo s. Beth Millo.
b. s. Jerus.

Minnith — מנית in Jud. 11, 33; b. LXX Menith, Vulg. Mennith; b. Jos. Maniathe; b. Eus. Menseth, 4 r. M. ö. v. Hesbon — eine ammonitische St., wurde durch den Sieg Jephthas über dies Volk bekannt. Zeitweilig war d. St. von Israel besetzt. Seinen Waizen brachten d. Kaufleute bis Tyrus (Ez. 27, 17). Vgl. Manha od. Mingha ö. v. Hesbān, od. mit SV. Kh. es Samik od. mit Cond. Minjeh s. v. Nebo.

Minois s. Madmanna.

Misa — מישא im Talm. — ein Ort v. ungew. Lage; vill. Mēs od. Mēs el Ghebel n. v. Kedes.

Misaida s. Moser.

Miseal s. Masal.

Misgab — משגב in Jer. 48, 1; LXX Ἀμαθ τὸ κραταίωμα, Vulg. fortis; b. E. u. H. Masagen u. Masogam — ist kein bes. Ort, sond. eine poet. Bezeichnung d. Geb. Moab.

Mispat s. Kades.

Misrephoth Maim — משרפות מים in Jos. 11, 8; b. LXX Masrephoth Main, Vulg. aquae M. — waren Orte, wo das Salz durch Abdampfen des Meerwassers gewonnen wurde. Vgl. 'Ain Mescherfeh zw. Akka u. Saida. Andere denken an Glaswerke, SV. und Thomson an Sarafend.

Misttor s. Jerus.

Mithoar — מהאר in Jos. 19, 13; LXX Amathar, Vulg. Amthar,

b. Eus. Ammatha, H. gl. LXX — wird kein Ort, sond. d. Partic. Pual von האר sein s. v. a. „gewendet" od. „sich erstreckend".

Mitrokomia ein Bsitz von Pal. III.

Mitteltor s. Jerus.

Miz'ar — הר מצער in Ps. 42, 7; b. LXX ὄρος μικρόν, Vulg. mons modicus — wird von Einigen als Eigenname aufgefasst. So vgl. van K. d. Gh. Mēsāra in Gilead.

Mizpa — מצפה in Jos. 18, 26; LXX Μασσηφα, Vulg. Mesphe; b. Jos. Mespha od. Masphatha; E. u. H. gl. LXX — war eine St. in Benjamin, wo d. Bundeslade eine Zeit lang stand (Jud. 20, 27). Hier richtete Samuel das Volk Israel, hier versteckte sich Saul. Dann wd M. befestigt (1 Reg. 15, 22). Als Sitz Gedaljas in Jer. 41 gen. Vgl. Nebi Samwil n. v. Jerus. od. mit Guér. Schafat.

b. s. Jegar Schadutha.

Mizpe — מצפה in 1 Sam. 22, 3; b. LXX Μασσηφαθ, Vulg. Maspha — war eine St. in Moab, oberhalb ערבות מאב.

b. In Jud. 11, 29 — b. LXX σκοπια, Vulg. Maspha — ist M. ein Ort in Gilead, verm. gl. Ramoth Gilead od. Maspha in 1 Makk. 5, 35. Vgl. es Salt od. mit Cond. Sūf.

c. In Jos. 15, 38 — b. LXX Μασσηφα, Vulg. Masepha — eine hochgelegene St. in Juda; vergl. Tell es Safieh.

d. In Jos. 18, 26 — LXX gl. c, Vulg. Mesphe — wd es gl. Mizpa in Benjamin sein.

e. In Jos. 11, 8 — LXX gl. c, Vulg. Masphe — ist M. ein Ort im N. v. Pal. bei d. See Merom. Nach diesem M. wurde auch eine Ebene ö. vom See benannt, der h. Iklim el Bellān.

Moab — מואב in Gen. 19, 37; LXX u. Vulg. ebenso; in d. KS. Maab u. Maba — ist die Landschaft ö. v. t. M., welche v. Arnon bis zum Weidenbach, W. el Ahsi, reichte. Israel umgieng d. Land (Deut. 2, 29). Balak u. Bileam. Hier erhielten Ruben u. Gad ihre Gebiete, wurden aber d. moabit. König Eglon untertan. Ruth. Ehud. H. Kerak gen. wie seine Hauptst.

Moahile in Not. dign. verschrieben für Mohaila.

Moasada s. Gomorrha u. Masada.

Mochona s. Mechona.

Modiith — הכידייעיה im Talm. — eine St. 15 r. M. v. Jerus. Vgl. Modin.

Modin — in 1 Makk. 2, 1; b. Jos. Modiim, b. Eus. Medeim; im Talm. כידיעים u. verm. מודיעית; in בקב erkennt d. Talm. den letzten Buchstaben d. Namen der 3 Erzväter — war die Heimat der Makkabaeer, die nach Hasmon, dem Urgrossvater d. Mattathias, auch Hasmonaeer heissen. Hier am Rand der Ebene Saron wurden in fürstl. Mausoleum, das zu Hieron. Zeit noch vorhanden war, d. Priester Mattathias nebst seiner

Gattin und vier ihrer Söhne beigesetzt (1 Makk. 9, 19. 13, 25—30). Vom Meere aus konnte man das herrl. Grabmal sehen. Nach E. u. H. vicus juxta Diospolin, h. el Medigheh oder Medich mit Kabur el Jehud.

Mohaila od. Moahile od. Mohalula in Not. dign. Standort einer röm. Besatzung. Einige vgl. Aila.

Mohna — im Samarit. Chron. — ein Ort in Samarien, h. Kh. Mokhna od. Makhna mitten in d. Sahel M.

Molada — מוֹלָדָה in Jos. 15, 26; LXX u. Vulg. ebenso; b. Jos. Malatha; b. Ptolem. Maliattha, in Not. dign. Moleatha od. Moleaha — war eine St. in Juda, die später von Simeon besetzt wurde. In seine Burg M. zog sich Herodes Agrippa zurück, als er in Geldnot war (Jos. Ant. XVIII, 6, 2). Vgl. Milh od. Tell el Melah 5 M. s. v. Khalil.

Moleaha s. Molada.

Menois s. Madmanna.

More — מוֹרֶה in Gen. 12, 6; b. LXX (δρυς) ἡ ὑψηλή; Vulg. (convallis) illustris — hiess ein Eichenhain b. Sichem, wo d. Einwanderer Abraham zuerst seine Zelte aufschlug.

b. In Jud. 7, 1 — גִּבְעַת הַ־, b. LXX βουνος τον Ἀμορε, Vulg. collis excelsus — bez. M. einen Hügel im Tale Jesreel, verm. h. Gh. ed Dahi.

c. In Ps. 84, 7 — b. LXX νομοθετων, Vulg. legislator — be-zeichnet M. keine best. Örtlichkeit, sondern d. Herbstregen, u. And. einen trocknen Bach.

Moreseth — מוֹרַשָׁה od. כ־גת in Micha 1, 14; LXX κληρονομια Γεθ, Vulg. haereditas Geth; n. E. u. H. ö. v. Eleutheropolis — ein Ort in Juda, der aber zu Gath gehörte, d. Heimat d. Proph. Micha. Vgl. Maresa u. Kh. Mar Khanna.

Moria s. Jerus.

Mosel s. Usal.

Moser u. Moseroth — מוֹסֵרוֹת in Num. 33, 30; b. LXX Masuruth, Vulg. w. o.; b. Hier. Masurith u. Mosaida — war ein Lagerort Israels in d. Wüste, wo Aaron starb. Schw. kennt ein W. Muzēra 5 M. s. v. W. Ritimat.

Motha, in Not. dign. eine Stat. illyr. Reiter, b. Steph. Byz. Motho gen., eine a. St. d. südl. Hauran. H. Imtān an d. a. Römerstr. Vgl. auch Animotha.

Moza — מֹצָה in Jos. 18, 26; b. LXX Mosa, Vulg. Amosa, im Talm. מוֹצָא gl. Kulonieh — war ein Ort in Benjamin, aus welchen d. Einw. v. Jerus. die Büsche zum Laubhüttenfest holten (Talm.). Guér. vgl. Amwās, SV. d. Kh. Bēt Mizzeh.

Myrum ein alter Bsitz in Peraea, h. Kh. Mirjamin s. v. Tub. Fahil.

N.

Naara — נַעֲרָה in Jos. 16, 7; b. LXX u. Vulg. Naaratha; נַעֲרָן in

1 Chr. 7, 28; LXX ebenso, Vulg. Noran; b. Jos. Neara; n. E. u. H. 5 r. M. n. v. Jericho; im Talm. נעין — war eine St. in Ephraim nahe b. Jericho. Nach Jos. Ant. XVII, 13, 1 leitete Archelaus von d. Df N. Wasser in die Palmengärten seines Palastes in Jericho. Vgl. W. Kilt mit Kh. el Augheh od. mit Guér. Kh. Samieh.
Naarsafarum in Not. dign. eine röm. Milit.-Stat. in Arabien, wo ein Fluss Safar bisher nicht bekannt geworden. Vgl. Sapher.
Nabaitai s. Nebath.
Naballo — b. Jos. Ant. XIV, 1, 4 — entriss Alexand. Jann. den Arabern. Da der Ort zw. Medeba u. Livias gen. wird, so kann Kh. Nebā vergl. werden.
Nabara b. Eus. ein gr. Df in Batanaea.
Nabatene s. Nebath.
Nabau s. Nebo.
b. s. Kenath.
Nachon s. Kidon.
Nadabath — in 1 Makk. 9, 37; b. Jos. Gabatha — war verm. eine St. in d. Ggd v. Medeba.
Naema — נעמה in Jos. 15, 41; b. LXX u. Vulg. Naama — war eine St. in Juda. Vgl. Naʻami od. Naʻaneh s. v. er Ramleh. b. In Hi. 2, 11 — הנעמתי, b. LXX ὁ Μιναίων βασιλεύς, Vulg. Maamathites — eine St. in Edom, aus w. Zophar stammte.
Nagnagad — נגנד od. נגניד im Talm. — Wohnort d. R. Johanan (Neub.).

Nahalal — נהלל in Jos. 19, 15; LXX u. Vulg. Naalol, wie Jud. 1, 30; b. Eus. ebenso u. Neila, b. II. Naaloth u. Neela, ein Ort in Batanaea, im Talm. כהלול — war eine Levitenst. in Sebulon, nahe b. Jakmeam u. Dimna, w. 1 Chr. 6 nicht gen. wd. Sie blieb von Kanaaitern besetzt (Jud. 1, 30). Cond. vgl. ʻAin Mahil nö. v. Nazareth, Schw. Malūl, w. v. Nazareth.
Nahaliel — נחליאל in Num. 21, 19; LXX u. Vulg. ebenso — war eine Lagerstelle Israels in d. Wüste n. v. Arnon. Rob. vgl. W. Enkhēleh, einen Quellbach des Arnon; SV. d. W. Zerka Main.
Nahal Kana — נחל קנה in Jos. 16, 8; χειμαρρος Κανα, Vulg. vallis arundineti — ein Bach auf d. Grenze v. Ephraim u. Manasse. Vgl. el Augheh od. Abu Zabora od. Falaik.
Nahas — עיר נחש in 1 Chr. 4, 12; LXX u. Vulg. Naas — war eine St. in Juda. Vgl. Dēr Nahas am W. Farangh, nö. v. Bēt Ghibrin.
Naid u. **Naim** s. Nod.
Nain — in Luk. 7, 11; im Talm. נעים — war eine kl. St. in Galilaea, durch eine Totenerweckung berühmt. H. Nain am Nordabhang d. Gh. ed Dahi.
b. Jos. b. j. IV, 9, 4 nennt N. einen Ort s. v. Hebron, welchen der Aufrührer Simon befestigte, nachdem er seine Toparchie Akrabatene aufgegeben. In chr. Zeit wird hier ein Kloster Kaphar

Baracha genannt, b. Epiph. Kapharbarika, im Talm. כפר ברקא gen. Vgl. Kafr Berē k sö. v. el Khalil u. Beni Na'im.

Najoth — ניות Keri, נוית Ketib in 1 Sam. 19, 19; b. LXX *Navaϑ ἐν' Ραμῳ*; Vulg. Najoth in Ramatha; b. Jos. Galbaoth; im Talm. איבי ניראה — ist keine St., sond. eine Prophetenschule in Rama gewesen, wo Saul weissagte, u. David eine Zuflucht fand.

Nais, ein chr. Bsitz v. Pal. II, soll in Samarien gelegen haben. Rel. beruft sich auf Jos. Ant. XX, 5; aber Jos. nennt diesen Namen nirgends.
b. s. Nod.

Nakeb s. Adami.

Namara, eine alte St. in Hauran, h. Nimra am W. d. N.

Namram s. Beth-Nimra.

Naphoth Dor s. Dor.

Naphthali — נפתלי in Num. 1, 42; LXX u. Vulg. Nephthali — erhielt sein Erbe im N. d. Westjordanlandes von d. galil. Meer bis zu den Quellen d. Jordan. Hier blieben viele Kananiter wohnen, daher גליל הגוים in Jes. 8, 23.

Napsis s. Mapse.

Narbata — b. Jos. b. j. II, 14, 5; verm. d. נרור d. Talm. — ein Ort 60 Stad. von Caesarea Pal. Hauptort d. Toparchie Narbatene. Hierher floh d. jüd. Gem. aus Caes., w. d. Griechen vertrieben hatten.

Nathan s. Hanathon.

Nazala in Not. dign. eine röm. Mil.-Station in Phoenikien.

Nazareth — weder im A. Test. nach in Joseph, häufig im N. T, Mark. 6, 1; Luk. 4, 16 — war eine kl. St. in Galilaea, auf einem Berg gelegen, wie auch Hier. u. Talm. bezeugen. Die spätere chr. St. lag am Abhang d. Berges. H. en Nasira.

Nea — נעה in Jos. 19, 13; LXX Anua, Vulg. Noa; n. Eus. 15, n. Hier 10 r. M. s. v. Neapolis — war ein Ort in Sebulon, in welchem d. LXX das spätere Annath erkennen lassen.
b. Bei Herod. u. Plin. eine St. in Phoenikien. Vgl. Kh. Niha.

Neapolis s. Sichem.
b. Ein Bsitz d. arab. Eparchie, w. v. Geb. Hauran. Man sucht d. O. im h. Sulēm.

Neba s. Nebo.
b. Ein Ort im Hauran.

Nebajoth — נבית in Gen. 25, 13; LXX u. Vulg. Nabajoth; in KS. Nabaitai, b. Jos. Nabatene — war ein Sohn Ismaels, darnach ein ismaelit. Stamm, der an d. südl. u. östl. Grenze von Palästina nomadisierte. Ihr Land heisst bei Jos. Nabatene, d. Bewohner Nabataeer. Vgl. d. Wüste Nefad.

Neballat — נבלט in Neh. 11, 34; LXX Nabalat, Vulg. w. o. — war ein Ort in Benjamin. Vgl. Bēt Nebāla nö. v. el Lidd.
b. s. Nebo, b.

Nebo — נבו in Deut. 32, 49; b. LXX *Ναβαυ*, Vulg. w. o.; KS. Nabu; E. u. H, folg. d. LXX — war ein Berg in Moab, auf welchem

Moseh starb. Er gehörte zum Gebirge Abarim od. Pisga. Vgl. Gh. Neba od. Nebbeh. Num. 32, 3 kennt eine St. N., welche v. Ruben besetzt war, aber wieder an Moab fiel, nach Hier. 6 r. M. ö., n. Eus. w. v. Esbus. Hier nennt Josephus ein Neballat. Vgl. Kh. Neba od. Nebbeh nw. v. Madeba.

c. In Esra 2, 29 eine St. in Juda, נבי אחר in Neh. 7, 33 gen.; die LXX lasen אחד, Vulg. N. altera. Vergleiche mit SV. Bēt Nuba in Benj. od. mit Cond. Nuba od. Noba b. el Noba Khalil.

Neburia — נבודיא in Talm. — war d. Heimat d. Rabb. Josua u. Elieser. S. Kaphar-Neburia.

Nefdamos comis ein Bsitz unt. d. Metrop. v. Bostra.

Negiel — נגיאל in Jos. 19, 27; LXX Naiel, Vulg. Nehiel; b. Eus. Anir od. Betoannaea, b. Hier. Aniel, 15 r. M. ö. v. Caesarea; in d. Martyr. Pal. d. Heimat d. hl. Hadrianus — war ein durch Heilquellen ausgez. Bergort in Asser. Vgl. Schēkh Iskander od. mit N. a. Pl. Kh. Janin od. mit Rob. Miār, d. letzt. in d. Ggd v. Akka.

Negla — in Tab. Peut.; b. Ptol. Nekla — war eine röm. Mil.-Stat. im Geb. Seir. Vgl. Schobek.

Neja in Not. dign. eine röm. Mil.-Stat. in Phoenikien. Vgl. Nea.

Neila nennt Eus. ein. Ort in Batanaea, vill. d. h. Nahiteh b. Zor'a.

Neilon ein Bsitz unt. d. Metrop. von Bostra.

Nekeb — נקב in Jos. 19, 33; b. LXX Nakeb, Vulg. Neceb; b. Eus. auch Nekem, Hier. Nezeb; n. d. Talm. spät. צייחדה gen. — war eine St. in Naphthali, die gl. Adami gehalten wd. Doch vgl. Kh. Sejadeh sw. v. Tabarijeh. Neub. denkt an Beth-Saida.

Nekla s. Negla.

Nelasa b. Ptol. eine St. in Batanaea. Vgl. Edera u. Gerrha.

Nelon s. Hilen.

Nempson s. Nibsan.

Neocaesarea in Act. Conc. Const. Bsitz v. Pal. III. zw. Elusa u. Eleutherop. Rel. denkt an Diocaesarea in Gal.

Neotes ein Bsitz unt. d. Metrop. Bostra.

Nepheth — שלשת הנפת in Jos. 17, 11; b. LXX τριτον της Ναφεθ, Vulg. tertia pars urbis Nopheth — bezeichnet d. Bezirk von Endor, Megiddo u. Thaanach. Vgl. Dor.

Nephis s. Nebo.

Nephtar od. Nechpar in 2 Makk. 1, 36 der Ort, an welchem vor d. Auswanderung nach Babel die Priester das hl. Feuer verbargen. Ihre zurückgekehrten Enkel sollen an d. bez. Ort Wasser gefunden haben.

Naphthoah — מי נפתוח im Jos. 15, 91 b. LXX ὑδωρ Ναφθω, Vulg. aquae Nephthoa — mit Brunnen sucht d. Talm. b. Urtās, ebenso Schw. Er lag aber auf d. Grenze von Juda und Benjamin,

etwa wo h. **Lifta** od. **Lifti** Jerus. mit gutem Quellwasser versorgt.
Nerabus nennt Steph. Byz. n. Nikolaus ein St. in Syrien.
Neronias s. Baal-Gad.
Netopha — נטפה in Esra 2, 22; LXX ebenso, Vulg. Netupha; im Talm. בית נטופה od. בטייפה od. נטופה, durch sein Öl berühmt — war eine St. in Juda. Vgl. Bēt Nettif w. v. Bethlehem.
Neurin — נעורין im Talm. — ein Ort in Isaschar. Schw. vgl. Nuris sö. v. Zerin am Gh. Fukūa.
Newe — in Not. episc., b. Eus. Ninewe, im Talm. ניה — ein Bsitz d. arab. Eparchie lag n. Itin. Ant. v. Capitolias 36, v. Gadara 16 r. M. entfernt. Vergl. Naweh s. v. Tell el Hāra.
Nezib — נציב in Jos. 15, 43; b. LXX Nεζειβ, Vulg. Nezib; b. Eus. u. H. Nasib, n. E. 9, n. Hier 7 r. M. ö. v. Eleutheropolis — war eine St. in Juda. Vgl. Kh. Bēt Nasib ö. v. Bēt Ghibrin.
Nibsan — נבשן in Jos. 15, 62; b. LXX u. Vulg. Nebsan; b. Eus. Nempsan — war ein Ort in d. Wüste Juda.
Nikopolis s. Ammas.
Nilakome — b.
— ein Ort in Peraea. Vgl. Kh. ö. v. Sahem el Gholan.
Nimrin — מי נמרים in Jes. 15, 6; LXX ὕδωρ τησ Νεμρειμ, Vulg. aquae Nemrim; E. u. H. verweisen auf ein Df Bennamerium n. v. Zoar — war ein wasserreicher Ort in Moab. Vgl. Kh. Nemēra im

Moghet N., der v. O. in d. t. M. fällt. S. Beth-Nimra.
Ninewe s. Newe.
Nob — נב in 1 Sam. 21, 2; b. LXX Noba, Vulg. Nobe; b. Jos. gl. LXX; b. Eus. Nomba, b. Hier. Nubbe u. Noba, vgl. mit Betoannab 8 r. M. v. Lydda — war eine Priesterst. in Benjamin, zw. Gibea und Gath. Hier speiste Abimelech den hungrigen David mit Schaubroten. Wenn Hier. sagt, dass man von N. aus Jerus. sehen könne, so ist Isawijeh weil im Tale, Schafat u. Sadr wegen ihrer Nähe nicht zu vgl., sondern Bēt Nuba wnw. v. Jerus.
b. D. Nob im Talm. — Tos. hat רנב — war ein Ort in Asser.
Nobah s. Kenath.
Nophah — נפח in Num. 21, 30; LXX lasen ganz anders: προσεξεκαυσαν, Vulg. Nophe — war eine amorit. St. b. Medeba, also mit Nobah u. Kenath nicht zu vgl.
Noran s. Naara.
Nuara — wird eine alte Stadt in Peraea gen., h. Kh. Nuarān ö. v. dem Südende d. Bahr el Huleh.
Nysa s. Beth-Sean.

O.

Obertor s. Jerus.
Oboth — אבת in Num. 21, 10; LXX u. Vulg. ebenso — war ein Lagerort Israels an der Ostgrenze Moabs zw. Phunon u. Ijim. Etl. vgl. Ketherabba ö. v. Kerak.
Ocho, Olo u. Olon s. Hilen.

Odollum s. Adullam.

Ogdor — איגדור od. נגדור im Talm. ein Ort in Pal., verm. in Samarien.

Ohlio — אחליא im Talm. — ein Ort ohne nähere Best.

Okurura s. Herenkaru.

Olberg — מעלה הזיתים in 2. Sam. 15, 30; b. LXX ἀνάβασις τῶν ἐλαιῶν, Vulg. clivus olivarum; im Talm הר המשחה od. הר הזיתים ein Ort, v. dem d. Neumond verkündigt, wo d. rote Kuh verbrannt wd — im N. u. O. des Kidron. Die nördl. Kuppe — b. Jos. Sapha, b. d. Griech. Skopus, im Talm. צופים — trug d. Lager d. Cestius Gallus u. Titus. Die anschliessende 2. Kuppe, h. Râs es Suwêka, soll der Ort sein, wo in alt. Zeiten ein Tempel d. Kamos stand. Auf d. 3. Kuppe, als dem Ort d. Himmelfahrt Jesu, baute Konstantin d. Gr. e. achtseitige Kirche. Auch d. 4. Kuppe gilt als Schauplatz d. Salomon. Götzendienstes (1 Reg. 11, 7). Zw. d. 3. u. 4. Kuppe führte d. Weg von Jerus. über Bethania n. Jericho.

Oli u. **Ooli** s. Hali.

Oluna in Not. ep. ein Bsitz unter Skythopolis; in and. Verz. Tiberias.

Olurus s. Alurus.

Onevatha in Not. dign. eine röm. Mil. Stat. in Phoenikien.

Oni — אוני im Talm. — ein Ort in Juda.

Ono — אונו in Neh. 6, 2; LXX u. Vulg. ebenso — eine St. in Benjamin, nicht weit v. Lydda mit d. bruchartigen א־בקעה. Onus wird hernach ein Bsitz v. Pal. 1. Vgl. Kafr 'Anā im W. Ghindas 1 M. v. el Liddi.

Ophel s. Jerus.

b. In 2 Reg. 5, 24 — b. LXX σκοτεινόν, Vulg. vesperi — ein befestigter Hügel bei Samaria.

Ophen u. **Ophni** s. Aphen.

Opher s. Hepher.

Ophla nennen die Listen Thothmes' III als einen Ost in Pal. SV. vgl. Afuleh. S. Ophel, b.

Ophra — עפרה in Jos. 18, 23; LXX Ἀφαρα, Vulg. Ophera; בית לעפרה in Micha 1, 10 — LXX κατα γελωτα, Vulg. in domo pulveris; verm. das Ephraim d. Jos. b. j. IV, 9, 9; d. Ephrem in Joh. 11, 54; b. Eus. Aphrel, bei Hier. Aphra, 5 r. M. ö. v. Bethel; n. Not. dign. Afer, Stat. d. Coh. Valeria — war eine St. in Benjamin, u. v. Michmass. Vgl. et Taijibeh nö. v. Bêtin od. die Ggd von Jebrud.

b. In Jud. 6, 11 — b. LXX u. Vulg. Ephra, ebenso b. Jos. — eine St. Manasses, d. Heimat Gideons. Vgl. Fara'un od. Fer'on.

Or s. Hor.

Oram s. Harem.

Orbo — ערבו im Talm. — ein Ort bei Bethsean.

Oreb — ציר ערב in Jud. 7, 25; LXX Σουρ Ὠρηβ, Vulg. petra Oreb — ein Felsen in d. Ggd d. Jordan, wo ein Midianerfürst Oreb getötet wd. Vgl. Oryba.

Ormiza — b. Jos. b. j. I, 19, 2 — ein Ort, wo die von den Arabern geschlagenen Truppen des Königs Her. Zuflucht fanden. Vgl. Harma.

Ornithon polis — b. Strabo u. Plinius; d. Talm. hat ein הרינולא, das b. Caesaraea Philippi lag; im Itin. Hier. ad Nonum — eine St. zw. Tyrus u. Sidon. Vgl. Kh. 'Adlān od. 'Adnūn mit 'Ain Umm el Awamid.

Oronae u. Oronaim s. Horonaim.

Orontes od. Axius — b. Plin, Polyb. u. Strabo — entspringt w. v. Heliopolis am Ostfuss d. Libanon, fliesst bis in die Breite v. Antiochien n. N., wendet sich n. Westen u. fällt nahe bei Antiochien in's Mmeer. H. Nahr el Ahsi.

Orthosias — in 1. Makk. 15, 37 ebenso b. Plin., Ptol., Strabo; im Talm. אור הוסה — war eine phoenik. Hafenst. zw. Erek und Tripolis, später Sitz eines chr. B. (Akt. d. Konz. v. Chalcedon). H. Kh. Ard Arthusi am N. el Barid.

Orton — b. Chrysococcas — eine St. in Pal., neben Askalon u. Jerus. gen.

Oruxa s. Sozusa.

Oryba — b. Jos. Ant. XIV, 1, 4 — entriss Alexander Jannaeus den Arabern. Vgl. Oreb.

Osa s. Hosa.

Oscheh s. Usa.

Ostrakine — b. Jos. b. j. IV, 11, 5 u. Plin. — ein wasserloser Ort b. Rhinokolura, ein Grenzort Arabiens (Plin.). Vgl. es Strakki.

Otthara in Not. dign. eine röm. Mil.-Stat. in Phoenikien. Rel. vermutet in ihm d. Atera d. Ptol., Seeck d. Okurura od. Herenkarn.

Ozensara s. Usen S.

P.

Padan s. Aram.

Pagida s. Libnath.

Pagu s. Pai.

Pagutija — בגוטיה im Talm. — ein Ort in Samarien.

Pahal s. Pella.

Palaebyblus s. Gebal.

Palastav s. Philistaea.

Palästina — b. Griech. u. Röm. aus פלשת entstanden — bezeichnet urspr. d. Land der Philister, während Gr. und Röm. unt. Pal. die Wohnstätte von ganz Israel verstanden, ein Land, das in d. KS. mat aharri (ideograph. MARTU) gen. wd. (Schrad.). Plin. nennt Pal. den Teil von Syrien, der die Araber zu Nachbarn hat (V, 14), vom Sirbonis-See bis Colonia prima Flavia in einer Länge von 189 M. pass. sich erstreckend. N. d. Talm. ist Pal. 400 mal 400 פרסה gross!

Auf dem Konz. zu Chalcedon wurde d. B. v. Jerus. als Patriach über d. Bistümer der drei Pal. anerkannt.

Pal. I umfasste Judaea, seine Metrop. war Caesarea Pal.

Pal. II begriff Samaria u. Galilaea mit d. Metrop. Skythopolis.

Pal. III od. salutaris vereinigte Idumaea, Moab u. d. petr. Arabien. Metrop. war Petra od. Petra deserti, d. i. Kerak.

Palaetyrus s. Zor.
Palandresin — פלנדרסין od. פונרסין im Talm. — ein Hafenort Pal.
Palatatha — פלטיתא im Talm. — ein Ort in Moab, über Beth-Meon gelegen.
Palmenstadt s. Jericho.
Palmyra s. Thadmor.
Paltus — b. Plin. u. Ptolem.; Steph. Byz. hat Baldus u. Paltus — war eine St. am Mmeer, zw. Balanaea u. Gabale gen. Seine fruchtbare Ebene gehörte den Bürgern von Aradus, welche d. St. gegründet hatten.
Pandocheion — πανδοχειον d. i. Herberge für Alle, im Talm. פונדבא — ein Ort in Samarien, h. Funduk zw. Jafā u. Nablūs.
Paneas s. Baal-Gad.
Paphtha s. Jephtha-El.
Paphunia s. Hamath.
Papyrus — b. Jos, Ant. XIV, 3, 2 — ein Ort im südl. Pal., wo Aristobulus die v. Jerus. abziehenden Aretas u. Hyrkanus besiegte, während Skaurus in ihrem Rücken stand. Vgl. Kirjath Sepher in Debir.
Para s. Hapara.
Paradeisos — b. Plin., Ptolem. u. Steph. Byz. — war eine St. am Libanon, die entw. zu Ghusijeh od. b. Kanuat el Harmul nahe b. ʽAin el Ahsi gesucht wd.
Paran — פארן in Gen. 21, 21; b. LXX u. Vulg. Pharan; b. Ptolem. montes nigri; n. Eus. eine St. 3 Tagereis. w. v. Aila, n. Hier. ö. v. Aila — hiess die grosse gebirgige Wüste (Deut. 33, 2) zw. Pal. Edom u. Wüste Sur. mit den Städten Elusa, Eboda u. Harma. Hierher kamen Abraham u. Ismael, hier nomadisierten Jakobs Nachkommen 40 Jahre lang. Bei Kades B. liegt die Grenze zw. P. u. Sin. H. et Tih.
Parbar s. Jerus.
Parembolae s. Mahanaim.
Paretolis-Kloster und Kirche lagen in dem Gebirg Juda. Man vermutet sie im Kh. Dēr el Benāt s. v. Artas in engster Felsenschlucht.
Paria — b. Plin. V, 31 — eine Insel bei Joppe, die h. bis auf wenige Felsen vom Meere verschlungen ist.
Pas Dammin s. Epher D.
Patris — פטרים im Talm. — ein Ort bei Antipatris, b. Budrus sö. v. Bēt Nebāla. Vgl. Betarus.
Pau — פעו in Gen. 36, 39; b. LXX Phogor, Vulg. Phau; פעי in 1. Chron. 1, 50; LXX u. Vulg. wie vorhin — hiess eine St. in Edom, ihr König Hador oder Hadod.
Pedine s. Beth Haaraba.
Pekiin s. Kaphar P.
Pelet s. Beth P.
Pella — b. Jos. Ant, XIII, 15, 4; n. Steph. Byz. vorher Butis gen. — war eine St. d. Dekapolis jens. d. Jord. welche zur Zeit d. Alex. Jan. wieder im Besitz d. Juden war. Als d. heidn. Einw., vill. Makedonier, die der Kolonie d. Namen ihrer Vaterst. gegeben, sich

weigerten, d. jüd. Gesetz anzunehmen, zerstörte er d. St. Zur Zeit d. Zerstörung Jerus. wird P. als Zufluchtsort d. chr. Gem. von Jerus. gen. Dann war P. ein Bsitz v. Pal. II u. Hauptort einer röm. Toparchie (Jos. b. j. III, 4). Vergl. Tubēkat Fahleh od. Tabakat Fahil am W. Müz. Andere denken an Suf 3 M. weiters.

Pelon od. Palon — פלוני in 1 Chr. 11, 27; b. LXX Phallon, Vulg. Phalon — war ein Ort in Ephraim, d. sonst nicht erwähnt wird.

Pentekomias — πεντε κωμαι in Not. episcop. ein Bsitz von Pal. III, im Talm. Fundeka gen. vgl. Pandocheion — war ein Df in Samaria, h. Fendekumijeh zw. Silet ed Dahr u. Gheba.

Penthakla — in Act. Sanct. b. Rel. — war ein Kloster, das bald am Jordan, bald in dem Geb. Juda gesucht wird.

Peor — פעור in Num. 23, 28; b. LXX u. Vulg. Phogor, vgl. Pau; Eus. nennt Beth Phogor eine St. b. Damnaba u. Esebon — war ein Berg im nördl. Moab zw. Hesbon u. Livias. Von hier ergieng d. Spruch Bileams. Seine St. bez. etwa 'Ain Minieh ö. v. t. M.

Peraea — b. Jos. Ant. XIII, 2, 3 u. a; Plin. V, 15 — nannten Griech. u. Röm. d. Land jens. d. Jordan in ungewisser Ausdehnung. Seine Bevölkerung war von Anf. an gemischt.

b. Bei Steph. Byz. eine kl. St. in Syrien!

Perathi s. Pherathi.

Perazim s. Baal P.

Perek s. Pherek.

Perez — פרץ עזא in 2 Sam. 6, 8; LXX διακοπη 'Οζα, Vulg. percussio Ozae; Jos. w. d. LXX — ein Ort zw. Jerus. u. Kirjath Jearim, wo Ussa an d. Bundeslade starb. Vgl. Kidon.

Peristere b. Steph. B. eine St. in Phoenikien.

Perod — פרוד in Talm., — ein Ort von ungew. Lage.

Petra s. Jakthiel.

b. s. Sela.

Phaena od. Phaenos — b. Griech. u. Röm.; Not. dign. haben Fenis — war eine bedeut. St. d. nördl. Hauran, später chr. Bsitz. unt. d. Metrop. Bostra. Vgl. Mismijeh od. Missema nö. v. Scha'ara.

Phagor s. Phogor.

Phanon s. Phunon.

Phanuel s. Pniel.

Phara — in 1 Makk. 9, 60; b. Jos. Pharatha — war ein Ort in Judaea, welchen Bacchides befestigte. Vgl. Hapara.

Pharathon u. Pharatus s. Pirathon.

Pharphar — פרפר in Reg. 5, 12; LXX u. Vulg. ebenso — ist ohne Zweifel ein Fluss, der nach Dam. hin fliesst, also vom Hermon od. Libanon kommt. Man vgl. Nahr Barbar od. N. es Sibarani od. N. el Awagh od. Ghennani, Neub. gar d. W. Barada.

Pharurim s. Jerus.
Phasaelis — b. Jos. Ant. XVII, 8, 1 u. a.; b. Ptol. Phaselis, im Talm. פסלין, wofür Neub. ohne Not כסלין lesen will — baute Herodes d. Gr. am Ostfuss d. Geb. Ephraim u. nannte d. St. n. seinem Bruder Phasael, schenkte sie aber seiner Schw. Salome, diese aber an Julia Livia, Gemahlin d. Caesar Augustus. Vergl. Kh. u. Tell el Fasail mit 'Ain F. u. W. F., der in d. Jordan fällt.
Phasga s. Pisga.
Phathura b. E. u. H. ein Ort zw. Gaza u. Eleutheropolis. Vgl. Kh. Furut.
Phenon u. Phinon u. Phunon.
Phenos s. Phaeonos.
Pherathi — פרידה im Talm. — ein Df in Obergalilaea, d. Heimat mehrerer R. Vgl. Kh. en Nebraten od. 'Ain Ferradheh.
Pherek — פרך im Talm. — soll nach Schw. d. Kaphaekcho d. Jos. sein; ein sonst unbek. W. es Sarkhi ist auch v. ihm angezogen, während Neub. d. samarit. **Ferkha** vergl.
Phethagtha — פתחתא im Talm. — ein Ort in Obergalilaea. Schw. nennt ein **Fatiga** bei **Safed** in einem W. **Sisaban**; aber diese Örtlichkeiten sind sonst unbek.
Phiala — b. Jos. b. j. III, 10, 7 — ein merkwürdiger kleiner See s. v. Paneas, mit dessen Jordanquelle er in Verbindung stehen sollte; denn hier kam nach Jos. die Spreu zum Vorschein, die d.

Tetrarch Philippus in den See hatte werfen lassen. U. **Birket Ram**.
Phiga — פיגה d. Talm. — wd ein Fluss in Pal. gen. Man vgl. mit Rel. d. Pagida d. Ptolem. od. d. h. el **Figheh**.
Philadelphia s. Rabba.
Philippopolis, in Not. episc. ein Bsitz d. arab. Eparchie, war eine anschnl. St. am Haurangeb. od. Alsadamus, d. Heimat d. Caesar Philippus Arabs. Vgl. **'Ormān** nö. v. **Salkhat**.
Philistaea — פלשת in Ex 15, 14; b. LXX u. Vulg. Philisthiim; in Jes. 14, 29 haben d. LXX dafür ἀλλόφυλοι, Vulg. Philisthaea — im engern Sinn war d. Küstenland v. Karmel bis zum Bach Aegyptens, daran im N. sich Phoenikien anschloss. Bald herrschte sein Volk über das d. Israeliten, bald wurden sie diesen untertan. Unter Pompejus wurde Ph. unabhängig, und unter Herodes d. Gr., der aus Askalon stammte, erlebte es eine kurze Blütezeit.
Philotera od. Philoteris war nach Apollodorus eine St., n. Steph. Byz. ein Charax in Coelesyrien.
Philoteria — b. Polyb. — eine St. am See Genezareth, welche Antiochus besetzte, nachdem er den Ptolemaeus besiegt. Man sucht sie in d. Ebenen b. **Meghdel** od. **Khan Minieh** od. es **Safed**.
Phogo s. Pau.
Phogor nennen einige Codd. d. LXX in Jos. 15, 39 eine St. d.

Geb. Juda. Ihnen folgen E. u. H. u. kennen ein Df Ph. od. Phaora b. Bethlehem. Vgl. Kh. Fagor od. Bet Faghar über d. W. el Bijar.

Phoenikien — in 2 Makk. 3, 5; Akt 11, 19; u. Steph. Byz. vorher Chna d. i. כנע od. Rabbothis d. i. רבת od. Kolpites gen., w. Th. de Pinedo קיל בית deutet — war d. Küstenland v. Karmel bis Laodikea od. v. Akko bis Aradus. Doch hatten seine Fürsten auch einige Binnenstädte wie Lais u. Hamath inne. Hier fanden sie Sand zu Glas, Purpur zum Färben von Wolle u. Seide, Bauholz für Häuser u. Schiffe, Eisen u. Kupfer. Seine Bewohner kamen aus Aegypten u. blieben lange unter aegypt. Herrschaft, ein Geschick, das sie mit andern Semiten teilten. Mit ihren Waren trugen sie auch ihre Kultur an alle Gestade des Mmeeres.

Phraaton s. Pirathon.

Phrath — פרת in Jer. 13, 4—7; LXX u. Vulg. haben Euphrates — wd entweder gl. Ephrath od. Bethlehem od. gleich Hapara sein, einem Ort in Benjamin, nahe d. Heimat d. Propheten Jer.

b. Im Talm. s. Pirathon.

Phundeka s. Pandocheion.

b. s. Peutekomias.

c. Im Talm. פונדקא ein Ort b. Kaphar Saba, h. Funduk.

Phunon — פנן in Num. 33, 42; b. LXX Phinon, Vulg. Phunon — war ein Lagerort Israels zw. Zoar u. Sela, wo Moseh eine eherne Schlange errichtete. Hier. u. Epiph. nennen Ph. ein Bergwerk, dahin in Zeiten d. Verfolgung Christen verbannt wurden. Zur Zeit d. Hier. stürzte d. Ort verm. unter einem heftigen Erdbeben zusammen. Vgl. Kal'at Phenan od. Kh. Phanon.

Piara b. Ptol. ein Berg in Syrien.

Pieria s. Seleukia.

Pirathon — פרעתון in Jud. 12, 15; b. LXX u. Vulg. Pharathon, ebenso b. 1 Makk. 9, 50 u. Jos.; b. Hier. Phraaton, b. Steph. Byz. Pharathus; auf d. הר העמלקי — ein Ort im Lande Ephraim, wo Abdon, ein S. d. Hillel u. Richter in Israel, begraben wurde. Vgl. Fer'ata od. Fer'on in d. Ggd v. Nablūs.

Piroareton s. Pyrgoareton.

Pisga — פסגה in Deut. 34, 1; b. LXX u. Vulg. Phasga; ebenso nennt Eus. d. Landstrich zw. Beth Haram u. Hesbon — bez. entw. d. Geb. Abarim od. einen Teil desselb., da Nebo bald ein Gipfel in Pisga, bald in Abarim gen. wd. N. a. Pl. vgl. Rās Siagah w. v. Gh. Neba.

Pislon s. Phasaelis.

Pithka — פתקא im Talm. — ein Ort ohne nähere Best.

Platanus — b. Polyb.; b. Jos. Platana, ein Flecken d. Sidonier, b. Steph. Byz. eine St. in Phoenikien — hiess ein Vorgeb. des Libanon s. v. Porphyreon, h. Rās Sadijeh od. Rās Damur. Einige vermuten, Pl. sei derselbe Ort, der bei Plin. u. d. Griech. Leontopolis gen. wird.

Porphyreon — b. Polyb., Itin. Hieros. u Steph. Byz. — eine phoenik. St. s. v. Tamyras, später Sitz eines chr. B. unt. d. Metrop. Tyrus. Das Halson od. Hilson — חלון im Talm. — soll d. spätere Name desselb. Ortes gewesen sein; von hier bis zur syr. Treppe wäre d. Fang d. Purpurschnecke lohnend gewesen. S. Heldua.

Prazim s. Baal P.

Prokopius war Vorsteher od. Patron eines Klosters in d. Wüste Juda, das seinen Namen trug.

Psora s. Bozra.

Ptolemais s. Akko.

Pyrgoareton od. Piroareton od. Purgron et Arethon — in Not. episc. — ein Bsitz unter d. Metrop. Bostra.

R.

Raab s. Rehob.

Raba in d. Listen Thothmes' III ein Ort in Ephraim, h. Raba am Rās Ibzik.

Rababatooa u. Rabathmoma s. Ar.

Rabba — רבה u. בני עמון ר״ in Deut. 3, 11; b. LXX ἄκρα των υ.'Λ; Vulg. Rabbath fil. A.; in 2 Sam. 12, 26 haben auch d. LXX R.; b. Jos. Philadelphia, b. Polyb. u. Steph. Byz. Rabathamana; in d. KS. Bit Ammana — die alte ammonit. Königst., lag 6 M. s. v. Gerasa. Nach d. Besetzung durch Israel kam d. St. wieder in die Gewalt d. Ammoniter, wd nochmals zerstört (Ez. 25, 5); dann wieder aufgebaut, zur Dekapolis gerechnet u. v. Ptolemaeus Philadelphus (282—247 a. Chr.) mit Kunstbauten geschmückt, daher Philadelphia gen.; 218 v. Antiochus erobert. In chr. Zeit Sitz eines B. d. arab. Eparchie. 315 p. Chr. durch ein Erdbeben zerstört. H. 'Ammān im Tal d. Moghet od. N. 'Ammān.

Die St. bestand zu Davids Zeit aus der עיר המלוכה — h. verm. Kal'at Amman — und עיר המים (2 Sam. 12, 26 u. 27).

b. In Jos. 15, 60 — b. LXX Rabba, b. Vulg. Arebba, nach Hier. ein Df Rebbo ö. v. Eleutheropolis — ist R. eine St. in Juda. Vgl. Kh. Rabba nö. v. Bēt Ghibrin.

c. Das R. zw. Ar Moab u. Kir Moab, das b. Ptol. Rabmathom, b. Steph. Byz. Rabathmoma, in Not. ep. Rabbathmoba heisst, wurde früh schon mit Ar Moab verwechselt und wie. dieses Areopolis gen. Es war in chr. Zeit Bsitz v. Pal. III.

Rabbothis s. Phoenikien.

Rabbith — רבית in Jos. 19, 20; b. LXX u. Vulg. Rabboth — war eine St. in Isaschar. Vgl. Raba s. v. Ghelbon.

Rabcha — רבכא im Talm. — wd als ein Ort s. v. Beerseba vermutet.

Rabmathom s. Rabba, c.

Raboto s. Rehoboth.

Rachal — רכל in 1 Sam. 30, 29; LXX u. Vulg. ebenso; einige Codd. d. LXX haben Καρμηλος — war eine St. in Juda, an deren Älteste David von seiner amalek. Beute gab.

Ragab u. Ragaba s. Argob.

Rakkath s. Hadath-R.

Rakkon — רַקּוֹן in Jos. 19, 46; LXX 'Ιερεκκων, Vulg. Arecon — war eine St. in Dan, am Meer gelegen. Cond. vgl. Tell er Rakkēt n. v. d. Mdg d. Nahr el Augheh.

Rama — רָמָה in Jos. 18, 25; LXX u. Vulg. ebenso; b. Jos. Ramathon, 40 Stad. v. Jerus. — war eine St. in Benjamin, d. Grenzfeste Israels geg. Juda (1 Reg. 15, 17), durch König Asa v. Juda geschleift. Aus seinem Material baute er Geba Benj. und Mizpa. Vgl. er Ram über d. Anf. d. W. Bēt Hanina.

b. Rama od. Ramathaim Zophim — רָמָתַיִם צוֹפִים in 1 Sam. 1, 1; b. LXX 'Αρμαθαιμ Σοφιμ, Vulg. wie ob.; in 1 Makk. 11, 34 u. b. Jos. Ramatha, b. Eus. Armathem Sipha — war d. Wohnort Elkanas, d. Heimat Samuels auf dem Geb. Ephraim. In seiner Nähe eine Prophetenschule; s. Najoth. Seit Euseb. geht auf Grund v. 1 Makk. u. Jos., wo Apherima, Lydda u. Ramatha zusammen genannt werden, d. Meinung, dieses R. sei b. Lydda zu suchen. Vgl. Arimathia.

c. In Jer. 31, 15 — b. LXX Rama, Vulg. excelsum — ein Ort b. d. Grabe Rahels, also verm. in d. Ggd v. Bethlehem. Rob. vgl. Ramet el Khalil, das auch Bēt el Kh. heisst.

d. In Jos. 19, 36 — b. LXX Rama, b. Vulg. Arama; b. Eus. Abathe, Hier. Amath — ist R. ein Ort in Naphthali. Vgl. Rameh sw. v. Safed.

e. In Jos. 19, 29 — b. LXX Rama, Vulg. Horma — ist R. eine St. in Asser, sö. v. Tyrus. Vgl. Rameh b. Kh. el Belāt.

f. In 2 Reg. 8, 29 — b. LXX u. Vulg. Ramoth — ist R. ders. Ort wie Ramath Hamizpe od. Ramoth in Gilead.

Ramatha u. Ramathem, Ramathaim Zophim s. Rama, b.

Ramath Hamizpe — רָמַת הַמִּצְפֶּה in Jos. 13, 26; b. LXX 'Ραμεδ κατα την Μασσεφα; Vulg. Ramoth, Masphe — war eine St. in Gad; wenn es nicht gl. Ramoth in Gilead gehalt. wd, vgl. er Remteh nw. v. Der'at.

Ramath Lehi — רָמַת לֶחִי in Jud. 15, 17 — s. Lehi.

Ramath Negeb — רָמַת נֶגֶב in Jos. 19, 8; b. LXX Βηρραμωθ κατα λιβα, Vulg. Beerramath contra australem plagam; in 1 Sam. 30, 27 רָמוֹת־נֶגֶב, b. LXX 'Ραμα νοτου, Vulg. Ramoth ad meridiem — war ein Ort im südl. Juda, dahin David einen Teil seiner amalek. Beute gab. Man hält es gl. Baalath Beer, aber ohne Grund.

Ramitha s. Laodikea.

Ramoth Negeb s. Ramath N.

b. Ramoth in Gilead — רָמֹת בַּגִּלְעָד in Deut. 4, 43; LXX u. Vulg. Ramoth in Galaad; b. Jos. Arimatha od. Arimanus; Eus. kennt d. O. 15 r. M. w. v. Philadelphia,

wo h. nach Cond. ein Remūn; n. Hier. ö. v. Philadelphia — war eine Leviten- u. Freist. in Gilead. In chr. Zeit lag hier Σαλτων ιερατικον, ein Bsitz v. Pal. III, daraus d. h. Name es Salt entstand. ist.
c. In 1. Chr. 6, 58 — ebenso b. LXX u. Vulg. — ist R. eine St. in Isaschar.
d. s. Ramath Hamizpe.
Ramplea — b. Phokas — eine Gegend v. Judaea, verm. die v. Ramleh.
Raphaea s. Raphia.
Raphaka s. Daphka.
Raphana s. Raphon.
Raphanaea — b. Ptol., Jos. u. Steph. Byz. — eine St. zw. Antaradus u. Orontes, berührte Titus auf seinem Zug n. Hamath. In chr. Zeit Sitz eines B. Vergl. Rafineh.
Raphia — b. Jos. Ant. XIII, 13, 3; b. Plin. Raphaea; in d. KS. Rapihi; im Talm. רפיח רגדה; Steph. Byz. wie Jos. — war ein Ort s. v. Gaza, wo Ptolem. Ant. d. Gr. schlug. In chr. Zeit Sitz eines B. v. Pal. I. Vgl. Rāfah od. Rēfah od. Rīfah.
Raphon — in 1 Makk. 5, 37; b. Jos. Arpha; b. Plin. Raphana — war eine St. d. Dekapolis jens. d. Jord., s. v. Astaroth Karnaim, wo Judas Makk. den Timotheus besiegte. Vgl. er Rafeh sw. v. Suwēsi.
Rapihi s. Raphia.
Rathma s. Rithma.
Rebbo s. Rabba.

Rebitha — רביתא im Talm. — wird ein Wasserlauf in Galilaea gen., der in den See v. Tiberias fällt. Vgl. W. er Rabadijeh.
Recha — רכה in 1 Chr. 4, 12; LXX Ρηφα, Vulg. w. o. — war ein Ort in Juda. S. Lecha. Schw. vgl. er Rahijeh s. v. el Khalil.
Reeroth hab. etl. Codd. d. LXX in Jos. 19, 19 als eine St. in Isaschar zw. Sion u. Anaharath.
Regab u. Regeb s. Argob.
Reggas — Jos. Ant. IV, 14, 1 — der Ort, wo sich d. Philister zum Kampf gegen König Saul sammelten. Rel. vermutet verdorb. Schreibung, SV. erinnern an Arraneh.
Regma haben etl. Codd. d. LXX in Jos. 15, 22 als eine St. im südl. Juda für Dimona.
Rehob s. Beth-R.
b. In Jos. 19, 28 u. 30; b. LXX Ρωρ, Vulg. Rohob — werden zwei Levitenstädte in Asser gen., von welchen 1 Chr. 6 eine kennt. Sie lagen verm. in d. Ebene d. Sichor Libnath. Man vergl. Burgh er Riham n. v. Ghebel. Das Rooba d. E. u. H. ist hier nicht heranzuziehen.
c. R. in 2 Sam. 10, 8 — LXX u. Vulg. wie bei b. — war eine St. in Syrien, verm. d. h. Ruhēbeh nö. v. Damaskus.
Rehoboth — רחבות in Gen. 26, 22; b. LXX ευρυχωρια, b. Vulg. latitudo; b. Jos. Rooboth — wd ein Brunnen gen., welchen Isaak graben liess. Vgl. W. er Ruhēbeh.

b. Rehoboth Manahar — in Gen. 36, 37; b. LXX Ροωβωθ της παρα ποταμον, Vulg. fluvius Rohoboth; E. u. H. vgl. Raboto in Gebalene, d. Robatha d. Not. dign., wo eine röm. Wache stand — war eine St. in Edom.

Rekem — רקם in Jos. 18, 27; LXX u. Vulg. ebenso — war eine St. in Benjamin. N. a. Pl. wollen ohne Not דקם lesen und vgl. Bēt Dukku.
b. Jos., E. u. H. u. d. Talm. nennen R. auch d. Städte Petra u. Kades.

Remeth — רמת in Jos. 19, 21; LXX u. Vulg. Rameth — war eine Levitenst. in Isaschar, die in 1 Chr. 6 Ramoth, in Jos. 21, 19 Jarmuth heisst. Vgl. er Rameh n. v. Sebastijeh od. mit Guér. Kaukab el Hawa.

Remma od. Remmus — b. Eus. — ein Df in Daroma. S. Rimmon.

Rene in Not. dign. eine röm. Milit.-Stat. in Phoenikien; verm. ist Renokura zu vgl. Seeck aber will Newe lesen.

Renokura s. Herenkaru.

Rephaim — עמק רפאים in Jos. 15, 8; b. LXX γη Ραφαειν, Hier. vallis Raphaim; b. Jos. κοιλας των γιγαντων; b. Eus. u. Hier. coelas Titanum — ein Tal b. Jerus. auf d. a. Grenze zw. Juda u. Benjamin, wo David d. Philister schlug. Vgl. el Bakʻa od. Bukēʻa.

Rephiah s. Hazor.
b. רפיח דחגיה im Talm. ein Ort in Obergalilaea, verm. Kh. el Haghar zw. Ruschēf, Dibl u. et Tirch.
c. s. Raphia.

Ressa u. Rissa s. Thressa.

Reziphtha — רציפתא im Talm. — ein samarit. Ort.

Rhinokolura od. Rhinokorura war eine St. am Mmeer, die n. Jos. Ant. XIII, 15, 4 zu Zeiten der letzten Makk. im Besitz der Juden war. Sie lag n. Plin. zw. Mons Casius und Rhaphea od. Raphaea. Ihren Nam. hat sie n. Strabo u. Diodor. Sic. v. d. Verbrechern, welchen d. aethiop. König Aktisane die Nasen abschneiden liess, um sie dann hier anzusiedeln. Geringe Codd. d. LXX sollen in Num. 34,5 für „Bach Aeg." Rhinok. haben.

Rhose in Tab. Peut. eine Stat. d. Strasse von Kanatha n. Hatita. Vgl. Umm er Rasas u. Mephaath.

Ribla — רבלה in Num. 34, 11; LXX Arbela, Vulg. Rebla; in 2 Reg. 23, 33 haben LXX Reblaa; הרבלה lesen Einige Harbela „nach Harbel"; im Talm. דבני; b. Eus. Reblath in terra Limath, b. Hier. R. in terra Emath — ein Ort d. idealen Ngrenze d. gel. Landes, eine St. d. Landes Hamath, ö. v. Orontes. Hier liess Nebukadnezar d. König Zedekia blenden, nachdem er gesehen, wie seine Kinder u. die Edeln v. Jerus. umgebracht waren. H. Ribla zw. Höms u. Baalbek.
b. Schw. setzt ein zweites R. in die Nähe von Dan, um die

Grenzbestimmung v. Ain n. R. leichter verständlich zu machen.

Richthaus s. Jerus.

Rikla — רבלה im Talm. — ein Ort in Syrien; verm. gl. רבלה. Neub. aber will רצפה lesen.

Rimmon — רמון in Jos. 15, 32; LXX Remmon, Vulg. Remon; in 1 Chr. 4, 32 fehlt d. ו cop. zw. Ain u. R.; E. u. H. kennen ein Ereminthia oder Eremmon oder Remmon od. Remmus 16 r. M. s. v. Eleutheropolis — war eine St. in Simeon, die vorher an Juda gegeben war, n. v. Beerseba. Vgl. Umm er Rummanim od. Remmāmin n. v. Bir es Saba.
b. In Jos. 19, 13; ebenso b. LXX u. Vulg. ist R. eine Levitenst. in Sebulon, n. v. Nazareth. An ihrer Statt nennt Jos. 21, 35 Dimna, während 1 Chr. 6, 77 wieder Rimmono hat. Vgl. Romāneh od. Rumāneh am Südrand d. Mergh el Battof.
c. In Jud. 20, 45 ist R. Name eines Felsen b. Gibea, b. Jos. Roa; n. E. u. H. 15 r. M. n. v. Jerus. Hierher flüchteten d. letzten Bewohner v. Gibea Sauls. Vergl. Rammūn od. Rummān od. Rimmān am W. el Asas.
d. In Num. 33, 19 ist רמן־פרץ ein Lagerort Israels zw. Rithma u. Libna.

Rimos u. Ritmis s. Mahanaim.

Rissa — רסה in Num. 33, 21; LXX Ressan, Vulg. Ressa; b. Eus. u. H. Rathma — war ein Lagerort Israels zw. Libna u. Kehelatha.

Raschi will in ihm Kades Barnea erkennen, Schw. aber vgl. ein W. Ritimat s. v. W. Kasēmeh, der sonst nicht gen. wd.

Roa s. Rimmon.

Robatha s. Rehoboth.

Rogel s. Jerus.

Roglim — רגלים in 2 Sam. 17, 27 LXX u. Vulg. Rogellim u. Rogelim — war eine St. in Gilead, die Heimat Barsillais, welch. dem Heere Davids Mundvorrat brachte.

Roma s. Ruma.

Romana — רומה im Talm. — erkl. Schw. als Rimmon, Neub. will הרובה lesen.

Roob s. Rehob.

Rooba nennen E. u. H. ein Ort 4 r. M. v. Skythopolis. Vgl. Kh. Schēkh Archāb.

Rooboth s. Rehoboth.

Roon s. Hadad-Rimmon.

Rosstor s. Jerus.

Ruben — ראובן in Num. 32, 33; b. LXX u. Vulg. Ruben — erhielt sein Gebiet zw. Gad u. d. Arnon, ein Gebiet, das zuerst unter allen von Israel besetzt u. zuerst unter Tiglathpilesar v. Assyrien wieder entvölkert ward. Seine Städte waren Hesbon, Eleale, Kirjathaim, Nebo, Baalmeon u. Sebama.

Ruma — ארומה in Jud. 9, 41; LXX Arema, Vulg. Ruma; b. Jos. Abuma — war d. Heimat d. Königsmutter Sebuda, Gemahlin d. Kön. Jojakim, in der Ggd v. Sichem. Vgl. Rameh od. Ramin in dies· Ggd. Neub. setzt dieses samarit. R. n. Galil.

b. Bei Jos. b. j. III, 7, 21 wd ein R. gen., das d. Talm. a. רוּבָא b. Kaphar-Sihia u. als der Ort bekannt ist, aus dem der Messias kommen soll. Vgl. Kh. Ruma sw. v. er Rummāneh.
c. In Jos. 15, 52 hab. LXX u. Vulg. R. aust. רִימָה.
Rydda — b. Jos. Ant. XIV, 1, 4 — eroberte Alex. Jannaeus aus der Hand der Araber oder Edomiter.

S.

Saab — b. Jos. b. j. III, 7, 21; im Talm. שָׁאָב Heimat d. R. Meni — ein Ort v. Galil., war d. Heimat Eleasars, der sich bei d. Belagerung Jerus. auszeichnete. Cond. u. Guér. vgl. Kh. Schaab in d. Ggd v. Akko, SV. Schaib in Obergalil.

Saalbim — שַׁעַלְבִים in Jos. 19, 43; b. LXX Saalabin, Vulg. Selebin; b. E. u. H. Salebim od. Selab od. Selibi, 7 r. M. w. v. Eleutheropolis — eine St. in Dan, blieb v. d. Amoritern besetzt. Vgl. Selbit od. Dulbēt ½ M. n. v. Amwas am W. Ghindās.

Saalbon — שַׁעַלְבֹן in 2 Sam. 23, 32; b. LXX u. Vulg. Salabon — war d. Heimat Eliabs, eines d. Helden Davids, h. Scha'labun in Obergalilaea.

Saalim — שַׁעֲלִים אֶרֶץ in 1 Sam. 9, 4; b. LXX Segalim, Vulg. Salim — ist eine Landschaft auf der Grenze von Juda u. Benjamin, die mit d. h. Salim nichts gemein hat.

Saana nennt Ptol. eine St. in Coelesyrien fast in d. Breite v. Dam.

Saananim s. Zaananim.

Saara s. Zarea.

Saaraim — שַׁעֲרַיִם in Jos. 15, 36; b. LXX Saaraim, Vulg. Saraim, E. u. H. Sarain — war eine St. in Juda, welche Simeon besetzte, auf dem Weg v. Beerseba. Vgl. Kh. Sa'ireh w. v. Bēt 'Atab. S. Saruhen.
b. S. in 1 Sam. 17, 52 — b. LXX αἱ πύλαι, Vulg. Saraim, im Talm. Sarain — war eine St. d. Sephela, neben Gath u. Ekron gen. N. a. Pl. halten sie gl. d. ersten Saaraim.

Sabaja od. Salaja in Not. dign. eine röm. Mil-Stat. in Paläst., für w. das Sabae d. Steph. Byz., das am rot. Meer liegt, nicht zu vgl. ist.

Sabama s. Sebam.

Sabarim — שְׁבָרִים in Jos. 7, 5; LXX ἕως συνετρίψαν αὐτούς, Vulg. Sabarim — war ein Ort b. Ai, dessen Krieger das fliehende Israel verfolgten.
b. s. Sibraim.

Sabaroth s. Sarabatha.

Sabbatfluss — ποταμος σαββατικος b. Jos. b. j. VII, 5, 1: im Talm. נְהַר סַבַּטְיוֹן — zw. Arkaea u. Raphanaea, eine intermittierende Quelle, die nach Plin. an jedem Sabbat trocken ist. Vgl. Fauwar ed Dēr od. mit Rob. Nahr el Arūs.

Sabe s. Seba.

Sabim s. Zeboim.

Sabura in Not. dign. Standort einer röm Bes. in Pal. Rel. denkt an Sepphoris. Vgl. Ghabir sö. v. Der'āt.
Saccha u. Scacho s. Sechacha.
Sacharon s. Sichron.
Sachoth s. Sukkoth.
Sadad s. Zedad.
Sadon πολεις haben d. LXX in geringen Codd. für Salzstadt in Jos. 15, 62.
Saellabin s. Saalbim.
Safsufa — ספסופא im Talm. — war ein Ort in Gal., dessen R. einst gefangen vor Zenobia geführt ward. Vgl. 'Ain Safsaf od. Sifsaf s. v. el Ghisch.
Sahadutha s. Jegar S.
Sahazim — שחצים keri, שחצימה ketib in Jos. 19, 22; b. LXX Sasima od. Salim κατα θαλασσαν; Vulg. Schesima; b. E. u. H., Sasima — war ein Ort in Isaschar.
Sakkaea — b. Ptol. — eine St. d. nördlichen Hauran; chr. Bsitz. Vgl. Schakka.
Salaba od. Selaba nennen E. u. H. ein grosses Df bei Sebaste, h. Aslūn b. Sebastijeh.
Salamais s. Beth-Hajesimoth.
Salamine s. Zalmin.
Salaminias — in Ant. Itin — eine St. 32 M. v. Scriane, sö. v. Arethusa.
Salcha — סלכה in Jos. 12, 5; b. LXX Selcha, Vulg. Salecha; ebenso E. u. H.; im Talm. סלכא — eine St. an d. Ostgr. v. Basan, wurde Gad zugeteilt. H. Salkhat ö. v. Bostra.

Salebim s. Saalbim.
Salem s. Jerus.
b. In Gen. 33, 18 haben LXX, Vulg. u. Andd. שלם als Ortsname verstanden, während es d. Wandern Jacobs als „unbehelligtes" bez. Noch N. a. Pl. nehmen mit Eus. u. H. einen Ort S. in d. Gegend v. Sichem an.
c. Judith V, 4 kennt ein Tal. v. S. Vgl. Salem sö. v. Leghun.
Salim in Joh. 2, 23 war ein wasserreicher Ort nahe bei Enon, wo Johannes taufte. Man vgl. Salim in d. Makhna od. einen Ort im W. Faria od. im Nahr Ghalud, wo van d. V. ein Kh. Schêkh Salim kennt. Hier. verweist auf Sillim in Juda juxta Aeliam contra occidentalem plagam, wo zu wenig od. gar kein Wasser gefunden wird.
Salisa — שלשה im 1 Sam. 9, 4; LXX u. Vulg. ebenso — eine Landschaft im Gebirge Ephraim, die Baal-Salisa zur Hauptst. hatte. Eine Vergleichung mit Laisa in Jes. 10, 30 giebt keine Aufklärung.
Sallis b. Jos. b. j. III, 2, 2, ist eine kleine St. in Idumaea. Hierher flohen die Juden, nachd. sie von den Römern bei Askalon geschlagen waren.
Saltatha in Not. dign. röm. Milit.-Stat. eingeb. Reiter in Phoenikien, das bis in den Hauran reichte, wo eine alte Inschrift denselben Namen erhalten hat.
Salton — in Not. ep. — Bsitz in Arabia.

b. S. geraiticus od. Bersamon ein Bsitz in Pal. Vgl. Birsama.
c. S. gonaiticus ein Bsitz in Phoenik. libanensis. Vgl. Adarin.
d. S. hieraticus s. Ramoth Gil.
e. S. rotanius ein Bsitz d. Metrop. Bostra. Der Name scheint entstellt zu sein.

Salumias b. Hier. ein Ort bei Boethsean, also verm. im N. Ghalud od. Gor. Vgl. Salem.

Salzmeer — ים המלה in Gen. 14, 3; b. LXX ϑαλασσα των ἁλων, Vulg. mare salis; ים הערבה in Deut. 3, 17; LXX ϑαλασσα Ἀραβα, Vulg. mare deserti; ים הקדמני in Ez. 47, 18; LXX ϑαλ. προς ἀνατολας, Vulg. mare orientale; bei den Griechen totes Meer od. Asphaltsee od. ἡ Σοδομιτις λιμνη; im Talm. ימא דמילחא od. ימא של סדם od. totes Meer — hat n. Jos. eine Länge v. 580, eine Breite v. 150 Stad., die tiefste Erdspalte d. ganzen Erde, in welche der wasserreiche Jordan v. N. mündet. Plin.: Asphaltites nihil praeter bitumen gignit; unde et nomen. Nullum corpus animalium recipit; tauri camelique fluitant. Inde fama, nihil in eo mergi. Longitudine excedit centum M. passuum, latitudine maxima XXV implet, minima sex; et caet.

Salzstadt s. Irhamelah.
Salstal s. Gemelah.
b. s. Molada.
Sama s. Semah.
Samaea s. Samega.
Samachon kennt Jos. Ant. V, 5, 1 als eine St. ö. v. d. See Samachonitis, im Talm. ימא דסבכי; ein Schreibfehler wird סביב sein; auch כיי רבכי wird hierher zu beziehen sein. Vgl. Semak od. Summaka ö. v. Ard el Huleh.

Samaraim s. Zemaraim.
Samareim s. Sibraim.
Samaria — שמרון in 1 Reg. 16, 24; b. LXX Σημερων, Vulg. Samaria; KS. Samarina; b. Jos. Samaron, b. E. Someron; b. H. Semeron; i. Talm. auch סמטי — d. spät. Hst. d. Reiches Israel, gründete der König Amri auf e. Berge, d. er v. Semer gekauft hatte. Ahab machte die feste Stadt zu einer Stätte des Baalkultus. Nach der Eroberung durch Sargon vermischten sich fremde Einwanderer mit zurückgebliebenen Eingeborenen u. bildeten das v. d. Juden verachtete Volk d. Samaritaner.

Im J. 110 v. Chr. zerstörte Joh. Hyrk. Sam., das Gabinus wieder aufbaute u. Herodes d. Gr. mit einer mächtigen Säulenhalle verschönerte. Er nannte sie Augusta, gr. Sebaste, daher h. Sebastijeh. Ein Tempel war dem Caesar geweiht. Hier predigte Philippus der Diakon (Akt. 8, 5), hier war ein chr. B., aber die Mehrzahl d. Einw. waren Juden u. Heiden, resp. Samaritaner, ein Name, welcher bald auf d. umgebende Land ausgedehnt ward. Als syr. Prov. umfasste Sam. ganz Mittel-Pal., welches Archelaus mit Judaea vereinigte. Dann kamen beide Landschaften unter einen

röm. Prokurator; nur 41—44 p. Chr. stand Sam. unter Her. Agr. 1.
Samaron s. Zemaraim.
b. s. Samaria.
Samega b. Jos. Ant. XIII. 9, 1 eine St. in Peraea, welche Hyrkanus n. d. Eroberung von Medaba einnahm. Es scheint ders. Ort, der b. j. I, 2, 6 Samaea heisst. Vgl. Kh. Samik nö. v. Mādebā.
Sames s. Beth-Semes.
Samir — שמיר in Jos. 15, 48; LXX haben nur in ger. Codd. Saphir, Vulg. w. o. — war eine St. in Juda b. Hebron. Vgl. Kh. Somerah sw. v. el Khalil.
b. In Jud. 10, 1 ist S. — LXX u. Vulg. ebenso — eine St. auf dem Geb. Ephraim, wo der Richter Thola begraben wd. Vgl. Kh. Sammir ö. v. Janûn.
Samko s. Merom u. Samachon.
Sampho od. Sappho b. Jos. Ant. XVII, 10, 9 ein Df bei Samarien, das Varus von den Arabern verheert fand. Vgl. Sanaphtha.
Sampson wird als ein Kloster in d. Wüste Juda genannt.
Samsimuruna s. Simson.
Samulis b. Ptolem, eine St. in Coelesyrien, aber in d. Breite v. Skythopolis.
Sanan s. Zaanan.
Sanaphtha od. Saphantha — סנבתא od. סנפתא im Talm. ein Ort an d. Ngrenze v. Pal. Neub. vgl. Sophni.
Sanaz — שעין u. שעז im Talm. — eine Grenzst. v. Pal.

Sanim b. E. u. H. ein Ort b. Sebaste. Vgl. Sunem.
Sanir s. Hermon.
Sanoha — צנח in Jos. 15, 34; b. LXX Zano, Vulg. Zanoe; n. E. u. H. Zanausa od. Zanoa od. Zarohua 8 r. M. ö. od. nö. v. Eleutheropolis — war ein Ort in d. Sephela v. Juda. Vgl Kh. Zanua sö. v. 'Ain Schems.
c. In Jos. 15, 56 — b. LXX Zano, Vulg. Zanoel, im Talm. זנוחא — ist S. ein Ort im Geb. Juda, h. Kh. Sanûta od. Zanûta. s. v. Jutta.
Sansanna u. Sanna s. Debir.
Saor u. Saorth s. Zereth hasahar.
Sapha b. Jos. Ant. XI, 8, 5 ein Ort b. Jerus., bis zu welch. d. Hohepr. Jaddus Alex. d. Gr. entgegengieng. Guér. vgl. Schafat d. i. σκοπη od. משפה.
Saphanoth s. Sephem.
Saphatha s. Zephatha.
Saphek haben etl. Codd. d. LXX in 1. Sam. 30, 29 als eine St. in Juda anstatt Athak.
Sapher — שפר in Num. 33, 23; b. LXX Saphar, Vulg. Sepher; vgl. Naar Safarum — war ein Wüstengebirg, an welch. Israel a. d. Weg n. Hazeroth rastete. Man vgl. Gh. Gherāsch am aelanit. Mbusen od. Gh. Madara sw. v. Pass es Safa od. Gh. Araif im Plateau v. el Makrah.
Saphir — שפיר in Mich. 1, 11; b. LXX καλως, Vulg. pulchra; etl. Codd. d. LXX lesen in Jos. 15, 48 Saphir aust. Samir, daher E. u. H

— 145 —

S. in d. Geb. Ephraim setzen — ist n. Hier. ein Ort in d. Sephela v. Juda. Dort giebt es mehrere Orte Sawafir, Tobler aber vgl. Gh. Sabor zw. Askalon m. Bêt Ghibrin.

Saphon s. Zaphon.
Saphsupha s. Safsufa.
Sappho s. Sampho.
Sara — b. Skylax — eine Syr. St.; h. Sarieh b. ʿAdlūn.
Sarabatha — od. Baratha od. Sabarthatha b. Epiph.; b. Hesych. Sabaroth; im Talm. מלח דורבאי — war d. Heimat d. Proph. Zephanja, ein Ort in Judaea (?).
Saraim s. Zarea.
Sarain s. Saaraim.
Saramel in 1 Makk. 14, 28 ein rätselhafter Ort. verm. in Jerus.
Sarana in d. Listen Thothmes' III kennen E. u. H. als einen Landstrich Sarona zw. d. Thabor u. galil. Meer als d. Heimat d. Sunamitin. Vgl. Saron a od. Sarūneh od. Sanurieh am W. d. N., w. v. d. Südsp. d. Sees v. Tiberias. Hierher wd d. Saron d. Talmud zu beziehen sein, über w. d. Hohepr. Israels betete: „Hilf Gott, dass die Bewohner v. Saron nicht unter ihren Häusern begraben werden." Das lässt sich wohl bei den Steinhäusern Galilaeas, nicht aber von den Lehmhütten der Ebene Saron befürchten.
Saraphia b. Ant. Mart. ein Ort nahe b. Askalon; vgl. eines d. zahlr. Sawafir.
Saräphin s. Sariphaea.

Sarara s. Zair.
Sarasa s. Zarea.
Sarda s. Zarthan.
Sared — זרד in Num. 21, 12; b. LXX u. Vulg. Zared, ebenso E. u. H; im Talm. נחלה דורד — war ein Bach, der v. O. in d. t. M. fiel, gen. Man erkennt in ihm d. נחל הערבים in Jes. 15, 7 od. d. נחל הערבה in Am. 6, 14, w. d. Grenze von Moab u. Edom bildete. Vgl. W. el Ahsi, d. auch el Hasa heisst; od. W. Kerak, d. auch W. ed Derāa heisst, od. W. Beni Hammet od. Sel es Saideh od. W. Tafileh od. Moghet Nimeri od. W. es Safieh.
Sarem s. Zarthan.
Sarepta s. Zarpath.
Sarera b. Epiph. d. Heimat d. Proph. Ezechiel. Vgl. Zair.
Sarid — שריד in Jos. 19, 10; b. LXX u. Vulg. ebenso; etl. Codd. d. LXX soll. Seddud lesen — war ein Ort im südl. Sebulon. Cond. vgl. Tell Schadūd in d. Ebene Esdrelon, nw. v. Afūleh.
Sarion s. Hermon.
Saripha s. Zaripha.
Sariphaea — d. Akt. d. Conc. Jerus. nenn. Stephanus episc. Sariphaeensis od. Scarphiensis; im Talm. צריפין bekannt durch seine Gärten — war ein Bsitz v. Pal. I. Vgl. Saferijeh od. Sarfend in d. nördl. Sephela v. Juda. SV. schlagen Sarif im Geb. Juda vor.
Saris s. Soris.
Saron — שרון in 1 Chron. 27, 29; LXX u. Vulg. ebenso; b. and.

Griech. Drymos od. Pedion — hiess d. Landstrich am Meere v. Caesarea Pal. bis Joppe, w. in Jes. 33, 9 auch ערבה, in Jes. 65, 10 נוה גיא gen. wd. Seine Rosengärten waren berühmt (Cant. 2, 1).
b. Sarona in Akt. 9, 35 lag in der Nähe v. Lydda. Vgl. d. h. Sarona bei Jafa um d. Nam. willen.
c. S. in 1. Chr. 5, 16 — ebenso bei LXX u. Vulg. — ein Ort od. Ggd jens. d. Jord. neb. Gilead u. Basan gen.; vgl. d. Lazaron in Jos. 12, 18.
d. Auf d. Stein d. Mesa ist ein שרן in Moab gen.
e. Das S. d. Talmud s. Sarana.
Saruhen — שרוחן in Jos. 19, 6; LXX lasen שדיהן οἱ ἀγροὶ αὐτῶν, Vulg. Sarohen; in 1 Chr. 4, 31 שערים, LXX Scorim, Vulg. Saarim — war eine St. in Simeon. N. a. Pl. vgl. Tell es Scheri'ah nw. v. Bir Saba.
Sasima s. Sahazim.
Sasur — סאטור im Talm. — ein gal. Ort b. Safed (Rel.).
Sattim s. Abel Sittim.
Sawe s. Emek S.
b. In Gen. 14, 5 — b. LXX Σαυῃ τῃ πολει, Vulg. Save Cariathaim — ist S. besser mit „Ebene" zu übersetzen.
Schacha s. Secchacha.
Schafram — שפרעם im Talm. — ein Ort in Galil., eine Zeit lang Sitz d. jüd. Sanhedrin. Zw. Usa u. Sch. wd R. Jehuda getötet u. begrab. (Schw.) Vgl. Schef Amar

od. Schefa Onnar od. Schefra Amm nö. v. Haifa.
Schaftor s. Jerus.
Schautal — גיא החרן in Jes. 22, 1; LXX φαραγξ Σιων, Vulg. vallis visionis — heisst b. d. Proph. d. Unterst. v. Jerus., wo d. Proph. seine Gesichte verkündigt hab. wd.
Schisur — שיצור in Talm. — ein Ort in Gal. H. Sēghor. Die arab. Schreibweise lässt vermuten, dass es im Talm. שיצור heissen muss.
Sciopolis s. Beth-Sean.
Seba — שבע in Jos. 19, 2; b. LXX Eus. u. Vulg. Sabee; u. Rel. gl. שבע in Jos. 15, 26 — wird neben Beerseba genannt. Man vermutet darunter bald eine St., bald ein. Brunnen mit seinem Abfluss u. vgl. Bir u. W. es Seb'a am Tell es Seb'a.
Sebma — שבם im Num. 32, 3; LXX Sebama, Vulg. Saban, E. u. H. gl. d. LXX; in Num. 32, 38 שבמה, LXX w. o., Vulg. Sabama — eine ammonit. St. nahe b. Hesbon, fiel Ruben zu. Später wd sie v. Moab eingenommen. N. a. Pl. vgl. Kh. Sumia bei Hesbān.
Sebarim s. Sabarim.
Sebaste s. Caesarea.
b. s. Samaria.
Sebata s. Harma u. Zephath.
Sebea b. Jos. Ant. V, 7, 12 ein Ort in Gilead, wo d. Richter Jephtha begraben wd.
Sebonitis in Jos. b. j. II, 18, 1 eine St. in Peraea, d. v. d. Jud. zerstört wurde. Vgl. Kh. Schiban sw. v. Ammān.

Sebud — זבוד דגלילה im Talm. od. בית ובדאי — ein Ort in Obergal. Vgl. Sibdia nö. v. Tyrus, d. sonst Bidias gen. wd. Auch Zabeda im Antilib. wd vgl.

Sebulon — זבלן in Gen. 49, 13; LXX u. Vulg. Zabulon — erhielt sein Gebiet zw. d. galil. M. u. Mmeer. Von hier stammte d. Richter Elon. Hier lebte unser Heiland d. längste Zeit seines irdischen Lebens. Die Ebene S. heisst bei Jos. Asochis, h. Sahel el Buttauf od. Battof.
b. Zabulon.

Sebus b. Ptol. eine jüd. St. zw. Betogabra u. Emmaus. Rel. vermutet Schreibfehler. Vgl. Beth-Semes.

Sechacha — שכבה in Jos. 15, 61; LXX Schacha, Vulg. Sachacha, b. Eus. Saccha, b. H. Scacha — hiess ein Ort in d. Wüste Juda. Cond. vgl. Kh. ed Dikkeh b. Abu Dīs.

Sechar s. Sichar.

Sechu — שכו in 1 Sam. 19, 22; b. LXX Sechi, Vulg. Socho — war ein hochgelegener Ort b. Rama, durch einen tiefen Brunnen bek. Hier suchte Saul u. David. Cond. vgl. Kh. Schuwēkeh s. v. el Bireh.

Seddud s. Sarid.

Sedruch s. Hadrach.

Seeb — יקב זאב in Jud. 7, 25; LXX *Ιακεβ Ζηβ*, Vulg. torcular Zeb — gab einem Ort jens. d. Jordan d. Nam. Schw. vgl. Kh. es Safūt od. Safit nw. v. Ammān.

Seir — שעיר in Gen. 14, 6; b. LXX u. Vulg. ebenso; b. Jos. Saira od. Dasia — war d. Land d. Horiter od. Höhlenbewohner, die von den Kindern Edoms od. Esaus vertrieben wurden. Das rauhe Felsengeb. reichte v. tot. Meer bis Aelana auf beiden Seiten der Araba. H. Sairah, d. Gebiet d. Azazimeh u. andd. Bedawis.
b. In Jos. 15, 10 — ein Cod. d. LXX hat Assar — ist S. ein Waldgeb. an d. Wgrenze v. Juda b. Baala. Der Name gieng verm. mit d. Wald unter. Guér. erkennt S. in Saris, Cond. setzt d. O. n. v. Abu Gosch.
c. s. Senir.

Seïra — שעירה in Jud. 3, 26; LXX Seïrotha, Vulg. Seïrath, b. E. u. H. Sirotha — hiess eine Ggd im Geb. Ephraim. Hierher floh Ehud, nachdem er Eglon, König v. Moab, getötet.
b. s. Zair.
c. s. Bor Hasira.

Sekela s. Hachila.

Sekelag s. Ziklag.

Sela — סלע in Jud. 1, 36; b. LXX u. Vulg. petra; u. 2 Reg. 14, 7 vom König Amazja Jakthiel gen.; spät. Petra; b. Jos. Arke od. Arekeme; im Talm. רקם — war die Hauptst. von Seïr od. Edom, welche 400 J. vor Chr. die Könige d. arab. Nabatäer zu ihrer Residenz machten.
b. Sela — סלע המחלקות in 1 Sam. 23, 28; b. LXX *Πετρα ἡ μερισθεισα*, Vulg. Petra dividens — war

ein Ort in d. Wüste Maon, wo Saul von der Verfolgung Davids abliess. Cond. nennt im O. einen W. Maläki.

c. In Jes. 16, 1 kann S. sehr wohl den Felsen bezeichnen; doch denken otl. Ausleger an ein S. in Moab. Schw. nennt el Pietra ein Dorf röm. Abkunft n. v. W. el Ahsi.

d. s. Zelah.

e. s. Silla.

Selab u. Selibi s. Saalbim.

Selaba s. Salaba.

Selamis — b. Jos. b. j. II, 20, 6 — war ein Ort in Obergal., welchen Jos. befestigte. Vgl. Kh. Selāmeh am W. S. s. v. Tell Hazur.

Selei u. Selim s. Silhim.

Seleukia — in 1. Makk. 11, 8; Akt. 13, 4; b. Strabo, Polyb.; Seleukus b. Steph. Byz. — war die Hafenst. v. Antiochia an d. Mündg d. Orontes, n. sein. Erbauer Seleukus Nikanor gen. Vorher soll d. Ort wie d. Berg, auf dem er lag, Pieria gen. worden sein. Von hier fuhr Paulus n. Kypern. H. Selukieh b. es Sewēdijeh.

b. S. am Belus — b. Ptol. u. Pausan., b. Steph. Byz. Seleukobellus gen. — ist noch nicht ermittelt worden.

c. S. am Samachonitis, an d. Grenze der Herrschaft d. Her. Agr., befestigte Josephus (b. j. IV, 1, 1). Vgl. Selukijeh sö. v. Bahr el Huleh, nicht es Salihijeh im Ard el Huleh. Die Alten bauten ihre Festungen nicht in d. Sumpf.

Selibi s. Saalbim.

Sella s. Dimna und Rimmon.

Selna haben etl. Codd. d. LXX in 1 Chr. 6, 43 als eine St. d. Leviten in Juda, wo d. Text Hilen hat.

Sema — שמע in Jos. 15, 26; LXX u. Vulg. Sama — war eine St. im südl. Juda od. Simeon. Vgl. Esthemoah.

Semak s. Samachon.

Semarom s. Zemaraim.

Sembra s. Sennabris.

Semeron s. Samaria.

Semri u. Serim s. Zemaraim.

Sen — שן in 1 Sam. 7, 12; die LXX lasen ישן ἡ παλαια, Vulg. Sen; in 1 Sam. 14, 4 סנה; b. LXX Sena, Vulg. Sene — hiess ein Felskopf b. Mizpa. Zw. Sen u. M. richtete Samuel den Malstein Ebenezer auf. Vgl. Bethkar u. W. Suwēnit.

Senaa — הסנאה in Esra 2, 35; LXX Sennaa, Vulg. w. o. — war ein Ort in Juda. Vgl. Kh. es Senat in d. westl. Vorbergen.

Senam u. Sennaam s. Zaanan.

Sene s. Sen.

Senigora — זנגרא im Talm. od. הדקר דבר — ein Ort n. v. Galil., den Schw. mit Kal. es Sani vgl. S. Karka, b. Neub. hält S. gl. συνηγορια u. denkt dabei an Paneas.

Senir s. Hermon.

Senna s. Zin.

b. Eus. nennt ein magna Senna, das b. H. Magdal Senna heisst, 7 r. M. n. v. Jericho.

c. s. Sen.

Sennabris — b. Jos. b. j. III, 9, 7; im Talm. צינברי — ein Ort in Galil., wo Vespas. lagerte, ehe er Tiberias angriff, n. Jos. 30 Stad. s. v. Tiber. Vgl. Kh. Senn en Nabrah od. Sinn en N.
Sennim vallis heisst b. Hier. die Wohnstätte der Debora. Vgl. Malīhaʾ.
Seon s. Sion.
Seora s. Zoar.
Seorim s. Saaraim.
Seph — b. Jos. b. j. II, 20, 6; b. Ptol. Lathyrus?; im Talm. צפת, ein Bergort, wo die Feuerzeichen d. Neumondes gegeben wurden — war eine der obergalil. Städte, w. Jos. befestigte. Ob diese d. „St. auf d. Berge" war in Matth. 5, 14, kann Niemand entscheiden. H. Safed.
Sepham — שפם in Num. 34, 10; LXX Sepphama, Vulg. Sephama — war ein Ort im NO. d. galil. M. zw. Hazor Enon, Ribla u. Ain, an d. Grenze d. jüd. Landes.
Sephar — כי ספר im Talm. — bez. nach Schw. d. Meeresküste am Karmel.
Sephela — שפלה in Jos. 9, 1; LXX ἡ πεδινή, Vulg. campestria; vgl. Darom; Hier. will noch den Nam. Sephala gehört haben — hiess d. Küstenland Palaestinas s. v. d. Ebene Saron, v. Joppe bis Gaza, 9 M. lang, 2—3 M. breit, das d. Philister besetzt hatten, ehe Israel seine Wanderungen in der Wüste aufgab.
Sephem — השפמי in 1 Chr. 27, 27; LXX ὁ του Σεφνι, Vulg. Aphonites; in 1 Sam. 30, 28 שבמה, b. LXX Siphamoth, Vulg. Sephamoth, E. u. H. Saphamoth — war eine St. in Juda, der. Älteste Dav. mit Teilen seiner amalek. Beute beschenkte.
Sepher s. Sapher.
Sephet s. Zephath. b. s. Seph.
Sepphoris — b. Jos. Ant. XIII, 10, 5; b. Ptol. Sapphuri; im Talm. צפירין od. צפורה, gl. קטרון gehalten, auch Diocaesarea b. d. Röm. gen. — war die befestigte Residenz Her. Agr. II, d. Herrn v. Galilaea zur Zeit des jüd. Krieges. N. Epiph. erlaubte Const. d. Gr. einem Joseph v. Tib. in S. eine Kirche zu bauen. Bei einem Aufstand d. Juden 339 p. Chr. wd S. von den Röm. zerstört, aber wied. aufgebaut u. Bstadt v. Pal. II. Die Juden hatten hier ein grosses Synedrium u. bildeten d. Mehrzahl der Bevölkrg. Vgl. Sefūrieh.
Ser s. Zer.
Seriane im Itin. Ant. 45 r. M. s. v. Chalkis, ö. v. Hamah. Vgl. Kh. el Esrie.
Serora b. Eus. eine St. an d. Gr. v. Edom. Vgl. Sarera u. Zair.
Serra b. Jos. Ant. VI, 13, 10 d. Land der Girsiter, das an Gesur grenzt.
Serunia — כירניא im Talm., Sirin in d. Samarit. Chron. — war ein Ort in Isaschar. Schw. vergl. Sirin n. v. Kaukab el Hawa.
Setnes κωμη ein Bsitz unt. d. Metrop. Bostra.

Siagon s. Lehi.
Sian — סיאן im Talm. — ein Berg bei Sichem, in welch. Schw. d. Garizim vermutet.
Siaram s. Zarthan.
Sibma s. Sebam.
Sibraim — סברים in Ez. 47, 16; LXX Ephramelian od. Samarim, Vulg. Sabarim, ebenso E. u. H. — wird als eine Grenzst. d. idealen Israel gen. Man vgl. Schaumerijeh ö. v. Kades-See
Sichanin s. Sogane.
Sichar — in Joh. 4, 5; im Sam. Chron. Iskar; in Itin. Hier. Sechar; im Talm. עין סוכר — war eine St. Samarias, „nahe dem Grundstück, welches Jakob seinem Sohn Joseph gab". Es liegt gar keine Veranlassung vor, Sichar als einen Spottnamen שכר für Sichem zu nehmen. Hier. nimmt S. als Schreibfehler für Sichem, Andere sehen darin einen späteren Namen von Sichem. Es war ein kl. Ort neben Sichem, h.ʿAskar od.ʿAin ʿAskar.
Sichem — שכם in Gen. 12, 6; LXX u. Vulg. ebenso; b. Jos. Sikimos od. Mabortha; b. Plin. Mamortha; b. Griechen Sikima; im Talm. Maabartha, n. Neub. gl. מברתא; im Itin. Hier. Sechim — lag in einem Tal d. Geb. Ephraim zw. d. Bergen Ebal u. Garizim. Es hatte sein. Nam. v. Sichem, d. S. d. Hevitenfürsten Hemor. Hier weilten Abraham, dann Jakob, in d. nahen Hain More. Hier nahmen Jakobs Söhne grausame Rache für einen Frevel. Unter Josua wd S. Frei- u. Levitenst., nachdem er unter einer Eiche, wo ein Heiligtum stand, einen grossen Malstein zum Gedächtnis d. Bundes aufgerichtet, welchen d. Volk mit Gott geschlossen hatte (Jos. 24, 26). Unt. ein. Eiche, die noch zu Hier.' Zeit neben d. Grabe Josephs gezeigt wd, machte S. Abimelech, d. S. Gideons, zum König, der d. St. zerstörte (Jud. 9, 45) et seminavit in eo salem (Hier.). Hier sprach Rehabeam sein trotziges Wort nach d. Rat der Jungen u. musste fliehen; aber bei d. folgenden Spaltung d. R. wd S. d. Hauptst. d. grösseren nördl. Teiles, dann d. Hauptsitz des samarit. Mischkultus. Joh. Hyrk. zerstörte d. St.

Später nannt. d. Römer d. St., die neu aufgebaut war, nach C. Flavius Vesp. „Flavia Neapolis"; aber diese stand nicht auf d. Stelle d. alt. St.

In chr. Zeit entstand hier bald eine Gem. (Akt 8, 25). Von hier stammte Justinus Martyr, der Philosoph.

Neapolis wd Sitz ein. B. von Pal. I; aber 529 zerstörten d. Samaritaner seine sämtlichen 5 Kirchen. H. Nablūs.
Sichnin s. Sogane.
Sichor — שיחור על פני מצרים in Jos. 13, 3; LXX ἡ ἀοίκητος, Vulg. fluvius turbidus; in Gen. 15, 18 נהר מצרים, in Num. 34, 5 נחל מצרים; in KS. nahal mat Muusri „der Bach Aegyptcus" — bildete mit

Kades Barnea d. südl. Grenze des gel. Landes. Später lag hier d. St. Rhinokorura. H. vgl. W. el Arisch.
b. S. Libnath s. Libnath.
Sichron — שִׂכְרוֹן in Jos. 15, 11; LXX Σοχχαρων, Vulg. Sechrona; E. u. H. Sachoran od. Sacharona — war eine St. d. nördl. Juda. Trotzdem denk. SV. an Sukrēr.
Siddim — עֵמֶק הַשִּׂדִּים in Gen. 14; b. LXX φαραγξ ἡ ἁλυνη od. κοιλας ἡ ἁλυκη, Vulg. vallis silvestris; im Talm. בֵּישַׁר בְּדוֹסָא — war eine fruchtbare, v. Jordan durchströmte Tiefebene mit d. St. Sodoma, Gomorrha, Adama u. Zeboim; Zoar od. Bela lag am Bergeshang. In Sodoma wohnte Lot. Da hier Asphaltgruben waren, nennt Jos. n. d. LXX d. Tal φρεατα ἀσφαλτου. Zu Abrahams Zeit wd dieses Tal so verändert, dass von seinen vier St. keine Spur übrig ist. Es wird aber verm. unentschieden bleiben, ob d. nördl. od. südl. Teil d. h. t. M. das alte Siddim gewesen. Vgl. Salzmeer.
Sidon — צִידוֹן in Jos. 11, 8; LXX u. Vulg. ebenso; d. KS. unterscheiden ein Sidunu rabu u. S. sihru, „ein gr. u. ein kl. S." — war d. erste Kolonie d. Phoenikier am Mmeer. Asser, dem dies Land zufiel, konnte es nicht erobern, vielmehr wurde A. zeitweilig von S. unterjocht, sodass dessen Gebiet sich bis zum Karmel u. Dam. erstreckte. Von S. giengen Kolonien nach Kypern, Kleinasien, Nordafrika, Italien. Unt. Artaxerxes III wd S. 351 a. Chr. zerstört. In seinen Grenzen weilte Jesus (Matth. 15, 21), die Christen v. S. besuchte Paulus (Akt. 27, 3); auf d. Konzil v. Nikaea 328 wd auch ein B. von S. gen. H. Saida.
Sigo — b. Jos. b. j. II, 20, 6 — war eine St. in Gal., w. Jos. befestigte.
Sihin s. Asochis.
Sihon — סִיחוֹן in Jer. 48, 45; LXX u. Vulg. Seon; als Name ein. Königs in Num. 21 — war ein Land, Berg od. St. in Moab, die von Amoritern besetzt war. Vgl. Sihān od. Schihān s. v. W. Moghib.
Sihor u. Sior s. Sichor.
b. E. u. H. kennen ein Df S. zw. Aelia u. Eleutheropolis.
Sikelech u. Sikella s. Ziklag.
Sikmona s. Hepha.
Silbonitis b. Jos. b. j. III, 3, 3 d. Land ö. v. Peraea.
Silethis wird als ein Kloster in d. Wüste Juda genannt.
Silhim — שִׁלְחִים in Jos. 15, 32; LXX Seleim, Vulg. Selim — war eine St. in Juda zw. Gaza u. Beerseba. Vgl. Kaphar Sihalin u. Salim.
Silla — סִלָּא in 2 Reg. 12, 21; b. LXX u. Eus. Sela, Vulg. Sella in 1 Chr. 26, 16 בְּסִלָּה, b. LXX παστοφοριον, Vulg. via — hiess eine Strasse in Jerus., wo d. König Joas erschlagen wd. Man vgl. d. h. Davidsstrasse.
Silo — שִׁלֹה in Jos. 18, 1; auch שִׁלוֹ u. שִׁילוֹ; ebenso LXX u. Vulg.;

b. E. u. H. Selo 10 r. M. v. Neapolis in d. Ggd v. Akrabbatene; im Talm. שילה — war eine St. in Ephraim. Hier nahm Josua die Verteilung des Landes vor, hier stand lange Jahre die Stiftshütte. Silos Töchter wurden v. Söhn. Benj. geraubt (Jud. 21); von hier gab Eli d. Bundeslade an d. Heer, das sie für immer verlor. Hier ward Samuel erzogen, hier starb Eli. Vgl. Kh. Selûn, 4 r. M. n. v. Jerus.
Siloah s. Jerus.
b. Ein Df S. nennt Jos. b. j.
Simeon — שמעון in Jos. 19, 1; b. LXX u. Vulg. ebenso — erhielt kein scharf gesondertes Gebiet, sondern teilte sich mit Juda in den Süden des Landes. Zur Zeit der Spaltung des Reiches war Sim. mit Juda bereits verschmolzen.
Simha — שמעתים in 1 Chr. 2, 35: LXX Σαμαθιειμ od. 'Ησαμαθιμ, Vulg. resonantes — war verm. eine St. in Juda.
Simira s. Zemar.
Simonias — b. Jos. Vit. 24; im Talm. ist סימוניה gl. שמרון — war eine galil. Flecken, in dessen Nähe Josephus v. d. Römern überfallen wurde. Vgl. Semunieh w. v. Nazareth.
Simron — שמרון in Jos. 11, 1; LXX Someron, Vulg. Semeron; in Jos. 12, 20 שמרון מראן; b. LXX Amaron, Vulg. w. o.; in d. KS. Samsimuruna; im Talm. nicht סמוני, wodurch Schw. auf Simonias geführt wd, sondern כבר־צומרא; b. Eus. Maroth, b. H. Marom — war eine

kl. kananit. Königst., die von Sebulon besetzt wurde. Vgl. es Semerijeh od. Schmerrin od. Simirieh od. Esmerie n. v. Akka.
b. s. Somron.
Simuni s. Simron.
Simyra u. Simyras s. Zemar.
Sina s. Zin.
Sinera, b. Steph. Byz. eine St. in Phoenikien. Vgl. Zemar.
Sini — סיני in Gen. 10, 17; b. LXX 'Ασενναιος, Vulg. Sinaeus — war eine phoenikische St. b. Arke, deren Reste Hier. noch kannte. Etl. vgl. Orthosias.
Sion — שיאן in Jos. 19, 19; b. LXX Sion, Vulg. Seon, so auch E. u. H.; im Talm. שיחין — war eine St. in Isaschar, n. v. Thabor. Vgl. 'Ain es Sch'ain u. Kh. es S. nw. v. Deburieh.
b. In d. Apokr. gl. Zion; s. Jerus.
Sior s. Zair.
b. Bei Eus. ein Ort zw. Jerus. u. Eleutheropolis. Vgl. Sihor, Zior u. Kh. es Saireh.
Siph — זיף in Jos. 15, 24; b. LXX und Vulg. Ziph; הר זיף und חרשה in 1 Sam. 23, 14 sind Berge in d. Wüste S.; b. LXX Καινη Σιφ, sie lasen also חדשה, Vulg. desertum Z. in silva; b. Jos. Ziphene; b. Hier. Ziph 8 r. M. ö. v. Hebron — war eine St. im südl. Juda, welche Rehabeam befestigte. Ihre Einwohner verrieten David an Saul. Vgl. Tell Sif od. Zif zw. Khallet Abu Dafi u. W. Ghabu sö. v. el Khalil.

Das *Καινη* d. Jos., das er als einen Ort in d. Wüste S. nennt, erledigt sich durch d. falsche Lesart d. LXX.
S. u. Kruse erkennen S. in d.
h. Sebbeh.
b. s. Zuph.
c. s. Achsiph.
Siphron — צִפְרֹן in Num. 34, 9; b. LXX, Eus. u. Vulg. Zephrona — war eine St. im N. v. Palaestina. Vgl. nicht mit Schw. Gh. Sifira nö. v. Dam., sond. Safraneh ö. v. N. el Asi.
Siphurija s. Kaphar S.
Sira s. Bor Hasira.
Sirara s. Hermon.
Sirin s. Serunia.
Sirion s. Hermon.
Sirotha s. Seira.
Sis s. Ziz.
Sitna — שִׂטְנָה in Gen. 26, 21; LXX ἐχθρία, Vulg. inimicitiae; b. Jos. Sitenna — war ein Brunnen gen., den Isaaks Knechte gegraben. Vgl. W. es Schetēn od. Schutneh er Ruchēbeh b. Palm.
Sittim — שִׁטִּים in Num. 25, 1; LXX Σαττειν, Vulg. Settim — war verm. ein Ort in d. Nähe v. Abel S.
b. s. Abel S.
c. Nahal S. — נַחַל שִׁטִּים in Joel 4, 18; b. LXX χειμαρρους των σχοινων, Vulg. torrens spinarum — bezeichnet ein Tal bei Jerus. Vgl. W. es Sanet od. mit N. a. Pl. d. Gor es Sēsabān.
Sizara s. Larissa.
Skenae s. Sukkoth.
Skopus s. Ölberg.

Skythopolis s. Beth-Sean.
Soba s. Zoba.
Socho — שׂוֹכוֹ in Jos. 15, 35; LXX u. Vulg. w. o.; b. E. u. H. Suchoth 9 r. M. v. Eleutheropolis auf d. Weg n. Jerus. — war eine St. im Geb. Juda, wo h. an d. v. E. u. H. bezeichneten Stelle Kh. Schuwēkeh od. Suēkeh.
b. In Jos. 15, 48 — LXX Socho, Vulg. Socoth — bez. S. ebenfalls einen Ort im Geb. Juda, aber s. v. Hebron. H. Kh. es Suwēka od. Schuwēkeh.
Sodom — סְדֹם in Gen. 13, 12; LXX u. Vulg. Sodoma — war eine kananit. Königst. im Tale Siddim, wo Lot sich niederliess u. von d. Elamitern zu leiden hatte. Ihr plötzlicher Untergang mit andern Städten ist ein Zeichen für alle Zeiten geworden (Jes. 1, 9. Matth. 10, 15 u. a.). Vgl. Gh. Usdum.
Der B. v. Sodoma, der als Teilnehmer d. Konz. v. Nikaea aufgeführt wird, ist bis h. ein Rätsel geblieben. Ob ein Schreibfehler vorliegt? Etwa für Sozusa?
Sodomitis ist bei Jos. b. j. IV, 8, 4 das Nachbarland d. tot. M., „einst glücklich, nun ganz verbrannt, dass man nur den Schatten von seinen 5 Städten sehen kann".
Sogane — b. Jos. vita 37 u. a.; im Talm. der weinbauende Ort סִיכְנִין od. כְּפַר סִיגְנָה — ein Flecken in Galil., den Jos. mit Mauern umgab. Vgl. Sakhnin od. Sukhnin n. v. Gh. Medeba.

b. Ein Ort in Gaulanitis b. Jos. b. j. IV, 1, 1; h. Saghan.

Soheleth — אֶבֶן הַזֹּחֶלֶת in 1 Reg. 1, 9; b. LXX u. Vulg. Zoheleth, eb. Eus. u. H. — hiess ein Felsen, dann ein Ort bei d. Quelle Rogel. Hier brachte Adonia Opfer u. liess sich zum König ausrufen. Der Stein Sehweleh liegt bei ʿAin Sitti Mariam; SV. kennen einen Stein b. Silwān.

Sokher s. Sichar.

Solyma s. Jerus.

Solyme b. Jos. Vit. 37 ein Df in Gaulanitis.

Somanitis s. Sunem.

Somorra — b. Jos. b. j. IV, 8, 2 — ein Ort an d. Südgrenze des ostjord. Geb. ὁρίζει τὴν Πέτραν τῆς Ἀραβίας.

Somron s. Samaria.

Sophan u. Sophar s. Atharoth.

Sophni — סוֹפְנִי im Talm. — ein Ort in d. Ggd v. See Merom.

Sor s. Zor.

Sorek — שׂרֵק in Jud. 16, 4; b. LXX u. Vulg. w. o.; n. E. u. Hier. hat ein Kapharsorech bei Saara d. i. Zarea von diesem Bach, der n. v. Eleutheropolis fliesse, den Namen — hiess ein Ort u. Bach im Geb. Juda, h. Kh. Surik üb. d. W. Sarar. Delila hat d. O. berühmt gemacht.

Soris — b. Hier.; Jos. hat Saris — ein Ort zw. Elthekon u. Kirjath Jearim. Nach Jos. kam David hierher, ehe er nach Nob floh. Vgl. Saris b. Abu Gosch.

Soruzis s. Sozusa.

Sotha s. Adam u. Zarthan.

Sozusa in Akt. d. Conc. Sitz eines chr. B. v. Pal. I, im lat. Text Oruxa gen. Verm. eine Übers. v. Jesua, das, obwohl ein kleiner Ort, so gut wie Beerseba, Elusa u. Hora seinen B. gehabt hab. mag. Steph. Byz. verweist S. n. Phoenikien, SV. vgl. Kh. Dēr Serūr in Samarien.

Speluncae — in Not. dign. — eine röm. Mil.-Stat. eingeb. Reite „in Arabia", b. Ptol. u. Steph. Byz. eine St. in Syrien. Vgl. ein d. zahlreichen Mogar od. Mugar.

Spiclin in Itin. Hier. ein Ort zw. Antaradus u. Basiliscum.

Suah — שׁוּחַ in Gen. 25, 2; b. LXX Σωιε, b. Vulg. Sue — war ein S. Abrahams u. der Ketura. Er gab d. N. ein. Stamm u. Land in d. Nähe v. Edom. Vgl. Suwait in Gilead.

Sual — אֶרֶץ שׁוּעָל in 1 Sam. 13, 17; b. LXX Sogal, Vulg. w. o. — hiess eine Ggd v. Benjamin, wo Saul d. Eselinnen sein. Vaters suchte, etwa am Weg v. Michmas n. Ophra, das Land zw. Rimmon u. Beth-Awen. Eus. verweist S. n. d. Süden, Bonfr. jenseits des Jordan.

Subat s. Zoba.

Sucha im Chron. Sam. ein Df in Samarien; h. Schuwēkeh sö. v. Kakōn.

Suk s. Zuk.

Suka — שׂוּכָה in 1 Chr. 2, 55; LXX Σωχαθιειμ, Vulg. in tabernaculis commorantes — war ein

Ort in Juda, der neben Thirha u. Simha gen. wd.

Sukkoth — סכּית in Gen. 33, 17; b. LXX Σκηναι, Vulg. tabernacula; b. Jos. gl. d. LXX, b. Hier. Sachoth, im Talm. n. Neub. ורעילה — war d. Ort, wo Jakob für sich und seine Habe Zelte aufschlug. Es dauerte lange Zeit, bis die beweglichen Wohnungen von den festen verdrängt wurden. Man vgl. Kh. Sakût od. 'Ain u. Debbet es Sakût s. v. Bēsan, aber ohne weiteren Anhalt a. d. Namensähnlichkeit.

b. In Jud. 8, 5 — b. LXX Σοχχωϑ, Vulg. Soccoth — ist S. ein Ort in Gad jens. d. Jord. Er weigerte d. Speise d. Heere Gideons.

c. In 1 Reg. 7, 46 — b. LXX w. b., Vulg. Sochoth — ist S. d. Stätte einer Erzgiesserei Salomos b. Zarthan.

d. In 2 Reg. 17, 30 ist S. Benoth od. Benith keine Ortschaft, wie E. u. H. annehmen, sond. babylon. Götzenbilder, wie Nergal u. Anamelech u. a. m.

Sukmesi — שׁקמוי im Talm. — war ein Ort im Hauran, n. Schw. d. h. Aschmiskin sö. v. Nawah.

Sunem — שׁוּנם in Jos. 19, 18; b. LXX u. Vulg. ebenso; b. Jos. Sune; b. Suidas Somanitis; b. E. u. H. Sonam u. Suleme, sodass Sunamith und Sulamith dieselbe Herkunft haben — eine St. in Isaschar, sah d. Lager d. Philister vor d. letzten Schlacht mit König Saul. Von hier stammte Abisag, hier wohnte Elisa. Vgl. h. Sōlam am südl. Abhang d. Gh. ed Dahi, bei S. Saʿuleh gen.

Supha — סוּפה in Num. 21, 14; b. LXX ἐφλογισε, Vulg. mare rubrum — halten Einige für einen moabit. Landstrich am Arnon.

Sur — שׁוּר in Gen. 16, 7; b. LXX u. Vulg. w. o.; n. Hier. gl. חלוּצה d. i. Elusa — ist wie Etham die ö. v. Gosen gelegene Wüste, deren Osthang Paran heisst. Hier wohnte Abraham mit Hagar und Ismael. H. el Ghafar?

b. s. Zor.

c. In Judith 3, 1 ist S. ein Ort zw. Tyrus u. Ptolemais.

Susakim wird als ein Kloster des Kyriakos genannt. Seine Reste finden sich an d. Zusammenfluss d. W. ʿArrūb u. W. Kharētun, 1¼ M. n. v. Tekūa.

Susamazon s. Sykamazon.

Susitha s. Hippos.

Sykamazon od. Susamazon wd in d. Akt. d. Konz. v. Ephesus, Chalcedon u. Jerus. als Bsitz von Pal. I gen. Vill. wie Sozusa d. griech. Übers. ein. hebr. Namens. Vgl. Thaanath Silo.

Sykaminum s. Hepha.

Sym s. Zuph.

Symbatha b. Epiph. d. Heimat des Proph. Sacharja.

Syna im Itin. Hier. ein Berg 3 r. M. v. Caes. Pal. mit einer Quelle v. wunderb. Eigensch.

Syphon s. Zaphon.

Syrien b. d. LXX u. Vulg. d. Aram d. A. Test., in d. Büchern der Makkabaeer das Reich der Seleukiden, im N. T. d. röm. Prov. Syrien; im Talm. bez. סוריא die verschiedenen aramäischen Landstriche im NO. v. Palaestina.

T.
Taamna s. Thimna.
Taba — טאבא im Talm. — war ein Ort in d. Ggd v. Bethel. Vgl. et Taijibeh.
Tabea s. Tob.
Tabath s. Thabath.
Tabaun — טבעון häufig im Talm., n. Schw. eine Umstellung für עין טב — heissen mehrere Orte in Pal., die man in 'Ain u. Kh. Tabaun s. v. Endur und in Tabaūn w. v. en Nasra erkennen mag.
Tabbath — טבת in Jud. 7, 22; LXX Tabath, Vulg. Tebbath; b. Eus. Taban — war eine St. in Isaschar s. v. Abel-Mehola. Man vgl. Takbal sö. v. Mkēs; aber die bei T. gen. Städte weisen auf d. Jordantal, nicht in das Geb. Gilead.
Tagaba in d. Akt. Sankt. war ein Ort in Juda, n. Rel. gl. Bēt-Ghibrin, Guér. erkennt ihn in Kh. Tabaka od. Takaba bei Kh. Ghelameh am W. el Hasi.
Talmia s. Telem.
Tamyras bei d. Griechen ein Fluss, der bei Porphyreon mündete, h. Nahr ed Damūr am Rās ed D.
Taphne s. Thappuah.
Tarain — כורין im Talm. — ein Ort bei Askalon. Neub. vergl. Saaraim.
Tarba in Not. dign. einer der Orte, die unt. d. pal. Befehlshaber, standen. Seeck vgl. Thamara besser Tarba im Gh. Hauran.
Tarichaea — Jos. Ant. XIV, 7, 3 u. a. — war eine jüd. Festung am galil. Meer, w. den Römern in d. Hände fiel, als Titus mit seinen Reitern v. See aus angriff. Die Stadt war also nach der Seeseite offen. In o. a. St. berichtet Jos., dass Cassius von Tyrus aus in Judaea eindrang u. Tarichaea nahm. Drei Male — Ant. XX, 8, 4; b. j. II, 13, 2; 20, 6 — nennt Jos. Tarich. neben Tiberias. Vita 32 giebt er die Entfernung beider Orte auf 30 Stad. d. i. $^3/_4$ M. an, während sie 28 Stad. beträgt, wenn Tar. gl. Magdala genommen wird. Vita 72 berichtet, dass Jos. verwundet in einer Nacht v. Kepharnome n. Tar. gebracht wurde. Auch Sennabris war nur 30 Stad. v. Tib. entfernt (b. j. III, 7, 7), wenigstens von sein. heiss. Quell. Wenn aber dieser Ort in Sinn en Nabra gefunden ist, so trifft man in nordw. Richtung keinen andern Ort in dieser Entfernung als el Megdhel. Ist aber dieses M. u. Tar. ein Ort, so lässt sich verstehen, warum die jüd. gesinnten Einwohner v. Tib. n. Tarich. flohen, als Vespas. von Süd. her anrückte. Dass ein Ort zu gl. Zeit einen hebr.-aram. und einen griech. Namen gehabt hat, unterliegt keinen Bedenken. Vgl.

Bethscan, Betogabra, Lod u. a. Dass aber diese Festung 40,000 Einw. gehabt, braucht Niemand d. Jos. zu glauben. Er übertreibt gern. Andere vgl. Kh. Kerak in S. od. Khan Minijeh im W. d. Sees od. Kadis und Ard el Mellaha.

Tarlusa — כּרלוּסא im Talm. — ein Ort in Pal. wo ein Apostomus den Pentatench verbrannt hatte. Neub. sucht ihn b. Lydda.

Tatam haben einige Codd. d. LXX in Jos. 15, 60 als eine St. in Juda, wofür andd. Tagam, Tanach, Tami gelesen.

Techoa s. Thekoa.

Telaim — טלאים in 1 Sam. 15, 4; b. LXX Γαλγαλα, Vulg. agni — war ein Ort im südl. Juda, nahe der Grenze Edoms. N. Schw. wird h. d. ganze Bezirk v. Molada Tulam genannt (?).

Telem — טלם in Jos. 15, 24; b. LXX u. Vulg. ebenso — eine St. in Juda; verm. gl. Telaim.

Teliman im Talm. vgl. Dalmanutha.

Telithon — b. Jos. Ant. XIII, 15, 4 — eine St. d. Binnenlandes, w. d. Juden unter Alex. Jann. eroberten.

Teson u. **Tessam** s. Esean.

Tetrakomia in Not. eccl. ein Bsitz von Pal. II.

Thaanach — תענך in Jos. 12, 21; LXX Thanach, Vulg. Thenac; 1. Chr. hat dafür ענר; n. E. u. H. 3—4 r. M. v. Legio entf. — war eine phoenik. Königst., w. von Manasse nicht eingenommen wurde. Erst unt. Barak kam sie an Israel u. wurde den Leviten gegeben (Jud. 1, 27; 5, 19). Vgl. Taaruk oder Tannuk b. Leghûn.

Thaanath Silo — תאנת שלה in Jos. 16, 6; b. LXX Θηναδασελω, Vulg. Thanathselo; Ptol. kennt ein Thena; n. d. Talm. ist Th. eine Enklave von Ephraim in Benjamin gewesen; E. u. H. kennen Thena od. Thenath zw. Neapolis u. d. Jordan — eine St. an d. Grenze von Ephraim. Vgl. Kh. Tana an d. nordöstl. Grenze d. Makhna u. Sykamazon.

Thaat s. Thahath.

Thabath — b. Hier., Thebasa b. Sozomenus, Tabath b. Theodos. — war d. Heimat d. heil. Hilarion, 2 r. M. s. v. Gaza. Dort liegt h. ein Kh. el Brigheh u. Kh. Athrawi.

Thabim b. Hier. ein Ort jens. d. Jordan, 6 r. M. v. Pella in d. Richtg. auf Gerasa.

Thabor — תבור in Jud. 4, 6; LXX u. Vulg. ebenso; b. Polyb. Atabyrion, b. Jos. Itabyrion; n. d. Talm. eine Stelle der Feuerzeichen am Neumond — ist d. Berg auf d. a. Grenze von Sebulon und Naphthali, auf dem schon in vorchristl. Zeit eine Festung angelegt war, welche Antiochus nur durch List eroberte. In chr. Zeit stand d. Gemeinde ein B. vor.

Den Bericht von Matth. 16, 13, 17, 1 auf Th. zu beziehen, ist um so willkürlicher, als er selbst deutlich genug auf die Ggd v. Caes. Phil. weist.

b. In Jos. 19, 22 ist Thabor ein Ort in Sebulon, verm. gl. Kisloth Thabor; h. Iksal.

c. In 1 Sam. 10, 3 אֵלוֹן תּ׳; b. LXX δρῦς Θ, Vulg. quercus Th. — ist eine Eiche Th. gen., verm. dieselbe, welche Gen. 35, 8 אַלּוֹן־בָּכוּת heisst. Unter ihr war Debora, die Amme Rebekkas, begraben. Man kann auch תֹּמֶר דְּבוֹרָה in Jud. 4, 5 vgl., die zw. Rama und Bethel stand.

Thadmor — תַּדְמֹר in 2 Chr. 8, 4; LXX Thedmor, Vulg. Palmira; in Ezech. 47, 19 und b. E. u. H. Thamar, auch Thaman u. Thermoth; in Not. dign. Palmyra; im Talm. תַּדְמוֹר — war eine St. in d. syr. Wüste, von der auch Jos. Ant. VIII, 6, 1 berichtet, dass Salomo sie gebaut habe. Ihren Glanz erreichte sie als Residenz des Kön. Odenathus u. der Zenobia, welche 273 p. Chr. v. Caesar Aurelianus besiegt wd.

Thahath — תַּחַת in Num. 33, 26; LXX u. Vulg. ebenso; b. Eus. En Th., bei Hier. In Th. — war ein Lagerort Israels in d. Wüste, zw. Makhaloth und Thara gen. Palm. vgl. d. h. Elthi.

Thainatha — in Not. dign.; b. Rel. Thamatha — eine röm. Mil.-Stat. in Arabia.

Thakasin s. Ethkazin.

Thalcha hat d. Cod. Rom. d. LXX in Jos. 19, 7 als ein. Ort in Simeon. E. u. H. kennen ein Thalla od. Thella 16 r. M. s. v. Eleutheropolis, wo h. Kh. u. Tell el Khuwelin.

Thalpioth — Vulg. propugnacula תַּלְפִּיּוֹת in Cant. 4, 4 — halten d. LXX für einen Ortsnamen.

Thalsea — in Not. dign. — röm. Mil.-Stat. sarazen. Reiter in Phoenikien, zw. Geroda u. Damaskus! Vgl. Thelseae.

Thama — in Not. dign. — eine röm. Mil.-Stat. in Phoenikien.

Thamar — תָּמָר in 1 Reg. 9, 18; LXX Thamor, Vulg. Palmira; d. Keri תָּדְמֹר; b. Ptol. u. Tab. Peuting. Thamaro, 11 M. sö. v. Jerus; Not. dign. kennen ein Thamana mit röm. Besatzung; b. Eus. Asasan Theman — war eine St. in der jüd. Wüste, v. Salomo erbaut. Jos. folgt dem Keri u. bezieht es auf Thadmor. Vgl. Hazezon Thamar.

b. s. Thadmor.

Thamatha s. Thainatha.

Thamna s. Thimna.

b. s. Heres.

Thamnastara s. Heres.

Thamnatha — in 1 Makk. 9, 50; b. Ptol. Thamna, ebenso b. Jos., Eus. u. Hier. — ein gr. Df zw. Jerus. u. Diospolis, der Hauptort einer röm. Toparchie, mit dem alten Thimna nicht zu verwechseln.

Thamnathsare s. Heres.

Thanach s. Thaanach.

Thanath s. Thaanath Silo.

Thanem — תַּנִּים im Talm. — ein Ort in Isaschar, n. Schw. d. h. Thenna nö. v. et Taijibeh, das b. Schw. Umm. al Taibe heisst.

Thaphnis הַתִּפְנֵס im Talm. — hält Schw. für Daphne, h. Kh. Difneh b. Banias.

Thappuah — תַּפּוּחַ in Jos. 12, 17; LXX Thappue, Vulg. Taphua; b. E. u. H. Thaffu — war eine St. in d. Ebene Juda, vorh. eine kananit. Königst. E. u. H. verweisen auf Betaphu an d. Grenze v. Pal. u. Aegypten. Dort liegt h. ein Kh. Futēs. Guér. vergl. Kh. Khrēschum b. Bēt el Ghemal. b. In Jos. 16, 8 bez. Th. eine St. auf d. Grenze v. Ephraim u. Manasse. Guér. erkennt es in Kh. 'Atuf.

Thapsa u. Thapsakus s. Thiphsach.

Tharabasa — in Jos. Ant. XIV, 1, 4 — entriss Alex. Jann. den Arabern. Vgl. 'Ain Terābeh am Westufer d. t. M.

Tharah — תֶּרַח in Num. 33, 27; LXX Tara, Vulg. Thare — heisst ein Lagerplatz Israels in d. Wüste zw. Thahath u. Mithka. b. In 2 Makk. 2, 17 ist Th. eine St. im Lande Tob, b. E. u. H. Charaka gen. Vgl. el Harak am W. el Gār, wenn man d. Entfern. v. Khisfin v. 750 auf 75 Stad. herabsetzt.

Tharala — תִּרְאֲלָה in Jos. 18, 27; LXX w. o., Vulg. Tharela — war eine St. in Benjamin. Schw. kennt ein Thaniel b. Lidd. (?).

Tharita v. Thirza.

Tharnegola — תַּרְנְגֹלָא im Talm.; nach Rel. gl. Hermon מֵי הַלָּלָא, weil d. Nordgrenze v. Pal. von יָקְמוֹס bis Th. bei קֵיסָרִין laufend gen. wd. — wd als ein Ort d. Nordgrenze v. Pal. gen., nahe bei Caes. Phil. Hier wurde n. Schw. das Bild eines Hahnes verehrt, wie Nergal. Demnach würde Th. „St. d. N." bedeuten? Vgl. Ornithopolis.

Tharsa s. Thirza.

Tharsila nennt Eus. ein Df in Basan, das von Samaritanern bewohnt war.

Thebae s. Thebez.

Thebasa s. Asan.

Thebez — תֵּבֵץ in Jud. 9, 50; LXX u. Vulg. Thebes; b. Jos. Thebae; E. u. H. setzen sie 13 r. M. v. Gheba, wo Tab. Penting. Koabis haben — war eine feste St. in Ephraim nö. v. Sichem, wo Abimelech starb. Vgl. Tubās 2 M. ö. v. Gheba.

Thekoa — תְּקוֹעַ in 2 Sam. 14, 2; LXX u. 1 Makk. 9, 33 Θεκωε; b. Vulg. Thecua; Jos. hat Techoa u. Dekoë — war eine St. in Juda, d. Heimat des klugen Weibes, das für Absalom sprach, des Helden Ira u. d. Proph. Amos. Rehabeam liess d. hochgelegene Stadt befestigen. Nach d. Talm. hatte R. Simson ben Jochai noch nach dem Blutbad von Bether hier eine Schule. Dann ward hier Laura u. Kirche d. hl. Chariton errichtet. H. Tekūa 2 M. sö. v. Jerus.

Thella — b. Jos. b. j. III, 3, 1 — ein Ort an d. Ostgrenze v. Obergal. nahe am Jordan. Man vgl. mit wenig Grund Tell Hum,

Cond. et Telēl, ein Kh. am westl. Ufer d. Bahr el Huleh.

Thelseae in Not. dign. eine Stat. saraz. Reiter in Phoenikien; vgl. Thalsea.

Theman — הימן in Gen. 36, 34; b. LXX Θαιμαν, Vulg. w. o.; n. E. u. H. d. Heimat des Eliphas 5 r. M. v. Petra mit röm. Bes. — hiess eine Landschaft im nördl. Edom, also mit Ghebal zu vgl. S. Thamar.

Themath haben etl. Codd. d. LXX in 1 Sam. 30, 29 als eine St. in Juda.

Themistus in Not. eccl. ein Bsitz unter d. Metrop. Bostra.

Thena b. Ptolem. ein Ort in Samarien. Vgl. Thaanath Silo.

Theodosius-Kloster, 1/2 M. ö. v. Bethlehem auf einem Berg über d. Tal d. Kidron, erbaut v. hl. Th. v. Kappadokien (432—529), enthielt vier Kirchen für verschiedene Bekenntnisse u. mehrere Pilgerhäuser. H. Dēr Dosi.

Theopolis s. Antiochia.

Thermae s. Hamath.

b. Th. Mosis s. Livias.

Thersa s. Thirza.

Thesba s. Thisbe.

Thether in ein. Codex d. LXX in 1 Sam. 30, 29 eine St. in Juda.

Theuprosopon od. Aithoprosopon — b. Ptolem., Polyb., Strabo; verm. gl. בעל צפן — war eine Räuberfeste am Mittelmeer, die v. Pompejus zerstört wd. Sie lag gegenüber Trieres, wo h. Rās es Schaka.

Thichon — חיכן in Ez. 47, 16, wo d. LXX das rätselhafte Eunan haben — hält Hier. für einen Ortsnamen.

Thimna — תמנה in Gen. 38, 12; LXX Thamna, Vulg. Thamnae; in KS. Taamna — war ein Ort in Juda, später in Dan, häufig v. d. Philistern besetzt. Von Zarea gieng man n. Th. bergab (Jud. 14, 1), von Kesib aber musste man n. Th. bergangehen. H. verm. Tibneh od. Tubāneh zw. Amūreh u. Tell Keschum.

b. **Thimnath-Heres** s. Heres.

Thinam — תמנים im Talm. — war ein Ort in Galil. am Fuss d. Hermon. Neub. vgl. d. h. Denna.

Thiphsach — תפסח in 1 Reg. 4, 24; b. LXX Thapsa, Vulg. Thaphsa — wird als d. östl. Grenzort im Reiche Salomos gen. Die St. lag am Euphrat, bei d. Gr. später Thapsakus gen.

b. In 2 Reg. 15, 16 — b. LXX Thephsa, Vulg. Thapsan; b. Jos. Thaphsa — ist Th. ein Ort am Jordan. Cond. vgl. Kh. Tafsa sw. v. Sichem.

Thirea — תרעתי in 1 Chr. 2, 55; LXX Argathim, Vulg. canentes — war eine St. in Juda bei Jabez.

Thirza — תרצה in 1 Reg. 14, 17; LXX u. Vulg. Thersa; b. Jos. Arsane u. Tharse; b. E. u. H. Tharsa u. Thersa; im Talm. תרזן u. תרעאה; E. u. H. verweisen auf ein samarit. Df Tharsila od. Thersila in Batanaea — eine kananit. Königst., fiel an Manasse u. wurde

später die Residenz mehrerer Könige v. Israel. Hier verbrannte sich Simri mit seinem Palast. Vgl. entw. d. h. Tallusa ö. v. Samarien od. mit Cond. Teiasir n. v. Sichem.
Thisbe — התשבי in 1 Reg. 17, 1; LXX u. Vulg. Thesbites; b. Jos. Thesbone; b. E. u. H. Thesba — eine St. in Gilead, war d. Heimat d. Pr. Elia. v. Kast. vgl. Lestib od. el Istib.
b. In Tob. 1, 2 ist Th. eine St. in Naphthali, d. später zu Galilaea gehörte.
Thobes haben etl. Codd. d. LXX in Jos. 15, 59 als eine St. in Juda.
Thochen — הכן in 1 Chr. 4, 32; LXX Θοκκαν, Vulg. w. o. — war ein Ort in Simeon zw. Ether u. Ain Rimmon.
Tholomais s. Akko.
Thophel — תפל in Deut. 1, 1; b. LXX Tophol, Vulg. w. o.; n. Hier. gegenüber Jericho — war ein Wüstenort an d. Wüste Paran. Vgl. Tafila od. Tafileh am W. d. N.
Thopheth — תפת in Jer. 7, 31; LXX Tapheth, Vulg. Topheth, Eus. Thaphet — war ein unreiner Ort im Tale d. Kinder Hinnom, wo d. Moloch Menschenopfer verbrannt worden waren.
Thormasia — תורמיסא im Talm. — od. Turmassea war ein Ort in Ephraim, h. Turmus Aja n. v. Bētin.
Thornagla s. Tharnegola.
Thrax u. Taurus heissen b. Strabo XVI, 2, 40 zwei Burgen am Wege v. Jerus. u. Jericho, d. bereits von Pompejus zerstört wurden. SV. vgl. Tellūl Abu el Alāk, Guér. Gh. Karantel u. Kh. Kakūn.
Thressa od. Ressa od. Resa — b. Jos. Ant. XIV, 13, 9 — war ein Gebiet in Judaea od. Idumaea, verm. zw. Masada u. Jerus.; vgl. Kh. el Kasr sö. v. Beni-Naim.
Thukrath od. Jukrath — תוקרת im Talm. — war d. Heimat d. R. Josi. Schw. sucht d. Ort zw. Safed u. el Ghisch, wo eine Grabst. h. el Ukrith heisst.
Tiberias — in Joh. 6, 1; b. Jos. häufig — war zu Jesu Zeit die bedeutendste St. am See d. N.; aber J. besuchte sie nie. Herod. Ant. hatte sie an der Stelle von Rakkath od. Hamath erbaut, das Jos. Ammaus nennt, u. d. Caesar Tib. zu Ehren Tiberias gen. Es galt als Colonie. Bei ihrem Bau wurden alte Gräber aufgedeckt (Jos. Ant. XVIII, 2, 3); u. mussten d. Juden d. Ort als unrein fliehen. Im jüd. Kriege entgieng T. durch freiwill. Unterwerfung der Zerstörung. Im 2. Jahrh. chr. Zeitrechnung war hier Sitz eines jüd. Synedriums u. d. Hochschule der Rabbiner, wo Mischna u. Gemara durch R. Juda Hakadosch u. R. Jochanan abgefasst wurden, wo später die Masorethen arbeiteten. Noch Hier. liess sich durch einen Lehrer aus Tiberias in d. hebr. Sprache unterrichten.
Zu Zeiten Const. d. Gr. baute d. bekehrte Jude Josef hier d.

erste chr. K., deren Gem. noch im 5. Jahrh. ihren B. hatte, wie d. Akt. d. Conz. Const. bezeugen. Es gehört zu Pal. II.
H. Tabarijeh, n. v. d. a. St. **Tibun** s. Tubin.
Tirathaba b. Jos. Ant. XVIII, 4, 1 ein samarit. Ort, wo Pontius Pilatus einen Haufen Samaritaner zersprengte. Vergl. Asiret el Hatab n. v. Nablūs.
Tob — טוב in Jud. 11, 3; Tubi in d. List. Thothmes' III; LXX u. Vulg. wie vorh.; 2 Makk. 12, 17 kennen die Tubianer mit d. St. Tharah; Steph. Byz. nennt ein Tabae in Peraea — suchte Jephtha aus Gilead auf, als er aus seines Vaters Haus verstossen war. Man vermutet T. in Hippos, h. el Hösn oder in et Taijibeh oder in Dhirsa(?) od. Kh. Dabuk n. v. el Kursi.
Tochoa s. Beth-Thapuah.
Toloha, in Not. dign. Standort d. Ala Const., h. Tull b. Jebrud.
Tomman hab. ger. Codd. d. LXX in Jos. 19, 21 als eine St. in Isaschar; Guér. vgl. Tumrah.
Töpferacker s. Jerus.
Topo s. Beth-Thapuah.
Trachonitis — in Luk. 3, 1; b. Jos. auch Trachon; im Talm. טרכונא — hiess ein Teil d. Ostjordanlandes, der mit Ituraea d. Herrschaft d. Vierfürsten Philippus ausmachte. Später kam es an Her. Agr. Vgl. d. Legha. Hierher wd auch Trachonos comis, ein Bsitz unt. d. Metrop. Bostra, gehören.

Triēres — b. Plin., Polyb., Strabo u. Steph. Byz. verm. d. Tridis d. Itin. Hier. — war ein fester Ort auf einem dreifach. Vorgebirg d. Libanon. Schon Antiochus zerstörte ihn. Später wieder aufgebaut u. Bsitz von Phoenikien. Die Trümmer bei Enfeh 2 M. sw. v. Tarabulus.
Trikomias — in Not. dign. — eine Stat. röm. Reiter in Arabien, in Not. eccl. ein Bsitz unt. d. Metrop. Bostra.
b. Ein Bsitz v. Pal. I, h. Terkumieh in er Ramāneh, einem Teil d. Geb. Juda, ö. v. Bēt Ghibrin. Guér. hält beide Trik. f. denselb. Ort.
Tripolis — in 2 Makk. 14, 1; b. Jos., Plin. ebenso; im Talm. אטריבולים — eine phoenik. Hafenst. am Mmeer, bauten n. Steph. Byz. Kolonisten aus Tyrus, Sidon u. Aradus, jeder Teil einen Teil der St. H. Tarabūlus, aber auf einer anderen Stelle erbaut.
Tubi s. Tob.
Tubin — in 1 Makk. 5, 13; im Talm. טובניא — wird als ein Nachbarort v. Dathema erwähnt. Man vgl. Dubbin od. Dibbin n. v. Jabbok, auf einem Berge gel.
Turi — טורי im Talm. — ein Ort in Asser, war d. Heimat mehrerer jüd. Lehrer. Vgl. et Tireh nw. v. Akka.
Tyrus s. Zor.
b. Jos. Ant. XII, 4, 11 kennt eine St. u. Burg Tyrus nicht weit v. Essebonitis, wohin sich d. Makk. Hyrkanus zurückzog, als er von

seinen Brüdern verfolgt wurde. Er nahm sich hier selbst d. Leben, n. Jos. aus Furcht vor Ant. Epiph. Vgl. 'Arak el Emir am W. Kefrēn od. es Sir. Die hier gefundene Inschrift in althebr. Zeichen wird bald Uriah, b. Turiah, b. Arabiah, b. Adniah gelesen.

U.

Udumi s. Edom.
Ulama — b. E. u. H. ein Df 12 r. M. ö. v. Diocaesarea, im Talm. אילם רבתה — war ein Ort in Galil., h. 'Aulām sö. v. Sefurijeh. Neub. vgl. Alema in Gilead.
Ulamaus s. Lus.
Ulatha s. Hul u. Merom.
Umma — עמה in Jos. 19, 30; LXX u. Vulg. Amma — war eine St. in Asser. Vgl. nicht Amiūn b. Tarabūlus, sondern besser mit N. a. Pl. 'Alma es Scha'ub od. mit Guér. Kh. Ammeh in Ober-Galilaea.
Ursalimma s. Jerus.
Usa — אושא im Talm. — od. Hosche war Sitz d. Sanhedrins nach Jerus.' Zerstörung, nachd. er zuvor in Jabne gewesen. Schw. vgl. Usa nw. v. Ferata in Süd-Galilaea.
Ussen Seera — און שאיה in 1 Chr. 7, 24; b. LXX Ozan Seera, Vulg. Ozan Sara — war ein Df bei Bethhoron, das Seera, eine Frau aus Ephraim, gegründet. N. a. Pl. vgl. Bēt Sira bei Bētūr.
Uz — עוץ in Gen. 22, 21; b. LXX w. o.; Vulg. Hus; b. d. Gr.

Ausitis — war ein östl. v. Pal. geleg. Land; denn seine Bew. heissen בני קדם. So kann es in Hauran od. in d. Legha erkannt werden, während Hier. Hus nach Idumaea versetzt hat.

V.

Vaeriaraca in Not. dign. röm. Standquartier in Phoenikien; in etl. Manuscr. Induarca.
Vallis alba s. alba v. b. V. Diocletiana in Not. dign. Standquartier röm. Soldaten in Phoenikien.
Valtha in Not. dign. röm. Mil.-Stat. in Arabien.
Veranoca in Not. dign. Standort d. 3. here. Cohorte in Phoenikien.
Veriaraca in Not. dign. Mil.-Stat. in Pal.
Verofabula in Not. dign. röm. Mil.-Stat. d. Sachsen in Phoenikien.
Vetania s. Bethania.
Veterocaria in Not. dign. röm. Mil.-Stat. in Pal.
Veterozobra s. Bethezob.

W.

Waheb — והב in Num. 21, 14; b. LXX Ζωοβ, Vulg. sicut fecit; Eus. gl. LXX — war ein Ort nahe b. Moab, wo Israel siegte. Vgl. Supha.
Weidenbach — נחל הערבים in Jes. 15, 7; b. LXX φαραγξ Ἀραβας; Vulg. torrens salicum — oder Wüstenbach wird bald in d. Sared, bald in einem andern erkannt. Schw. vgl. ihn d. W. Sufsaf b. Kerak.

X.

Xaloth b. Jos. b. j. III, 3, 1 ein Df in Galilaea an d. Grenze d. Ebene Sebulon. Vgl. Kisloth Thabor.

Xil s. Kesil.

Z.

Zaanan — צאנן in Micha 1, 11; b. LXX Σεννααρ od. Σαιναν; Vulg. in exitu; in Jos. 15, 37 צנן, b. LXX Σενναν, Vulg. Sanan; Eus. gl. LXX — war eine Ortschaft in Juda, nahe der Grenze von Ephraim.

Zaanannim — צעננים in Jos. 19, 33; b. LXX Σεενανιμ; Vulg. Saananim; in Jud. 4, 11 d. Ket. צענים, b. LXX. πλεονεκτουντες od. αναπαυομενοι, Vulg. Sennim; b. E. u. H. Sennanim u. Sienaim; im Talm. אגניא דקדש — hiess ein Ort der Keniter b. Kades-Naphthali. Unter seinen Eichen stand d. Zelt Hebers, dessen Weib den Sissera erschlug.

N. a. Pl. vgl. Kh. Bessum w. v. Bahr et Tabarijeh.

Zabeda hiess eine alte Stadt im Antilibanon. Vgl. d. h. Zebedani.

Zabulon — b. Jos. b. j. II, 19, 9 Ζαβουλων ἡ καλειται ἀνδρων d. i. זברים, זברים od. כרים, wie doch nirgends gen. ist — war ein Ort in Galilaea. Vgl. etwa Tell el Bedawijeh.

b. In b. j. III, 3, 1 ist Z. eine St. nahe b. Ptolemais. Dieser Ort war chr. Bsitz von Pal. II. Man vergleicht Abilin am W. d. N., aber ohne triftigen Grund.

Zair — צעיר in 2 Reg. 8, 21; b. LXX Σιωρ, Vulg. Seira; b. E. u. H. Sarara — war eine St. od. Landschaft in Edom, welche König Joram durchzog, da er die abgefallenen Edomiter unterwerfen wollte. Vgl. Zaira.

b. ציר im Talm. will Neub. in ציר umschreiben u. auf Beth-Saida beziehen.

Zakanin s. Sogane.

Zalmin — im Talm. צלמין od. Salamine — nannte Caesar Augustus Diospolis; die St. lag bei Malula.

Zalmon — צלמן in Jud. 9, 48; b. LXX, Eus. u. Vulg. Selmon — war ein Berg b. Sichem, den Abimelech besetzt hielt. H. Gh. Selmān.

Zalmona — צלמונה in Num. 33, 41; LXX Selmona, Vulg. Salmona — war ein Lagerort Israels zw Hor u. Phunon.

Zanamin s. Aere.

Zaphoin lasen d. LXX in Gen. 26, 43 für צפים. E. u. H. halten Z. für eine Gegend von Edom.

Zaphon — צפן in Jos. 13, 27; LXX u. Vulg. Saphon; b. Eus. Syphon — war eine St. in Gad u. v. Sukkoth im Jordantale. Der Talm. u. ihm nach N. a. Pl. verweisen auf ein Amatha, bez. el Hammeh n. v. Mkēs.

Zara s. Zerethhasahar.

b. s. Zora.

Zarea — צרעה in Jos. 15, 33; LXX Saraa, Vulg. Sarea; b. Jos. Saraim u. Sarasa, b. Eus. Sarda, Hier. Saara, 10 r. M. n. v. Eleutheropolis — war eine St. im Geb. Juda, die später zu Dan gerechnet wd. Von hier stammte Simson, hier wd er auch begraben im Grabe Manoahs zw. Z. u. Esthaol (Jud. 16, 31). Guér. vgl. Kabs Schamschûn bei Zarah od. Zoʻra od. Sarʻa od. Surʻa s. v. Latrun.

Zared s. Sared.

Zaripha — צריאא im Talm. — ein Ort in d. Nähe von Askalon.

Zariphin s. Sariphaea.

Zarphath — צרפת in 1 Reg. 17, 9; b. LXX Sarepta, Vulg. Sarephtha, b. Plin. Zarephtha, im Talm. w. d. Urt. — eine Colonie v. Sidon, lag am Gestade d. Mmeers zw. Tyrus u. Sidon. Seine Berühmtheit verdankt es nicht seinen Schmelzprodukten, sondern dem Aufenthalt d. Proph. Elia. In chr. Zeit wd S. eine chr. Bst. v. Phoenikien. H. Sarafend od. Zarfend.

Zarthan — צרתן in Jos. 3, 16; b. LXX Καριαθιαρειμ od. Σιαραμ; Vulg. Sarthan; in 1 Reg. 4, 12 צרתנה, LXX Σαρθαν, Vulg. Sarthana; im Talm. Sartafa — war eine St. in Manasse, nahe am Jordan, welcher bis Adam od. Sotha bei Zarthan aufgestaut war, als das Volk Israel durchhin zog. Vgl. Karn Sartabch bei d. Furt Damijeh. N. d. Talm. wurde von diesem Berg b. סרבן d. Eintritt des Neumondes bekannt gemacht.

Zebeke s. Besek.

Zeboim — צבאים in Hos. 11, 8; LXX u. Vulg. Seboim — war eine St. im Tale Siddim, die mit drei andern St. untergieng.

Zeboim — צבעים in 1 Sam. 13, 18; LXX Σαβαιν, Vulg. Seboim; b. Eus. u. H. Sabim; im Talm. הר צבעים — war eine St. in Benjamin mit d. Tale d. N. u. Michmas zu. Vgl. W. Abu Daba, ein Seitental d. W. el Kelt.

Zedad — צדד in Num. 34, 8; b. LXX Sadada, Vulg. Sedada; Eus. kennt Asadda 20. r. M. n. v. Hebron, Hier. ein Azadada od. Sadada ohne Best. — war ein Ort im N. v. Pal. nahe b. Hamath. Vgl. Sadad zw. Höms u. Palmyra.

Zehnstädte s. Dekapolis.

Zeka s. Aseka.

Zekatha s. Chusi.

Zelah — צלע in Jos. 18, 28; LXX u. Vulg. Sela, ebenso Eus. — eine St. in Benjamin, wo die Gebeine König Sauls bestattet wurden.

Zelzah — צלצח in 1 Sam. 2, 10; LXX ἁλλομενοι μεγαλα, Vulg. meridies — war ein Ort in Benjamin, wo Saul seines Vaters Eselinnen suchte. Schw. nennt ein Zelzia w. v. Selun, sonst nicht bekannt.

Zemah — צמח im Talm. — ein Ort in Asser; vgl. Tell Semak am See v. Tib.

Zemar — צמרי in Gen. 10, 18; b. LXX u. Vulg. Samaraeus; in d. KS. Ir Simir; b. Plin. u. Ptol. Simyra, b. Steph. Byz. Simyrus u. Sinera — eine St. am Mmeer s. v. Tripolis. Vgl. Kh. Sumra od. Ismura.

Zemaraim — צמרים in Jos. 18, 22;

LXX Samarin, Vulg. Samaraim; b. Jos. Semaron; b. Eus. Scrim — — war eine St. in Benjamin. Vgl. Kh. es Samra nö. v. er Riha. b. In 2 Chr. 13, 4 — הר־צ; b. LXX ὄρος Σομορων, Vulg. mons Semeron; b. Jos. Σαμαρων ὄρος — ist S. ein Berg in Ephraim, wo Abija K. v. Juda eine Rede an sein Heer hielt, ehe er Israel schlug. Es wird dieser Bg seinen Nam. n. d. St. v. Benj. tragen.

Zenna s. Zaanan.
Zenu s. Sanoah.
Zephath — צפת in Jud. 1, 17; b. LXX Sepheth, Vulg. Sephaath; b. Jos. Saphatha — war eine kananit. Königsst. in Juda, die Simeon zufiel. Später wd die St. Horma gen., in chr. Zeit Esbaita od. Sebata. H. Kh. Sbēta sö. v. Rukhēbeh.
Zephatha — גיא צפתה in 2 Chr. 14, 9; LXX φαραγξ κατα βορραν, Vulg. vallis Sephata — heisst ein Tal, das verm. von Maresa und Zephath führte. Rob. führt n. Tell es Safieh zum W. el Farangh.
Zephrona s. Siphroa.
Zerain s. Jesreel.
Zered s. Sared.
Zereda — צרדה in 1 Reg. 11, 26; LXX Sarida, Vulg. Sareda; in Jud. 7, 22 צרדה LXX συνηγαγεν, Vulg. crepido; Zarthan in 1. Reg. 7, 46 u. Zeredatha in 2 Chr. 4, 17 — der Geburtsort Jerobeams, war eine St. in Ephraim. Bis hierher flohen die Midianiter vor Gideon.

Vergl. Sārda od. Swida ew v. Bētin.
b. Der Talm. kennt ein Z. an d. Ngrenze v. Pal. h. Kh. Serada nw. v. Banias.
Zereth-Hasahar — צרת השחר in Jes. 13, 19; b. LXX Σαρϑ Σιωρ, Vulg. Sarathasar; b. Jos. Zara, b. Eus. Saor, Hier. Saorth, im Talm. קיצרא — war eine hochgelegene St. in Ruben, auf d. הר העמק. Nach Jos. Bericht entspringen hier heisse u. kalte Quellen. Vergl. Kh. Zar'a od. Sar'a s. v. d. Mdg. d. Zerka Main.
Zeriphin — צריפין im Talm. — ein Ort in der Sephela; h. Safirijeh b. Ramleh.
b. Ein Ort b. Ekron, h. Saffurijeh.
Zia s. Mia.
Ziddim — צדים in Jos. 19, 35; LXX, Eus. u. H. Assedim; im Talm. כפר חמא — war eine feste St. in Naphthali. Vgl. es Sattijeh am W. el 'Amud od. mit d. Talm. u. N. a. Pl. Kafr Hattin.
Zidon s. Sidon.
Ziegeltor s. Jerus.
Ziklag — צקלג in 1 Sam. 27, 6; LXX Sikelag, Vulg. Sikeleg; Jos. Sikella, Eus. gl. LXX — schenkte Achis, d. König v. Gath, seinem Hauptmann David als Anerkennung und Entschädigg. Durch d. Philister u. Juden Hände kam sie an Simeon. Vgl. nicht Rhakoma od. mit N. a. Pl. Kh. Aslugh s. v. Bir es Saba, sond. Zuhēlikeh 3 M. s. v. Bēt Ghibrin.

Zimmertal s. Ge Harasim.
Zin — צִן od. צִין in Num. 13, 21; LXX u. Vulg. haben Sin; E. u. H. Senna od. Enna, ein Ort an d. Wüste Kades — bez. einen Teil der Wüste Paran, die zw. Edom u. d. Mmeer lag, also w. v. d. Araba.
Zion s. Jerus.
Zior — צִיֹעֹר in Jos. 15, 54; LXX u. Vulg. Sior — wd als ein Ort in Juda gen. Cond. vgl. Kh. es Saireh n. v. Hebron, SV. Siair ö. v. Hulhul.
Ziph u. Ziphene s. Siph.
Zipporis s. Sepphoris.
Ziz — צִיץ in 2 Chr. 20, 16; LXX Ἀσσεῖς, Vulg. Sis; Ptol. nennt ein Ziza, ein Zizium wd zu Zeit d. Caes. Maximianus gen.; n. d. Not. dign. war Ziza röm. Mil.-Stat. in Arabien — war ein Ort in d. Ggd w. v. Salzmeer, wo ein Jeruel u. Hazezon Thamar erwähnt werden.
Ziza u. Zizium s. Ziz.
Zoar — צֹעַר in Gen. 14, 2; b. LXX, Eus. u. Hier. Segor, aber b. E. u. H. auch Seora, Soora, Zochora, Bala, Babla — war eine St. am Rand d. Tales Siddim, w. von d. Gericht dieser Ggd verschont blieb. Jes. 15, 5 vgl. sie einer 3j. Kuh, nicht weil sie erst im 3. Erdbeben zerstört wd, sondern weil sie das Joch noch nicht getragen. Sie lag nach Gen. 19 auf d. Weg nach Moab; Jes. 15, 5 kennt sie als moabit. St., also etwa in d. Ggd v. Kal. es Safieh. Alex. Jann. entriss Z. den Arabern (Jos. Ant. XIV, 1, 4). In röm. Zeit war Z. noch bewohnt u. hatte eine Besatzung, ein Bsitz von Pal. III.

Die engl. Forscher sind ohne Ausnahme darauf erpicht, Z. im N. d. t. M. zu suchen, in d. Ggd v. Ektaun, Schagūr u. Schaib.

Zoba — צֹבָה in 2 Sam. 8, 5; LXX Soba, Jos. Soba od. Sophene; KS. Subat — war eine syrische Herrschaft an d. Grenze v. Hamath. Saul, David u. Salomo kriegten mit diesem Lande, das b. Ammon u. Damaskus Hilfe fand. Vgl. Aram-Zoba. Ein Df Zabūn liegt am W. Fikreh, d. vom Antilibanon herabkommt.

Zochora s. Zoar.

Zodokatha od. Zadagatta — in Not. dign., b. Ptol Zanautha — Standquartier ein. röm. Bes., war ein edomit. Ort. Vgl. Kh. Usdakah s. v. W. Musa.

Zoeleth s. Soheleth.

Zohar s. Zora.

Zoob haben d. LXX. in Num. 21, 14 für וָהֵב; aber niemand kennt seine Bedtg. Sie lasen ז für ו.

Zophim s. Rama.

b. s. Ölberg.

Zor — צֹר od. צוֹר od. צֹר עִיר מִבְצַר in Jos. 19, 29; b. LXX πόλις ὀχυρώματος τῶν Τυρίων, Vulg. civitas munitissima Tyrus; b. d. Griech. Tyros; b. E. u. H. Sor; im Talm. צֹר eine St. Naphthalis — eine alte phoenik. See- u. Handelstadt, welche Israel nie untertan war, aber viele Israeliten untertan machte. Seine herrlich. Bauwerke waren berühmt (כלילת יפי in Ez. 27, 3). Palaetyrus, d. älteste Stteil, lag auf d. Festland, wo h. Tell Habêsch u. Raschêdijeh, mit einem Umfang von 19 r. M. (Plin.) Im 13. Jahrh. vor Chr. siedelten viele Tyrier auf die Felseninseln über, wo bis dahin nur ein Tempel d. Melkart stand. König Hiram verband diese Inseln durch Erdschüttungen, sodass sie Raum für eine St. darboten, welche durch Mauern von 40 Met. Höhe befestigt war (?). Die Akropolis war d. Burg des Königs Agenor, welche sich bei d. Belagerung durch Alex. d. Gr. am längsten hielt. Dem ausgedehnt. Handel d. St. dienten zwei Häfen, durch künstl. Molen verwahrt, einer am nördl., einer am südl. Ausgang d. Meeresenge. Die Colonien v. Tyrus finden wir in Sicilien, Sardinien, Spanien, Afrika. Ihre Schiffe fuhren bis Britannien u. Indien. Von T. stammten Isebel, d. Tochter Ithobaals, u. Elissa od. Dido, w. v. ihrem Vetter Pygmalion vertrieb. wd. D. Gericht, w. die Propheten Israels der üppig. u. abgött. St. verkündigten (Jes. 13. Ez. 26—28), vollzogen zuerst die Assyrer, w. Tyrus 5 J. lang belagerten. Nebukadnezar zerstörte T. erst nach 13jähr. Belagrg. Alex. baute nach d. neuerstandenen St. einen Damm vom Festland u. liess d. letzten Einw. als Sklaven verkaufen.

Zu Zeit. d. Caes. August. war T. wieder eine blühende Handelst., wo frühe eine chr. Gem. gegründet wd. Jesus war selbst hierher gekommen (Mark. 7), Paulus hat 7 Tage hier verweilt (Akt. 21). Dann wd d. St. Sitz eines chr. B. u. d. Metrop. v. Phoenikien. In d. Regierungszeit Diokletians wf ein Erdbeben d. St. nieder; aber Paulinus baute sie wieder auf. Sie behauptete ihre Bedeutung selbst unter d. arab. Herrschaft. H. Sur.

Zora s. Zarea.

b. Zora od. Zara — b. Jos. Ant. XIII, 15, 4 — war eine St. in Peraea, w. Alex. Jan. zerstörte. Später ein chr. Besitz unter d. Metrop. Bostra. H. liegt an d. südw. Ecke d. Legha ein Ort Zor'a od. Ezra od. Adra.

Zozoyma in Not. eccl. ein Bsitz unt. d. Metrop. Bostra.

Zuk — ציק im Talm. — wd d. Berg gen., wohin ein Bock לאזל gebracht wurde. Neub. denkt an Gh. Karantel u. an 'Ain Dûk, SV. verweist auf Bir es Suk am Gh. Muntar. Andere bleiben bei Bêt Hadudu.

Zuph — א"ץ ציף in 1 Sam. 9, 5; b. LXX Siph, Vulg. Suph, b. Eus. Sym — ein Land, das nur in d. Erzählung von Sauls Irrfahrt erwähnt wird. Man sucht es bald im Gebirge Ephraim, bald in der Gegend von Bethlehem. Vergl. Safa nw. v. Kubêbeh.

Zur Oreb s. Oreb.

www.ingramcontent.com/pod-product-compliance
Lightning Source LLC
Chambersburg PA
CBHW020258170426
43202CB00008B/421